浙江智库 ZHEJIANG THINK TANK

资助成果
- 浙江省习近平新时代中国特色社会主义思想研究中心省委党校基地
- 浙江省"八八战略"创新研究院
- 浙江省委党校共同富裕研究中心
- "社科赋能山区（海岛）县高质量发展行动"

高质量发展推进浙江"两个先行"的路径研究

王立军 著

企业管理出版社
ENTERPRISE MANAGEMENT PUBLISHING HOUSE

图书在版编目（CIP）数据

高质量发展推进浙江"两个先行"的路径研究 / 王立军著． -- 北京：企业管理出版社，2024.8． -- ISBN 978－7－5164－3103－0

Ⅰ．F127.55

中国国家版本馆 CIP 数据核字第 2024ZM4341 号

书　　名：	高质量发展推进浙江"两个先行"的路径研究
书　　号：	ISBN 978－7－5164－3103－0
作　　者：	王立军
责任编辑：	赵喜勤
出版发行：	企业管理出版社
经　　销：	新华书店
地　　址：	北京市海淀区紫竹院南路 17 号　邮编：100048
网　　址：	http：//www.emph.cn
电子信箱：	zhaoxq13@163.com
电　　话：	编辑部（010）68420309　发行部（010）68414644
印　　刷：	北京厚诚则铭印刷科技有限公司
版　　次：	2024 年 9 月第 1 版
印　　次：	2024 年 9 月第 1 次印刷
开　　本：	710mm×1000mm　1/16
印　　张：	15.5 印张
字　　数：	203 千字
定　　价：	88.00 元

版权所有　翻印必究·印装有误　负责调换

前　言

发展是解决我国一切问题的基础和关键。习近平总书记强调："我们党领导人民治国理政，很重要的一个方面就是要回答好实现什么样的发展、怎样实现发展这个重大问题。"[①] 党的十八大以来，以习近平同志为核心的党中央立足新的历史方位，根据时和势的变化，在理论和实践上不断探索、创新、突破，立足新发展阶段、贯彻新发展理念、构建新发展格局、推动高质量发展，科学回答这个重大问题。新时代，习近平总书记应时代之变迁、立时代之潮头、发时代之先声，做出我国经济已由高速增长阶段转向高质量发展阶段的重大论断，对立足新发展阶段、贯彻新发展理念、构建新发展格局、推动高质量发展等一系列重大理论和实践问题进行深刻阐述，明确推动高质量发展的必由之路、战略基点、必然要求、最终目的等。

2024年1月31日下午，中共中央政治局就扎实推进高质量发展进行第十一次集体学习。中共中央总书记习近平在主持学习时强调，必须牢记高质量发展是新时代的硬道理，全面贯彻新发展理念，把加快建设现代化经济体系、推进高水平科技自立自强、加快构建新发展格局、统筹推进深层次

[①] 引自习近平在省部级主要领导干部学习贯彻党的第十九届五中全会精神专题研讨班上的讲话。

改革和高水平开放、统筹高质量发展和高水平安全等战略任务落实到位，完善推动高质量发展的考核评价体系，为推动高质量发展打牢基础。

浙江省第十五次党代会确定了未来的奋斗目标：在高质量发展中实现中国特色社会主义共同富裕先行和省域现代化先行。浙江省委十五届四次全会审议通过《中共浙江省委关于深入学习贯彻习近平总书记考察浙江重要讲话精神 在奋力推进中国式现代化新征程上勇当先行者谱写新篇章的决定》。全会指出："要着眼拓展基本路径、厚植发展新动力，在一体推进创新改革开放上先行探索突破，聚焦增强科技创新能力，提升高能级科创平台建设质效和引领示范作用，深入实施数字经济创新提质'一号发展工程'，放大教育科技人才深度贯通的聚变效应；聚焦破解高质量发展的堵点难点，抓牢营商环境优化提升'一号改革工程''牛鼻子'，以政务服务增值化改革为牵引性抓手，放大以优化提升营商环境牵引各领域体制机制创新的蝶变效应；聚焦打造高能级开放强省，大力实施'地瓜经济'提能升级'一号开放工程'，推进开放型经济水平、双循环战略枢纽地位、制度型开放体系再提升，放大高水平'走出去'与高质量'引进来'高效联动的裂变效应。"

本书围绕高质量发展推进浙江"两个先行"这一主题开展研究。第一篇为理论研究，分析了高质量发展的内涵，浙江经济发展的演进历程，以及国内外高质量发展经验。第二篇为路径研究，从高水平创新型省份建设、新型工业化与制造强省、数字经济与培育未来产业、"地瓜经济"与开放新格局、乡村振兴与高水平城乡一体化等方面分析浙江高质量发展的路径。第三篇为案例研究，分析了杭州市高新区（滨江）创新驱动高质量发展、慈溪市制造业高质量发展和泰顺县以生态大搬迁助力共同富裕推进高质量发展的经验。

上述研究只是浙江在高质量发展中的初步探索的一个实践总结，未来在建设中国式现代化的征程中，浙江将继续干在实处、走在前列、勇立潮头。

目 录

第一篇 理论研究

第一章 高质量发展的内涵 / 1

一、高质量发展的理论背景 ……………………………………… 1
二、经济高质量发展的科学内涵 ………………………………… 6
三、高质量发展与中国式现代化和共同富裕 …………………… 12

第二章 浙江经济发展演进历程 / 16

一、浙江经济发展方式转变历史演进 …………………………… 16
二、从"腾笼换鸟、凤凰涅槃"到高质量发展 ………………… 21
三、新时期浙江高质量发展思路 ………………………………… 32

第三章 国内外高质量发展经验 / 41

一、德国高质量发展经验 ………………………………………… 41
二、韩国制造业高质量发展经验 ………………………………… 45
三、广东省高质量发展经验 ……………………………………… 48
四、江苏省高质量发展经验 ……………………………………… 54

第二篇 路径研究

第四章 高水平创新型省份建设 / 60

一、从创新资源小省到创新型省份的演进 ……………………… 60

— 1 —

二、以需求为导向的市场化科技创新 ………………………… 68
三、科技创新数字化改革 ……………………………………… 76
四、科技特派员制度 …………………………………………… 85

第五章 新型工业化与制造强省 / 93

一、先进制造业集群 …………………………………………… 93
二、十大产业链 ……………………………………………… 101
三、专精特新"小巨人"企业 ………………………………… 107

第六章 数字经济与培育未来产业 / 112

一、数字经济创新提质"一号发展工程" …………………… 112
二、浙江集成电路产业发展研究 …………………………… 121
三、未来产业培育 …………………………………………… 128

第七章 "地瓜经济"与开放新格局 / 136

一、"地瓜经济"的由来 ……………………………………… 136
二、高水平对外开放 ………………………………………… 141
三、内外贸一体化 …………………………………………… 149

第八章 乡村振兴与高水平城乡一体化 / 157

一、"千万工程"与乡村振兴 ………………………………… 157
二、强村富民乡村集成改革 ………………………………… 165
三、以县城为重要载体的城镇化 …………………………… 169

第九章 山区县高质量发展与区域协调 / 176

一、"八八战略"与统筹区域协调发展 ……………………… 176

二、新时期山区县高质量发展思路 …………………… 177
三、数字赋能山区特色农业高质量发展 ………………… 184

第三篇　案例研究

第十章　杭州市高新区（滨江）：创新驱动高质量发展　/ 190

一、高新区（滨江）贯彻落实"八八战略"的历史
演进 …………………………………………………… 190
二、高新区（滨江）创新驱动高质量发展经验 ………… 199
三、高新区（滨江）未来高质量发展思路 ……………… 203

第十一章　慈溪：制造业高质量发展　/ 209

一、慈溪制造业发展特色 ………………………………… 209
二、慈溪制造业产业转型经验 …………………………… 212
三、推进慈溪制造业高质量发展的路径 ………………… 215

第十二章　泰顺县：生态大搬迁助力共同富裕　/ 220

一、泰顺县共同富裕基本情况 …………………………… 220
二、泰顺县生态大搬迁主要做法 ………………………… 224
三、几点启示 ……………………………………………… 227

参考文献　/ 230

后　记　/ 235

第一篇　理论研究

第一章　高质量发展的内涵

中国特色社会主义已进入新时代，中国社会的发展已迎来建设中国式现代化的新阶段，我国经济在高质量发展道路上不断砥砺前行。党的十九大报告指出，我国经济已由高速增长阶段转向高质量发展阶段，正处在转变发展方式、优化经济结构、转换增长动力的攻关期，建设现代化经济体系是跨越关口的迫切要求和我国发展的战略目标。党的二十大报告进一步提出，实现高质量发展是中国式现代化的本质要求之一。如何在实践中实现高质量发展是新时代中国特色社会主义建设中亟待解决的问题。经济的高质量发展离不开理论的指导，只有用科学的理论指导实践，才能真正实现高质量发展，这就需要对高质量发展进行科学解读。

一、高质量发展的理论背景

高质量发展的理论源于马克思和恩格斯的发展学说，同时又受到西方发展经济学的影响。

（一）马克思主义发展学说

新时代高质量发展经济学的理论源于马克思和恩格斯的发展学说。微观上，"马克思的技术创新理论为发展动力提供了依据"；中观上，"马克思的社会再生产理论"说明了"结构平衡"是非常重要的；宏观上，马克思的"生产力理论"中说明了"经济高质量发展的要求"。[①]

马克思在《1857—1858年经济学手稿》中，首次对于发展的"总体"性辩证唯物史观、社会经济形态发展规律性做了表述，开拓性地推出了关于"从属"和"创造"相统一的"总体"发展观。他指出："新的生产力和生产关系不是从无中发展起来的，也不是从空中，又不是从自己产生自己的那种观念的母胎中发展起来的，……这种有机体制本身作为一个总体有自己的各种前提，而它向总体的发展过程就在于：使社会的一切要素从属于自己，或者把自己还缺乏的器官从社会中创造出来。有机体制在历史上就是这样向总体发展的。它变成这种总体是它的过程即它的发展的一个要素。"[②]

在马克思主义发展史上，马克思第一次试图回答关于社会经济形态（"总体"或"整体""体系""有机体制""新的生产力和生产关系"）发展的内在机制问题，批判以三个"不是"为代表的历史虚无主义，揭示了"构成一个总体的各个环节"关于生产、分配、交换和消费的对立统一关系，"具体总体""思想总体""生产总体""精神具体"之间的对立统一关系，以及"原生态生产关系"与"派生的生产关系"的对立统一关系，强调社会经济形态发展的两条路径，亦即"从属"性发展（使社会的一切要素从属于自己）与"创造"性发展（把自己还缺乏的器官从社会中创造出来）相统一的"总体"发展观。[③] 马克思在《政治经济学评判（第一分册）》中，把社会经济形态发展与演变的动力，归结为生产力与生产关系、经济基础与上层建筑、社会存在与社会意识的矛盾，马克思主义关于社会经济形态的术语、概念与规律得以固化。

毋庸置疑，源于马克思和恩格斯的发展理论的中国特色社会主义高

[①] 钞小静，薛志欣. 新时代中国经济高质量发展的理论逻辑与实践机制 [J]. 西北大学学报（哲学社会科学版），2018（6）：12-22.
[②] 中共中央马克思恩格斯列宁斯大林著作编译局. 马克思恩格斯全集：第46卷上 [M]. 北京：人民出版社，2006：288.
[③] 丁霞，徐经纬，吴啸. 新时代中国高质量发展经济学理论演绎 [J]. 宏观质量研究，2022（6）：61-69.

第一篇 理论研究
第一章 高质量发展的内涵

质量发展学说,在新的历史条件下彰显了总体性唯物史观、生产力和生产关系的辩证法、"解释世界"与"改变世界"的辩证法,为解决世界最大的发展中大国的"发展之谜"(什么叫发展、怎样发展、为谁发展、依靠谁发展、由谁来享受发展成果),为告别"我们时代最大的悲剧"做出了世界级的贡献。[1]

(二)西方发展经济学

专注于发展中国家发展的西方经济学有许多可供参考、借鉴的合理元素与思想资料。发展经济学作为独立的经济系分支学科,自20世纪四五十年代被创立以来,经历了一个由盛而衰、由衰再兴、再深度发展的过程。诺贝尔经济学奖分别在1979年、1998年、2015年授予刘易斯、舒尔茨、阿玛蒂亚·森和迪顿等发展经济学家。反映这一学科理论进展的文献集中汇集在《发展经济学手册》(1~5卷)之中。20世纪80年代后期以来,发展经济学呈现出若干发展新趋势,许多新兴经济学分支和方法兴起,新增长理论、新贸易理论,以及新制度发展经济学等新理论推动了发展经济学再度复兴。[2] 进入21世纪以来,随着经济全球化进程的加快和人类发展内涵的不断丰富,发展经济学再一次进入新的繁荣发展阶段。发展经济学作为一门学科,本质上具有宏观性、动态性、结构性和综合性特征。

1. 发展经济学本质上属于宏观经济研究领域

第二次世界大战后一些原殖民地和附属国相继宣告独立,这些国家在政治上虽然独立了,但经济仍然贫穷落后,如何发展经济就成了这些国家关注的重点,需要一门理论来指导它们的经济发展,于是发展经济学作为一门学科应运而生。可见,发展经济学的主要任务是理解一个国家和地区贫困的根源,以及找到跳出贫困陷阱的办法,走上持续发展的道路。西方发展经济学的微观化倾向是因为西方学者对发展中国家的发

---

[1] 萨克斯. 贫穷的终结 [M]. 邹光,译. 上海:上海人民出版社,2007:22.
[2] 张建华,杨少瑞. 发展经济学起源、脉络与现实因应 [J]. 改革,2016 (12):134-143.

— 3 —

展问题提不出更新更有针对性的发展战略和政策,转而研究微观领域的问题。的确,发展经济学研究需要微观基础,需要关注农户、家庭、企业和社区等微观个体行为的问题,甚至可以将其作为发展问题分析的起点和基础(例如以传统农户行为作为研究起点),正如宏观经济学研究要关注消费者和投资者个体行为一样,发展经济学以微观个体行为为分析基础,并不改变发展经济学属于宏观经济研究的本质属性。

2. 发展经济学的研究方法是长期的、动态的、演变的

发展经济学要研究的问题都是长期的、动态的问题,如资本积累、人口增长、劳动力转移、技术进步、工业化、城镇化等都是一个长期动态的变化过程。短期问题影响长期趋势,这才是发展经济学研究的内容。经济发展过程是一个从低级阶段到高级阶段、从量变到质变的演变过程。每个阶段具有不同的关键动力因素,早期发展阶段的发展动力因素不同于中期发展阶段,中期发展阶段的发展动力因素也不同于后期发展阶段。因此,采取的发展战略和政策不能一成不变,而必须根据发展阶段的转换适时调整,否则经济就会停滞不前。如果随着阶段的转换,战略调整不及时,就会陷入长期停滞状态。

3. 发展经济学主要采取结构性分析思路

发展中国家与发达国家的一个显著差异就是经济和社会结构的差异。发达国家已经现代化了,各个部门发展比较平衡,生产率水平相差不大,所以把国民经济作为一个整体来研究,如现代经济增长理论,就假定一个国家只有一个部门。发展中国家最明显的结构特征是二元性,在制度结构、文化结构、技术结构、市场结构、产业结构、城乡结构、区域结构方面都存在着现代与传统的二元结构特征。发展经济学抓住了产业结构方面的二元性特征,把国民经济划分为现代的工业经济与传统的农业经济,经济发展过程就是把传统的农业经济转变为现代的工业经济,也就是工业化过程及与之相伴的城市化过程。工业化和城市化是发展经济学研究的主题。发展经济学的主要任务就是研究农业经济向工业经济转变的机制,以及各部门平衡协调发展的条件,提出适当的工业化发展战略和政策。当代发展经济学主流理论基本上很少涉及发展中国家的经济结构转型,而是以个人、家庭、社区为研究对象,与工业化和城市化发展没有多少联系。

4. 发展经济学注重发展的综合性分析

发展问题绝不仅仅是资本和劳动要素的简单增加和资源配置效率的提高,这些都是现象特征,更重要的是这些要素增加和有效配置背后的制度与其他因素。例如,发展中国家在发展初期,资本极为短缺,如何筹措资本就是一个制度和政策问题,不同制度下有不同的筹措方式,但其效果是大不一样的。此外,仅仅关心资本积累也是不能促进经济持续增长的,还必须提高人力资本水平,培育企业家创新精神和诚实守信的道德规范。在一个文盲人口占比很大的国家,无论通过外援获得多少资本,也是不可能促进经济持续增长的。在一个缺乏勇于承担风险的企业家精神和人际信任的社会里,创新被认为是标新立异而被人嘲弄,新产业很难发展,融资成本很高,假冒伪劣产品盛行,市场经济无法正常运行,资本积累很低,无法实现经济持续发展。又如,在一个高度集权的指令性经济体制中,没有个人发挥作用的空间,经济缺乏活力,再高的资本积累,也无法实现经济持续发展。因此,早期发展经济学只关注资本积累是片面的。现在已经形成了广泛的共识,即社会制度和文化、自然资源和环境以及地理区位等都影响经济绩效和经济发展。研究经济发展问题就必须进行综合性研究,把经济、社会、文化、政治、环境和地理因素纳入经济发展的分析中。[①]

目前,国际社会各国际组织大量使用发展经济学的话语,这是对20世纪90年代各国发展状况进行反思和总结的产物。例如,可持续发展、社会资本、新公共服务理论等一系列的新发展理念和政策;基于新

---

① 郭熙保.发展经济学的本质特征与中国特色发展经济学的构建[J].经济理论与经济管理,2021(3):4-9.

公共服务型政府和预算国家理论的全球性"政府治理革命"运动，以及各种各样的衡量标准，诸如"绿色GDP"核算方法，涵盖"HPI"（人类贫困指数）、"GDI"（性别发展指数）、"GEM"（性别赋权尺度）的"人类发展指数"（联合国发展计划署，1990）。世界银行还特别推崇"社会资本"这一话语："另一个能够对高质量增长起到积极作用的力量来自强化一个国家的非正式制度，即所谓的'社会资本'"。[1] 这是因为传统的主流经济学只重视国家与市场两个组织，而社会资本理论除此之外则更注重社区组织。"信任、互惠、人际网络、合作和协调可以被看作调节人们的交往和产生外部性的'民间社会资本'"；"在相继强调物质资本、人力资本、知识资本之后，一些经济学家现在又把'社会资本'加到增长的源泉中"[2]，以至于从"计划至关重要""市场至关重要""制度至关重要"，演化到"社会关系至关重要"（"社会资本是一种人际网络的加总"），大大拓宽了发展经济学的研究视野及理论框架。

二、经济高质量发展的科学内涵

自从党的十九大正式提出经济高质量发展后，理论界掀起了研究热潮，研究内容主要集中在经济高质量发展的内涵、特征，以及实现经济高质量发展的基本路径等方面。经济高质量发展有着明确内涵与基本特征，科学揭示其内涵与特征对于科学把握经济高质量发展的实质、探寻经济高质量发展的实现路径具有重要意义。

（一）有关经济高质量发展内涵的学术观点

关于经济高质量发展的科学内涵，学术界还没有统一的观点，学者们从不同角度和学科背景进行了阐释。田秋生认为，经济高质量发展是能够产生更大福利效应的发展，是比 GDP 内涵更加丰富的发展。[3]

---

[1] 世界银行. 增长的质量[M]. 北京：中国财政经济出版社，2001：16.
[2] Meier G M, Stiglitz J E. Frontiers of Development Economics [R]. World Bank, 2001：29.
[3] 田秋生. 高质量发展的理论内涵和实践要求[J]. 山东大学学报（哲学社会科学版），2018（6）：1-8.

邓子纲、贺培育认为，相较于高增长阶段，经济高质量发展必然是从要素驱动、投资驱动转向创新驱动的发展。①另外，还有学者从生产力与生产关系的角度分析了经济高质量发展的内涵。周文、李思思认为，经济高质量发展首先是生产力的提高和生产关系的调整，生产力的提高包括科学技术创新、结构协调、绿色发展及人的全面发展，生产关系的调整包括基本经济制度、政府与市场关系、收入分配体制改革等方面。②经济高质量发展并不等同于经济发展质量的提高，经济高质量发展"涵盖了经济发展高质量"，是经济发展的一个新的阶段和新的模式，想要科学界定高质量发展的概念，既不能脱离中国特色社会主义经济发展的历史，也不能忽略新时代经济的客观实践，同时还要在分析中掌握其合法性、合理性根基，这是促进经济高质量发展理论发展的重要基础。③

1. "发展目标一元论"

持这类观点的学者将经济高质量发展与新时代社会主要矛盾联系在一起，凸显满足人民美好生活需要的合意性的根本目标。金碚认为经济高质量发展更侧重产品及经济活动的"使用价值"和"质量合意性"，在高质量发展阶段需要有新的动力机制，这种动力机制需要"更具本真价值理性"，且"供给侧是创新引领"，"需求侧则是人民向往"。④张军扩等学者认为，高质量发展是为了满足人民美好生活需要的"高效率、公平和绿色可持续的发展"，经济从高速增长阶段转向高质量发展阶段，不仅意味着转变了"经济增长方式和路径"，也转换了"体制改革和机制"，为了推进高质量发展，需要"经济建设、政治建设、文化建设、

---

① 邓子纲，贺培育. 论习近平高质量发展观的三个维度 [J]. 湖湘论坛，2019（1）：13-23.
② 周文，李思思. 高质量发展的政治经济学阐释 [J]. 政治经济学评论，2019（4）：43-60.
③ 黄敏，任栋. 以人民为中心的高质量发展指标体系构建与测算 [J]. 统计与信息论坛，2019（10）：36-42.
④ 金碚. 关于"高质量发展"的经济学研究 [J]. 中国工业经济，2018（4）：1-8.

社会建设、生态文明建设五位一体的协调发展"。①

2. "发展演变二元论"

持这类观点的学者主要从经济增长与经济发展的区别入手，研究思路主要是从"量"转向"质"。魏敏等认为，经济高质量发展是从"发展"的角度关注"经济成效的质量等级"。② 刘志彪认为，经济高质量发展是"国民经济系统从量到质的本质性演变"，是国民经济系统众多因素共同作用的发展结果。③ 张涛认为，"高速增长"和"高质量发展"本质上都是表述"全社会产出产品使用价值增加量"，不过高质量发展是一种"更高质态的发展"。④ 曾宪奎表示，高质量发展的本质在于"提高经济发展的质量"，也就是说，实现"技术创新驱动"的"集约化经济增长方式"。⑤

3. "发展理念五元论"

持这类观点的学者主要从新发展理念出发，界定经济高质量发展的内涵。何立峰认为，经济高质量发展以新发展理念为依据，是体现了"创新、协调、绿色、开放、共享"的新发展理念的发展。⑥ 丁晨辉等指出，高质量发展需要遵循"新发展理念"的引导，既要重视"效率质量""生态环境""社会公平""以人为中心的制度安排"，又要"崇尚创

---

① 张军扩，侯永志，刘培林，等. 高质量发展的目标要求和战略路径[J]. 管理世界，2019（7）：1-7.
② 魏敏，李书昊. 新时代中国经济高质量发展水平的测度研究[J]. 数量经济技术经济研究，2018（11）：3-20.
③ 刘志彪. 理解高质量发展：基本特征、支撑要素与当前重点问题[J]. 学术月刊，2018（7）：39-45.
④ 张涛. 高质量发展的理论阐释及测度方法研究[J]. 数量经济技术经济研究，2020（5）：23-43.
⑤ 曾宪奎. 我国高质量发展的内在属性与发展战略[J]. 马克思主义研究，2019（8）：121-128.
⑥ 何立峰. 深入贯彻新发展理念推动中国经济迈向高质量发展[J]. 宏观经济管理，2018（4）：4-5.

新""注重协调""倡导绿色""厚植开放"及"推进共享"。①

4. 新质生产力与高质量发展

2024年1月31日下午，中共中央政治局就扎实推进高质量发展进行第十一次集体学习。习近平总书记在主持学习时强调，"发展新质生产力是推动高质量发展的内在要求和重要着力点，必须继续做好创新这篇大文章，推动新质生产力加快发展"。高质量发展需要新的生产力理论来指导，而新质生产力已经在实践中形成并展示出对高质量发展的强劲推动力、支撑力。新质生产力是创新起主导作用，摆脱传统经济增长方式、生产力发展路径，具有高科技、高效能、高质量特征，符合新发展理念的先进生产力质态。它由技术革命性突破、生产要素创新性配置、产业深度转型升级而催生，以劳动者、劳动资料、劳动对象及其优化组合的跃升为基本内涵，以全要素生产率大幅提升为核心标志，特点是创新，关键在质优，本质是先进生产力。从中国式现代化经济理论视角理解"新质"，就是以生产要素供给新方式增强发展新动能。②

综上所述，经济高质量发展至少包含三层含义：一是经济发展的质量高，能够体现"创新、协调、绿色、开放、共享"新发展理念的特征；二是经济能够高质量地服务社会与人民生活，能够满足人民日益增长的美好生活的需要；三是新质生产力塑造高质量发展新动能。只有坚持将历史与现实相结合，在习近平新时代中国特色社会主义经济思想的指导下，对经济高质量发展的概念做出整体性阐述，才能在科学界定高质量发展的内涵中找到新时代的发展方向。③

（二）经济高质量发展基本特征

经济高质量发展具有多维性、质量性、动态性和人民性等基本特征。

---

① 丁晨辉，田泽，宋晓明，等．新发展理念下中国区域经济高质量发展研究：水平测度、时空分异与动态演变［J］．技术经济与管理研究，2022（12）：3-9.
② 姜奇平．新质生产力：核心要素与逻辑结构［J］．探索与争鸣，2024（1）：1-6.
③ 邹升平，高笑妍．经济高质量发展的研究进路与深化拓展［J］．宁夏社会科学，2023（3）：82-92.

1. 多维性

金碚认为,"多维性"是高质量的本质特征,高质量发展的"多维性"体现在"政策目标的多元化",既包括"工具性目标",也包括更为重要的"本真性价值目标",通过"全面"的战略和政策目标间的"权衡协调",来实现高质量发展"多维性合意目的",即满足人民日益增长的"多方面"的"美好生活需要"。① 刘志彪认为经济高质量发展不同于经济高速度发展,其"多维性"也体现在评价标准上,既要有客观评价,也要有主观评价。②

2. 质量性

任保平等认为,经济高质量发展是有效、协调、创新、持续、共享及稳定的统一体,是一种以"人的现代化"作为最终目的的"质量"型发展。③ 王一鸣认为,"质量"上的追赶是高质量发展阶段的主要特征,体现了质量性。④ 张占斌和王海燕指出,经济高质量发展主要强调的是"质量"而非"速度",发展方式从"规模速度"转向"质量效率"。⑤

3. 动态性

宋洋和李先军认为,经济高质量发展是"发展的一种形态",是"动态过程","禀赋和约束的集合"作为经济高质量发展的"内生动力",直接影响着发展结果,即为高质量发展的"外在表现"。⑥ 张治河等基于宏微观层面的研究,同样认为经济高质量发展是"动态过程",经济转向高

---

① 金碚. 关于"高质量发展"的经济学研究 [J]. 中国工业经济, 2018 (4): 1-8.
② 刘志彪. 理解高质量发展: 基本特征、支撑要素与当前重点问题 [J]. 学术月刊, 2018 (7): 39-45.
③ 任保平, 李培伟. 中国式现代化进程中着力推进高质量发展的系统逻辑 [J]. 济理论与经济管理, 2022 (12): 4-19.
④ 王一鸣. 百年大变局、高质量发展与构建新发展格局 [J]. 管理世界, 2020 (12): 1-13.
⑤ 张占斌, 王海燕. 新时代中国经济高质量发展若干问题研究 [J]. 北京工商大学学报 (社会科学版), 2022 (3): 1-9.
⑥ 宋洋, 李先军. 新发展格局下经济高质量发展的理论内涵与评价体系 [J]. 贵州社会科学, 2021 (11): 120-129.

质量发展的突出标志是"社会效率的整体提高","微观市场效率"和"社会整体发展的生产效率"都会"显著提升"。[1] 何立峰分析了高质量发展具有"动态性"特征的原因：其"目标思路"与"政策举措"并非静止不变，而是随着"实践"和"认识"的深入而不断"丰富"与"完善"。[2]

4. 人民性

孟东方认为，"以人民为中心"是高质量发展的"本质要求"和"实践导向"，贯穿高质量发展的"全过程"，彰显了马克思主义政党"人民性"的价值导向，因此，高质量发展需要突出人民群众的"主体作用"，满足人民群众的"美好诉求"，最终实现"全体人民共同富裕"。[3] 田秋生认为，高质量发展要能够带来更大的"福利效应"，给人民群众带来更大的"获得感""幸福感"。[4]

（三）区域经济高质量发展的要义

高质量发展是新发展阶段区域经济发展的主要目标，而区域经济高质量发展是区域经济发展的高级形态。进入新发展阶段，我国区域经济发展呈现超传统性的分化状态、显著的扩散效应，以及结构优化和创新实力成为发展新引擎等新特征，面临区域经济平衡约束、动力制约及结构性制约三个方面的制约条件。新发展阶段我国区域经济高质量发展可从发展路径及政策转型两个方面推进。

1. 在发展路径方面，进一步培育经济高质量发展的增长点

通过转变经济发展方式，构建区域发展新增长极，实施创新发展战

---

[1] 张治河，郭星，易兰．经济高质量发展的创新驱动机制[J]．西安交通大学学报（社会科学版），2019（6）：39-46．

[2] 何立峰．深入贯彻新发展理念 推动中国经济迈向高质量发展[J]．宏观经济管理，2018（4）：4-5．

[3] 孟东方．应始终将以人民为中心的发展思想贯穿高质量发展的全过程[J]．西南大学学报（社会科学版），2022（1）：42-49．

[4] 田秋生．高质量发展的理论内涵和实践要求[J]．山东大学学报（哲学社会科学版），2018（6）：1-8．

略，融入全国统一大市场。

2. 在政策转型方面，进一步转变政府调控方式

从数量型区域经济政策调控转向质量效益型区域经济政策调控，从区域经济增长极政策调控转向区域协调发展调控，从区域转移调控转向区域内生创新调控，从区域需求管理调控转向区域绿色供求动态平衡调控，从非均衡区域经济政策转向区域均衡经济政策调整。①

三、高质量发展与中国式现代化和共同富裕

现代化是人类文明全球性、不可逆的世界历史进程，但具体的实践过程则由不同国家或地区的不同历史实践构成。综观世界现代化的历史进程不难发现，各个国家或地区的现代化进程均具有自身实践道路特征。有的国家在现代化进程中顺利摆脱"贫困陷阱"、跨过"中等收入陷阱"等，不断实现现代化水平的跃升；但也有国家的现代化进程充满曲折，出现停滞、中断或倒退。究其原因，无不与政府治理质量、发展动力转换机制的可持续性、经济脆弱性等息息相关。以高质量发展实现中国式现代化，推进中华民族伟大复兴不可逆转的历史进程，是历史与逻辑、理论与现实的有机统一。② 中国式现代化是中国共产党领导的社会主义现代化，既有各国现代化的共同特征，更有基于自己国情的中国特色。推动中国式现代化，需要发挥超大规模人力资源优势，实现人口规模巨大的现代化；不断满足人民对美好生活的新期待，解决好地区差距、城乡差距、收入差距等问题，实现全体人民共同富裕的现代化；夯实物质文明基础，增强精神文明的发展动力，实现物质文明和精神文明相协调的现代化；形成绿色发展方式和生活方式，提供更多优质生态产品，走可持续发展道路，实现人与自然和谐共生的现代化。实现上述目

---

① 任保平. 新发展阶段我国区域经济高质量发展的理论逻辑、实践路径与政策转型[J]. 四川大学学报（哲学社会科学版），2023（3）：81-90.
② 刘伟，范欣. 以高质量发展实现中国式现代化推进中华民族伟大复兴不可逆转的历史进程[J]. 管理世界，2023（4）：1-15.

标，都需要以高质量发展做支撑，高质量发展既是中国式现代化道路的本质要求，也是实现中国式现代化的重要路径。

（一）高质量发展是新发展阶段的迫切需要

新发展阶段是发展提质增效的历史阶段。进入新发展阶段，我国综合国力、经济实力都跃上新的台阶。与此同时，新发展阶段也是我国转变发展方式、优化经济结构和转换增长动力的关键阶段，劳动力成本上升、人口老龄化加剧、资源环境约束增大等现实状况，要求我们在新发展阶段必须坚持高质量发展，以高质量、高效益、多样化的供给体系来实现供求均衡，提升经济发展水平。立足新发展阶段，必须通过推动实现高质量发展，从全局上、源头上、根本上解决发展不平衡、不充分的问题，才能解决我国社会主要矛盾、优化经济结构、转换经济增长动力。

（二）高质量发展是贯彻新发展理念的具体体现

创新、协调、绿色、开放、共享的新发展理念是在深刻总结国内外发展经验教训、深入分析国内外发展大势的基础上提出的，集中反映了我们党对经济社会发展规律的新认识，针对发展动力、发展不平衡、人与自然和谐、发展内外联动、社会公平正义等方面，深刻回答了实现高质量发展的动力、路径、原则、方式、目标等重大问题，是推动我国实现高质量发展的根本指引。创新发展理念明确了创新是引领发展的第一动力，协调发展理念强调了协调是持续健康发展的本质要求，绿色发展理念指出了绿色是永续发展的必要条件和人民对美好生活追求的重要体现，开放发展理念道明了开放是国家繁荣发展的必由之路，共享发展理念回答了共享是中国特色社会主义的本质要求。因此，高质量发展是新发展理念的具体体现，完整、准确、全面贯彻新发展理念是实现高质量发展的必然要求，也是全面建设社会主义现代化国家的本质要求。

（三）高质量发展是加快构建新发展格局的重要保障

从国内看，实现高质量发展必须加快推动产业结构升级、建设现代化经济体系、优化城市空间布局、突破关键核心技术、提升科技创新能力，这些都为深化要素市场化改革、建设全国统一大市场、实施区域协调发展战略等带来新的机遇和动力。从国际看，只有实现本国的高质量发展，才能以本国的大规模市场和高水平产业集群促进世界经济增长，这有助于推动构建人类命运共同体，解决世界经济增长动能不足、贫富分化加剧等问题，为加快构建新发展格局创造良好外部条件。只有实现高质量发展，才能盘活劳动、土地、资本、技术、数据等要素，从而提高市场的资源配置效率；才能推动信息、资金、产品、服务在国内国际两个市场之间的流动循环，打造要素丰富、流程畅通、环节协同、内外循环的国民经济循环体系，实现更高质量、更有效率、更加公平、更可持续、更为安全的发展。①

（四）高质量发展是建设现代化经济体系的必由之路

现代化经济体系以现代产业体系为支撑，以新质生产力来提升和推动高质量发展。我国传统产业体系主要依靠低端要素的规模投入来实现经济高速增长，这种生产方式具有"高投资、高能耗、高排放"的特征，生产力质量水平较低。而转向高质量发展，现代产业体系则以产业创新为主要动力，通过培育先进生产力、绿色生产力和构建数字化生产方式来优化产业结构、提升产业转换能力。持续壮大战略性新兴产业、大力发展生态循环产业链。同时，通过严格的环境保护制度将生产的外部成本内部化，使资源消耗及社会影响限制在合理阈值内。现代产业体系就是通过产业结构协调和产业结构高级化的协同发展来有效提升生产力的质量，促进有效供给的形成，从而深化供给侧结构性改革，以经济结构再平衡机制来持续降低经济系统成本。②

（五）高质量发展是共同富裕的牢固基石

共同富裕是马克思主义的重要追求，是社会主义区别于资本主义的

---

① 任晓刚. 以高质量发展推进中国式现代化［N］. 光明日报，2023-08-19（6）.
② 任保平，李培伟. 中国式现代化进程中着力推进高质量发展的系统逻辑［J］. 经济理论与经济管理，2022（12）：4-19.

第一篇　理论研究

第一章　高质量发展的内涵

重要标志,体现了中国特色社会主义的优越性。实现共同富裕,是社会主义的本质要求,是中国共产党人的不懈追求,是全过程人民民主的坚实基础,是人民群众的殷切期盼。一百多年来,中国共产党带领中国人民一以贯之地为实现共同富裕而奋斗。党的十八大以来,以习近平同志为核心的党中央,坚持以人民为中心的发展思想,把扎实推进共同富裕作为实现社会主义现代化的关键目标。发展是解决一切问题的基础和关键,高质量发展坚持以人民为中心的发展思想,不仅包含量的增长还包含质的提高,是从"量的积累"到"质"的飞跃的发展。共同富裕不仅要求做大蛋糕,还要分好蛋糕,只有做大蛋糕,才能更好地分好蛋糕,因此,高质量发展是实现共同富裕的前提和保障,是扎实推进共同富裕的物质基础和关键实现路径,是共同富裕的牢固基石。[1]

---

[1] 张霞. 以高质量发展促进共同富裕的理论和实践意义[EB/OL]. 大河网,2023-03-09.

第二章　浙江经济发展演进历程

浙江作为中国革命红船起航地、改革开放先行地、习近平新时代中国特色社会主义思想重要萌发地，敢为人先、积极探索、勇于创新，经历了从计划经济到改革开放再到创建社会主义市场经济体制的伟大变革，经历了从站起来到富起来再到强起来的伟大变革，经历了从社会主义到中国特色社会主义再到新时代中国特色社会主义的伟大变革。特别是党的十八大以来，面对复杂严峻的外部环境变化，浙江坚持以习近平新时代中国特色社会主义思想为指导，以"八八战略"为总纲，贯彻落实新发展理念，坚定不移打好转型升级组合拳，推动经济高质量发展，不断谱写经济发展的崭新篇章。

一、浙江经济发展方式转变历史演进

1978年，陆域面积仅10.18万平方千米的浙江，自然资源极其匮乏，工业基础薄弱。改革开放40多年来，浙江依靠体制机制创新，克服经济发展中不利条件的约束，发展方式发生了深刻的变化，实现了快速增长，创造了从"资源小省"到"经济大省"的奇迹。浙江经济发展方式转变大致经历了以下四个阶段。

（一）经济粗放发展阶段（1978—1992年）

改革开放初期，针对当时国民经济存在严重比例失调等问题，国家进行了一系列的政策调整和工作部署。1979年4月召开的中共中央工作会议提出了对整个国民经济实行"调整、改革、整顿、提高"的方针，压缩工业基本建设规模，加强农业和提高轻工业的比重。1981年，

第一篇　理论研究

第二章　浙江经济发展演进历程

五届全国人大四次会议通过的政府工作报告提出，要用更长的时间"走出一条速度比较实在、经济效益比较好、人民可以得到更多实惠的新路子"。1987年，党的十三大明确指出："必须坚定不移地贯彻执行注重效益、提高质量、协调发展、稳定增长的战略……要从粗放经营为主逐步转上集约经营为主的轨道"。这些路线方针的提出引发了关于经济效益、经济结构、经济发展战略与途径、扩大再生产类型等问题的广泛深入的讨论，说明转变经济发展方式的思路已经初步形成。

在这一阶段，浙江人民以其超前的改革意识展开了观念、体制、机制的创新，使浙江在资源相对匮乏、经济基础较为薄弱，又缺乏国家优惠政策扶持等的不利条件下，在国内率先走上了以民营经济为主体、以制度创新为主导的市场化改革之路。从改革开放之初到整个80年代，经济发展的内在动力强劲，市场消费需求异常旺盛，随着非国有经济的成长和市场力量开始在资源配置中发挥越来越大的作用，浙江经济实现了飞速发展。1979—1991年，浙江省GDP年均增长12.2%，增幅居全国第2位，人均GDP由1978年的331元增加到1991年的2540元，特别是1979—1985年，GDP年均增长率达到14.8%。浙江经济总量和人均收入水平在各省（自治区、直辖市）中的位次大幅上升，成为当时全国经济最活跃和增长最快的省份之一。在经济快速增长的同时，产业结构也发生了比较明显的变化，第一、二、三产业比例由1978年的38.1∶43.2∶18.7，变为1991年的22.7∶45.7∶31.6，第三产业得到较快发展。尽管开始着力调整经济结构，重视经济效益，这一阶段的经济发展仍然是高投入、低产出，以粗放式为主的发展。

（二）以提高经济效益为中心的发展阶段（1992—2000年）

1992年邓小平同志南方谈话后，我国改革开放和经济发展进入了新的阶段。浙江在积极推进经济社会发展的同时，也清楚地意识到资源要素紧缺、环境压力增大、低成本竞争和数量扩张型的产业和企业发展越来越难以为继等问题，将转变经济发展方式问题提上了重要议事日程。1995年,按照党的十四届五中全会精神,浙江省委明确提出要加快由粗放型增长方式向集约型增长方式的根本性转变。1996年,在《浙江省国民经济和社会发展第九个五年规划和2010年远景目标纲要》中,进一步提出要将经济工作的重点放在转变增长方式、提高增长质量上。

进入20世纪90年代后,我国商品匮乏和短缺的现象逐渐消失,供求关系的转化对产品质量、产业布局提出了更高要求。这个阶段浙江经济发展的特点:一是快速增长的同时增长稳定性逐步提高。1992—2000年,浙江省GDP年均增长14.7%,比前一阶段年均增长率还高出2.5个百分点,人均GDP由1991年的2540元提高到2000年的13309元,在各省区中位居第一(京、津、沪三个直辖市除外)。二是与前一阶段相比产业结构进一步得到调整和优化,1992年以来第一产业占GDP的比重降低到20%以下,二、三产业占比稳步提高。三是经济效益不断提高。浙江工业经济增长速度和经济效益的持续性和稳定性均处于全国前列。"九五"期间规模以上(以下简称规上)工业企业实现利税年均增长18.0%,约比全国平均水平高4.5个百分点。城乡居民生活显著改善,2000年,浙江城镇居民人均可支配收入为9279元,比1991年将近翻一番,农村居民人均纯收入为4254元,均居全国第3位。四是个体私营经济得到极大发展。到2000年,浙江个体私营经济创造增加值已占GDP的40.9%,成为经济增长、税收、就业、外贸的重要渠道。民营经济以其特有的活力和效率,成为浙江国民经济的主要推动力量,也推进了浙江经济在产业结构、经济效益等方面的优化。

(三)经济发展方式初步转变阶段(2002—2011年)

进入21世纪后,城乡区域差距扩大、资源要素制约、生态环境压力和内外市场约束等问题越发突出,2003年,党的十六届三中全会提出了科学发展观。在倡导和实践科学发展观的背景下,经济增长方式也增添了新的含义。2005年2月8日,时任浙江省委书记习近平

第一篇 理论研究
第二章 浙江经济发展演进历程

指出："未来5至10年，我们将在资源约束加大的情况下推进现代化建设，转变经济增长方式是唯一出路。"① 2007年，党的十七大报告提出："加快转变经济发展方式，推动产业结构优化升级，是关系国民经济全局的紧迫而重大的战略任务。"2009年，中共浙江省委第十二届二次全会召开，强调坚持把转变经济发展方式作为"创业富民、创新强省"的主攻方向，促进经济又好又快发展。浙江通过大平台、大产业、大项目、大企业"四大建设"② 推进"四大国家战略"③，经济发展方式实现初步转变。

在这一阶段浙江经济保持了快速平稳的增长，2002—2007年，浙江GDP年均增长13.4%，各年经济增长率保持在10.6%～14.7%的幅度内，成为改革开放30年经济发展波动最小的时期。到2007年，人均GDP已经达到4920美元，接近上中等收入国家或地区5000美元的平均水平。之后，虽然遇到2008年的国际金融危机，浙江经济发展依然较为平稳。

这一阶段，浙江经济结构进一步调整优化，2007年三次产业的比例为5.3∶54.0∶40.7。"八五""九五""十五"三个时期的统计数据显示，第二产业增加值年均增长率分别为24.4%、12.4%和14.0%，分别高于GDP增幅5.3个、1.4个、1.0个百分点，第三产业增加值年均增长率分别为19.7%、11.0%、13.8%，分别高于GDP年均增幅0.6个、0个、0.8个百分点。可以看出，第三产业发展逐步加快，与第二产业增幅差距日益缩小，浙江经济逐步呈现出第二产业第三产业共

---

① 习近平.干在实处走在前列——推进浙江新发展的思考与实践[M].北京：中共中央党校出版社，2006：38.
② "四大建设"是指大平台、大产业、大项目和大企业建设。在大平台建设方面，浙江着重规划建设14个产业集聚区和整合提升各类经济技术开发区；大产业建设方面，主要发展提升11个重点制造业、9个战略性新兴产业、10个现代服务重点行业、10大农业主导产业和42个块状经济集群；大项目建设方面，主要抓紧实施一批重大基础设施项目和重大产业提升项目；大企业建设方面，主要培育发展146家龙头企业和若干跨国公司。
③ "四大国家战略"是指，在2011—2012年间，国家赋予浙江的建设浙江海洋经济发展示范区、舟山群岛新区，以及义乌国际贸易综合改革试点和温州市金融综合改革试验区四项使命。

同推动经济增长格局。①

（四）经济发展方式转变阶段（2012年至今）

在面临世界经济复苏乏力、局部冲突和动荡频发、全球性问题加剧的外部环境，且经济发展进入新常态的背景下，在党中央和浙江省委、省政府的正确领导下，浙江经济增速虽然有所放缓，但转变发展方式的步伐仍在继续。2012年开始，浙江实施了一系列转型升级"组合拳"：2012年实施"浙商回归"一号工程，2013年实施"三改一拆"② 一号工程，2014年实施"五水共治"③ 一号工程，2015年实施"四换三名"工程④，推进经济转型升级。在2017年12月25日召开的浙江省委经济工作会议上，时任省委书记车俊强调把"数字经济"作为一号工程来抓，全面深化"数字浙江"建设。

这一阶段，浙江产业结构继续优化，由"二、三、一"向"三、二、一"转化。第三产业内部，传统行业如交通运输业、批发零售业等比重下降，新兴服务业，特别是信息传输、软件和信息技术服务业比重明显上升。2022年，浙江省数字经济核心产业增加值占地区生产总值的比重达到11.7%，高新技术产业增加值占规上工业增加值的比重达到62%，规上工业亩均增加值、亩均税收分别增长59.1%和35.3%，规上工业能耗强度下降19.4%。一般公共预算收入从6598亿元提高到

---

① 浙江省统计局. 浙江经济发展方式转变历程、成效及启示［EB/OL］. 浙江统计信息网，2008-12-30.

② "三改一拆"，是指浙江省政府决定，自2013—2015年在全省开展旧住宅区、旧厂区、城中村改造和拆除违法建筑（简称"三改一拆"）三年行动。

③ "五水共治"，是指治污水、防洪水、排涝水、保供水、抓节水这五项工程。"五水共治"是一举多得的举措。从政治的高度看，治水就是抓深化改革惠民生。从经济的角度看，治水就是抓有效投资促转型。治水的投资，就是有效的投资；治水的过程，就是转型的过程。

④ "四换三名"是浙江经济转型的一项政策。"四换"，即"腾笼换鸟""机器换人""空间换地""电商换市"。其中"腾笼换鸟"指集中力量扶持高科技、高附加值的产业和产品，淘汰高能耗、高排放、低产出的产业和企业；"机器换人"指通过技术改造和设备更新，实现减员增效；"空间换地"指集约用地，以亩产论英雄；"电商换市"指大力发展电子商务，实现商业模式的创新和提升。"三名"，即着力培养名企、名品、名家，打造行业龙头。

8039亿元，上升到全国第3位。[①]

二、从"腾笼换鸟、凤凰涅槃"到高质量发展[②]

改革开放以来，浙江勇立潮头，积极探索，大胆创新，率先推进市场化取向改革，走出了一条具有时代特征、中国特色、浙江特点的发展路子。自20世纪90年代中期开始浙江经济总量一直稳居全国第4位，成为全国经济增长速度最快和最具活力的省份之一。进入21世纪以后，随着发展环境、发展阶段和发展条件的变化，浙江经济增长面临资源要素缺乏、生态环境压力和内外市场约束等瓶颈制约。

（一）"腾笼换鸟、凤凰涅槃"的提出及其深刻内涵

2002年下半年，习近平同志调任浙江工作后，经过大量深入细致的调查研究，精准把脉浙江经济发展态势，于2003年7月提出了引领浙江发展、推进各项工作的总纲领——"八八战略"。此后，他还多次就深化细化"八八战略"要求各地大胆探索、勇于创新，研究新思路，推出新举措。"腾笼换鸟、凤凰涅槃"就是在此过程中提出来的。

"腾笼换鸟、凤凰涅槃"是习近平同志针对浙江经济发展进入新阶段后，为加快推动经济结构战略性调整和增长方式根本性转换提出的重要思想。概括地说，"腾笼换鸟"，就是要拿出浙江人勇闯天下的气概，跳出浙江发展浙江，按照统筹区域发展的要求，积极参与全国的区域合作和交流，为浙江的产业高度化腾出发展空间；并把"走出去"和"引进来"结合起来，引进优质的外资和内资，促进产业结构的调整，弥补产业链的短项，对接国际市场，从而培育和引进吃得少、产蛋多、飞得高的"俊鸟"。"凤凰涅槃"，就是要拿出壮士断腕的勇气，摆脱对粗放型增长的依赖，大力提高自主创新能力，建设科

---

① 王浩.2023年浙江省政府工作报告［EB/OL］.浙江省人民政府网，2023-01-17.
② 浙江省中国特色社会主义理论体系研究中心.从"腾笼换鸟、凤凰涅槃"到高质量发展［N］.浙江日报，2018-07-19（5）.该研究报告由浙江省社会科学界联合会盛世豪主席和笔者主笔。

技强省和品牌大省,以信息化带动工业化,打造先进制造业基地,发展现代服务业,变制造为创造、变贴牌为创牌,实现产业和企业浴火重生、脱胎换骨。

1. 加快推动经济结构战略性调整和增长方式根本性转变,促进经济发展从量的扩张转向质的提高,是"腾笼换鸟,凤凰涅槃"的根本目的2005 年 4 月,习近平同志在浙江省委常委一季度经济形势分析会上指出,效益增幅下滑问题实际上是结构性问题,要改变这种状况,从长期来看,关键是要调整产业结构,加快传统产业技术改造,大力发展高技术产业。聚焦全面建成小康社会和现代化建设,在习近平同志的直接指导和推动下,浙江加快了先进制造业基地建设与淘汰落后产能的步伐,逐步实现经济结构的调整。

在制造业调结构的同时,习近平同志强调,浙江省要遵循规律,抓住机遇,将服务业逐步培育壮大成为推动经济发展的"主动力产业"。推动服务业发展,关键是要用现代信息技术和现代流通经营方式改造服务业,推动服务业现代化。正是在习近平同志的关怀和培育下,以阿里巴巴为代表的现代服务业企业迅速发展,成为浙江经济的新名片。浙江经济发展呈现先进制造业与现代服务业"双轮驱动"的格局。

2. 提高自主创新能力,推动经济增长方式转变到依靠科技进步和提高劳动者素质的轨道上来,是实现"腾笼换鸟、凤凰涅槃"的根本途径

在 2006 年 3 月召开的浙江省自主创新大会上,习近平同志指出,加强科技进步和自主创新,是转变增长方式,破解资源环境制约,推动经济社会又快又好发展的根本之计。[1] 浙江产业基础薄弱,科技创新能力不足。2005 年 12 月 8 日,习近平同志在浙江省委常委务虚会上指出,"我们在常常感受到'成长的烦恼'和'制约的疼痛'的同时,也

---

[1] 习近平. 干在实处走在前列——推进浙江新发展的思考与实践 [M]. 北京:中共中央党校出版社,2006:131.

切实增强了推进科技进步、提高自主创新能力、提升产业层次、实现'凤凰涅槃'的自觉性和紧迫感。"① 21世纪以来，浙江进入由投资驱动向创新驱动转变的重要时期，只有坚定不移地走自主创新之路，不断增强自主创新能力，才能从根本上改变产业层次低和产品附加值低的状况，实现"腾笼换鸟"和"浴火重生"；才能不断提高人民生活质量和水平，促进人与自然和谐共处，走出一条科学发展的新路子。习近平同志对浙江明确提出了加快区域创新体系建设的目标，就是构筑以政府为导向、企业为主体、高校和科研院所为依托，产学研紧密结合的开放型区域创新体系。为弥补浙江科技资源少的短板，在习近平同志的主导下，浙江引进了清华长三角研究院等一批大院名校。

在习近平同志的亲自推动下，"八八战略"把推进科教兴省、人才强省，用高新技术和先进适用技术改造提升传统优势产业，大力发展高新技术产业，全面提升浙江产业发展的层次和水平作为重要举措。此后，浙江省委明确把加快创新型省份建设作为解决资源要素环境制约的根本途径，作为促进产业升级、提高企业和产品竞争力的重要支撑，作为推进科技进步、建设科技强省的核心内容，作为抓住战略机遇期、争取发展主动权的重大战略。

3. "跳出浙江发展浙江"，不仅为立足全国大局、统筹区域发展做出了贡献，而且顺应经济规律，促进产业梯度转移，推进浙江经济增长方式转变，不断优化产业结构和经济布局，这是"腾笼换鸟"的本义所在

浙江陆域面积小、自然资源相对贫乏，要有效解决浙江发展中的资源要素问题，必须走开放发展道路。习近平同志根据当时国际国内形势特点，于2005年6月5日在浙商论坛2005年峰会上明确提出"立足全

---

① 习近平. 干在实处走在前列——推进浙江新发展的思考与实践 [M]. 北京：中共中央党校出版社，2006：32.

局发展浙江、跳出浙江发展浙江"①,"只有'跳出去',才能天高地阔,获取更大的发展空间;只有'走出去',才能任尔翱翔,激发更为持续的发展动力。"② 浙江要"紧紧抓住新一轮国际资本和产业转移的机遇,抓住世界科技革命带来的产业结构调整升级的机遇,抓住接轨上海、参与长三角经济合作与发展的机遇,把浙江的区位优势转化为对外开放优势,把体制优势转化为国际竞争优势,把特色经济优势转化为出口优势,在发展开放型经济上实现新突破。"

"跳出浙江发展浙江",就是鼓励企业走出去,主动接轨上海、主动参与西部大开发和东北等老工业基地改造,主动参与国际市场的竞争,在更大的空间内实现更大的发展。随着浙江发展阶段的变化,企业走出去是经济规律使然,短期看可能会造成一定程度的资金外流,但从长远看,则是产业结构升级的需要。"腾笼"才能"换鸟",壮大可以反哺,有利于我们发展高新技术产业和新兴服务业,提高本土经济整体素质和区域竞争力。因此,要坚持"跳出浙江发展浙江",鼓励企业在浙江省外投资创业,鼓励企业走出国门,开展对外投资和跨国经营,带动产品走出去、资源引进来,不断拓展发展空间。同时,进一步增强在外投资企业与浙江经济的联系,积极吸引在外浙商回乡投资创业,努力实现"低端产业出去、高端产业进来"的良性循环。

4. 加强陆域和海域经济的联动发展,通过双向互动,合作共赢,推进山海协作,是"腾笼换鸟、凤凰涅槃"的重要载体

长期以来,浙江经济发展主要局限于陆域经济,发展空间狭小,新增长点缺乏。2003年1月6日,习近平同志第一次到舟山时就指出,要做好海洋经济这篇大文章。针对推动海洋经济与陆域经济联动发展、建设海洋经济强省,习近平同志强调,海洋经济是陆海一体化经济,海

---

① 习近平. 干在实处走在前列——推进浙江新发展的思考与实践[M]. 北京:中共中央党校出版社,2006:112.
② 同上,引自113页。

洋的大规模开发,需要强大的陆域经济支持;陆域经济的进一步发展,必须依托蓝色国土,发挥海洋优势。发展海洋经济不能就海洋论海洋,加强陆域和海域经济的联动发展,实现陆海之间资源互补、产业互动、布局互联,是海洋经济发展的必然规律。浙江要站在培育海洋经济增长点和优化经济结构的高度,善于借力发展、善于借梯登高,在建设海洋经济强省中打头阵。

山海协作的"山"主要指以浙西南山区和舟山海岛为主的欠发达地区,"海"主要指沿海发达地区和经济发达的县(市、区),这是推进全省区域协调发展的重大战略举措。2004年11月25日,习近平同志在"山海协作工程"情况汇报会上强调,山海协作要把重点放在优化产业结构和促进经济增长方式转变上,通过各种形式的途径把发达地区的资金、技术、人才优势与欠发达地区的资源、劳动力、生态优势结合起来,通过双向互动,合作共赢,不断增强推进山海协作的动力。[①] 根据这一要求,山海协作突破了长期以来以输血帮扶为主的传统扶贫模式,探索建立了符合市场经济要求的以对口造血帮扶为主的新模式,进而成为把欠发达地区培育成为新的经济增长点的有效抓手。

海陆联动、山海协作,不仅缓解了发达地区经济发展面临的要素瓶颈制约,而且为海岛、欠发达地区发展提供了内生动力,促进了区域协调发展,因而成为"腾笼换鸟、凤凰涅槃"的重要载体。

5. 发挥好、规范好、协调好政府和市场这"两只手"的关系,推动形成市场作用和政府作用有机统一、相互补充、相互协调、相互促进的格局,是实现"腾笼换鸟、凤凰涅槃"的根本保障

推动要素资源优化配置,既涉及产业结构调整,又关系发展动能转换,单纯依靠政府"有形之手"或者市场"无形之手"均会产生失灵。因此,2006年3月17日,习近平同志在《浙江日报》"之江新语"专

---

① 习近平. 干在实处走在前列——推进浙江新发展的思考与实践 [M]. 北京:中共中央党校出版社,2006:211-214.

栏发表《从"两只手"看深化改革》一文,强调要处理好政府和市场的关系,发挥好、规范好、协调好政府和市场这"两只手"的关系,推动形成市场作用和政府作用有机统一、相互补充、相互协调、相互促进的格局。

加快构建资源要素优化配置的有效机制、让市场在资源配置中起决定性作用,这是实现"腾笼换鸟、凤凰涅槃"的内在要求。2005年11月6日,在浙江省委十一届九次全会第二次大会上,习近平同志指出,要进一步推进要素配置市场化改革,形成有利于节约要素资源的差别化价格调节机制和财税调节机制,为推进经济增长方式转变提供体制机制保障。在他的直接指导和推动下,浙江从2002年起就积极探索要素市场化配置改革,推动形成反映资源稀缺程度、污染排放数量和市场供求关系的价格机制,促进资源要素集约利用。

然而,单靠市场机制这只"无形的手","腾笼换鸟、凤凰涅槃"是难以起到预期效果的。2005年4月29日,在浙江省委专题学习会上,习近平同志强调,宏观调控的"倒逼机制",包括要素制约的"倒逼机制",可以在经济结构调整、增长方式转变上发挥重大的革命性的作用。这种"倒逼"机制要求我们着眼长远、立足当前,标本兼治、着力治本,变"倒逼"为"顺导",变被动为主动,通过体制机制创新,把科学发展观的要求和宏观调控的目标落实到体制、机制、法制的建设上,为国民经济保持速度比较快、效益比较好、活力比较强的发展态势,提供坚实的、长效的制度保障。

(二)"腾笼换鸟、凤凰涅槃"与高质量发展的内在一致性

"腾笼换鸟、凤凰涅槃"是习近平同志针对浙江经济发展实际提出的推动区域经济结构战略性调整和增长方式根本性转化,以及促进经济从量的扩张向质的提高转化的重要思想和战略举措。推动经济高质量发展是习近平新时代中国特色社会主义经济思想的重要内容。党的十八大以来,以习近平同志为核心的党中央,面对极其复杂的经济形势,提出

第一篇 理论研究
第二章 浙江经济发展演进历程

新常态重大论断,要求认识新常态、适应新常态、引领新常态,以供给侧结构性改革为主线,推动经济实现高质量发展。从"腾笼换鸟、凤凰涅槃"到高质量发展,两者价值取向一致、目标任务相同、内涵互容、路径相通,鲜明彰显了习近平新时代中国特色社会主义经济思想从萌发、形成到成熟的清晰发展轨迹。

1. "腾笼换鸟、凤凰涅槃"与高质量发展价值取向一致,坚持以人民为中心的发展思想

"腾笼换鸟、凤凰涅槃",其目的是促进经济发展从量的扩张向质的提高转变,真正实现又好又快发展,不断提高人民生活质量和水平。早在 2004 年 12 月,习近平同志就强调发展不能脱离"人"这个根本,我们仍然需要 GDP,但经济增长不等于发展,也必须明确经济发展不是最终目的,以人为中心的社会发展才是终极目标。2006 年 6 月,他进一步指出,要始终坚持发展为了人民、发展依靠人民、发展成果由人民共享,使经济社会发展的成果惠及全体人民,进一步焕发人民理解、支持、参与改革和发展积极性。

党的十八大以来,以习近平同志为核心的党中央多次强调经济工作必须彰显人民至上的价值取向,必须坚持以人民为中心的发展思想。中国特色社会主义进入新时代,我们更需要坚持和贯彻以人民为中心的发展思想,只有坚持以人民为中心,通过更加平衡、更为充分的发展,才能不断满足人民在新时代的新需求。高质量发展,就是能够很好地满足人民日益增长的美好生活需要的发展,是体现新发展理念的发展,是创新成为第一动力、协调成为内生特点、绿色成为普遍形态、开放成为必由之路、共享成为根本目的的发展。因此,推动高质量发展,是适应我国社会主要矛盾变化和全面建成小康社会、全面建设社会主义现代化国家的必然要求,是遵循经济规律发展的必然要求,也是当前和今后一个时期确定发展思路、制定经济政策、实施宏观调控的根本要求。显然,就价值取向而言,"腾笼换鸟、凤凰涅槃"与高质量发展,都是为了提高经济发展质量，提高人民生活质量和水平。

2. "腾笼换鸟、凤凰涅槃"与高质量发展目标任务相同，即推动经济结构调整和发展方式转变

"腾笼换鸟、凤凰涅槃"是推进经济结构的战略性调整和增长方式的根本性转变的战略举措。2006年1月18日，习近平同志在浙江省十届人大四次会议参加绍兴代表团讨论时指出，调整和优化产业结构，转变经济增长方式，是浙江经济形态发展的客观趋势和内在要求，是解决浙江经济发展与人口、资源、环境之间矛盾的根本出路，是把经济发展转入科学发展轨道的关键所在。一定要主动抓、抓主动，采取有效的措施，推进"腾笼换鸟"，实现"凤凰涅槃"，在切实防止经济出现大的波动的基础上，使经济结构不断优化，增长方式得到根本转变。

党的十八大以来，习近平同志对经济发展阶段做出进入新常态的重大判断，"增长速度要从高速转向中高速，发展方式要从规模速度型转向质量效率型，经济结构调整要从主要依靠资源和低成本劳动力等要素投入转向创新驱动。"[1] 要发挥我国经济巨大潜能和强大优势，进一步推动经济发展，必须加快转变经济发展方式、加快调整经济结构、加快培育形成新的增长动力，从过去主要看增长速度有多快转变为主要看质量和效益有多好。[2] 在2017年中央经济工作会议上，习近平同志更加明确地指出："紧扣我国社会主要矛盾变化，按照高质量发展的要求，统筹推进'五位一体'总体布局和协调推进'四个全面'战略布局，坚持以供给侧结构性改革为主线，统筹推进稳增长、促改革、调结构、惠民生、防风险各项工作，大力推进改革开放，创新和完善宏观调控，推动质量变革、效率变革、动力变革"。很显然，推进经济结构调整和发展（增长）方式转变是"腾笼换鸟、凤凰涅槃"与高质量发展的共同出发点。

---

[1] 习近平. 习近平谈治国理政：第二卷[M]. 北京：外文出版社，2017：245.
[2] 同①，引自242页。

3. "腾笼换鸟、凤凰涅槃"与高质量发展实现路径一致，即以供给侧结构性改革为主线

无论是"腾笼换鸟、凤凰涅槃"，还是高质量发展，都是从创新驱动、制度创造、结构调整等供给侧着手，通过优化调整经济结构，使要素实现最优配置，提升经济增长的质量。

"腾笼换鸟、凤凰涅槃"，实际上面对的是一个结构性问题，关键是要调整产业结构。要正确处理速度和质量、效益的关系，以质量和效益为中心，积极争取有质量、有效益的快速发展，努力做到速度、质量、效益相统一，以有效破解新旧动能转换、产能过剩与产业结构转型升级等难题。无论是调整产业结构，还是推动新旧动能转换，其着力点都在供给侧。

党的十八大以来，以习近平同志为核心的党中央，更是把深化供给侧结构性改革作为推动高质量发展的重中之重。推进供给侧结构性改革，就是从生产端入手，重点是促进产能过剩有效化解，促进产业优化重组，降低企业成本，发展战略性新兴产业和现代服务业，增加公共产品和服务供给，提高供给结构对需求变化的适应性和灵活性。在2017年1月22日召开的中央政治局第三十八次集体学习会上，习近平总书记强调，必须把改善供给侧结构作为主攻方向，从生产端入手，提高供给体系质量和效率，扩大有效和中高端供给，增强供给侧结构对需求变化的适应性，推动我国经济朝着更高质量、更有效率、更加公平、更可持续的方向发展。可见，"腾笼换鸟、凤凰涅槃"与高质量发展的实现路径，均是以供给侧结构性改革为主线。

4. "腾笼换鸟、凤凰涅槃"与高质量发展工作着力点一致，即提高自主创新能力和扩大开放

早在浙江工作时，习近平同志就强调，我们只有坚定不移地走自主创新之路，不断增强自主创新能力，才能突破资源环境的瓶颈制约，保持经济稳定较快增长；才能从根本上改变产业层次低和产品附加值低的

状况，实现"腾笼换鸟"和"浴火重生"。① 他还多次指出，"腾笼换鸟、凤凰涅槃"既要"引进来"又要"走出去"，跳出浙江发展浙江，更加注重内源发展与对外开放、外向拓展相结合，坚持以我为主，充分利用国内国际两个市场、两种资源，不断提高本土经济的竞争力。

党的十八大以后，习近平同志更是注重创新发展和开放发展，并把两者作为新发展理念的重要内容。他强调，创新发展注重的是解决发展动力问题。推动经济高质量发展，人才是第一资源，创新是第一动力。中国如果不走创新驱动发展道路，新旧动能不能顺利转换，就不能真正强大起来。抓住了创新，就抓住了牵动经济社会发展全局的"牛鼻子"。② 开放发展注重的是解决发展内外联动问题。要发展壮大，必须主动顺应经济全球化潮流，坚持对外开放，充分运用人类社会创造的先进科学技术成果和有益管理经验。③ 面对经济新常态，习近平同志指出，推动经济高质量发展不仅要求改革开放要加大力度，还要更加注重推进高水平双向开放，使开放成为推动经济高质量发展的必由之路。

5. "腾笼换鸟、凤凰涅槃"与高质量发展实践方法相通，即充分发挥市场和政府"两只手"的作用

体制机制问题，是推进经济增长方式转变的制度保证。2005年4月29日，在浙江省委贯彻胡锦涛总书记重要讲话精神专题学习会上，习近平同志指出，"经济社会中出现的一些问题，从深层次探究，都能在体制机制上找到根源，要有针对性地消除导致产业结构层次低度和增长方式粗放的体制性、机制性问题，形成有利于调整经济结构和转变增长方式的体制机制，使企业、政府、市场、社会互补互动，形成推进发展的合力"。④ 深化市场取向的改革，关键是要处理好政府与市场的关

---

① 习近平. 干在实处走在前列——推进浙江新发展的思考与实践[M]. 北京：中共中央党校出版社，2006：129.
② 习近平. 习近平谈治国理政：第二卷[M]. 北京：外文出版社，2017：201.
③ 同②，引自211页。
④ 同①，引自64页。

系。政府要切实增强推进产业高度化的自觉性,采取主动、有效的措施,推进"腾笼换鸟",实现"凤凰涅槃"。同时要加快现代市场体系建设,促进资源优化配置,形成机会均等、公平竞争、诚实信用的市场环境。

党的十八届三中全会提出,经济体制改革是全面深化改革的重点,核心问题是处理好政府与市场的关系。习近平同志强调,要努力形成市场作用和政府作用有机统一、相互补充、相互协调、相互促进的格局,推动经济社会持续健康发展。使市场在资源配置中起决定性作用,可以推动资源配置实现效益最大化,让企业和个人有更多活力和更大空间去发展经济、创造财富。科学的调控、有效的政府治理,是发挥社会主义市场经济体制优势的内在要求。推动高质量发展,坚持使市场在资源配置中起决定性作用,更好发挥政府作用,必须牢牢把握制度保障,构建市场机制有效、微观主体有活力、宏观调控有度的经济体制。

6. "腾笼换鸟、凤凰涅槃"与高质量发展根本保障一致,即加强党对经济工作的领导

习近平同志在浙江工作期间,关于推动"腾笼换鸟、凤凰涅槃",多次强调党委统揽经济工作大局,掌握经济工作主动权的必要性和重要性,并指出各级党委在实践中要切实履行好把握方向、谋划全局、提出战略、制定政策、推动立法和营造良好环境六方面的职责,既不能缺位失职,也不能越俎代庖。

在党的十八届四中全会第一次全体会议上,习近平同志在关于中央政治局工作的报告中指出,做好经济工作,必须加强和改善党对经济工作的领导。[①] 关于推动高质量发展,习近平同志指出要坚持和加强党对经济工作的领导,要增强"四个意识",坚决反对经济工作中的分散主义、自由主义、本位主义、山头主义、地方保护主义,防止不切实际地

---

① 中共中央文献研究室.习近平关于社会主义经济建设论述摘编[M].北京:中央文献出版社,2017:317-319.

定目标，更不能搞选择性执行。各级领导干部要加强学习和实践，培养专业能力，弘扬专业精神，既要当好领导，又要成为专家，不断提高适应新时代、实现新目标、落实新部署的能力，不断增强推动高质量发展和建设现代化经济体系的本领。[1]

因此，"腾笼换鸟、凤凰涅槃"，是高质量发展思想的重要萌发源头，不仅为高质量发展思想提供了有力的实践依据，而且也是高质量发展思想的重要组成部分。事实上，不仅仅是"腾笼换鸟、凤凰涅槃"，习近平同志在浙江工作时提出的"两座山""两只手""两种人"等关于经济发展的许多重要论述，与习近平新时代中国特色社会主义经济思想都一脉相承、逻辑一致，而以往 40 年来浙江改革开放的探索，特别是浙江在"八八战略"指引下的实践，更是为习近平新时代中国特色社会主义经济思想的形成和丰富发展提供了丰沃的思想土壤和实践支撑。

三、新时期浙江高质量发展思路

2023 年 9 月，习近平同志在浙江考察时强调，要完整准确全面贯彻新发展理念，围绕构建新发展格局、推动高质量发展，聚焦建设共同富裕示范区、打造新时代全面展示中国特色社会主义制度优越性的重要窗口，坚持一张蓝图绘到底，持续推动"八八战略"走深走实，始终干在实处、走在前列、勇立潮头，奋力谱写中国式现代化浙江新篇章。紧扣"勇当先行者、谱写新篇章"新定位新使命，浙江省聚力抓好关键性、战略性、牵引性重大问题，持续推动"八八战略"走深走实，强力推进创新深化、改革攻坚、开放提升，统筹推进三个"一号工程"，大力实施"十项重大工程"，稳增长提质效、打基础利长远、除风险保安全，推动经济运行持续回升向好，努力实现质的有效提升和量的合理增长。

---

[1] 人民日报社论.牢牢把握高质量发展这个根本要求[N].人民日报，2017-12-20（1）.

第一篇 理论研究
第二章 浙江经济发展演进历程

（一）三个"一号工程"

2023年年初，立足"两个先行"新方位，浙江省委部署实施三个"一号工程"：数字经济创新提质"一号发展工程"、营商环境优化提升"一号改革工程"和"地瓜经济"提升能级"一号开放工程"。三个"一号工程"统一于贯彻新发展理念、构建新发展格局、推动高质量发展。必须强化系统思维，打造整体优势，一体谋划、一体推进、一体落实三个"一号工程"，把数字经济做得更强，营商环境搞得更好，"地瓜经济"育得更壮，进一步凸显创新深化、改革攻坚、开放提升的大牵引作用，以高质量发展的实绩实效，精彩谱写中国式现代化浙江篇章。

1. 数字经济创新提质"一号发展工程"

数字经济创新提质"一号发展工程"，就是要激发新活力、增添新动力、抢占新赛道，把先发优势转变为带头领跑的持久优势，打造强劲活跃的新增长极。要深刻把握数字经济创新提质是发展所需，必须奋力抢抓"大机遇"，以敢为人先的胆识点燃数字经济高质量发展新引擎，让之江大地再掀数字经济新热潮。

（1）突出攻坚重点，创新攻坚模式，加强攻坚力量，强化数字科技新突破。

（2）持续壮大标志性产业，加快发展"新星"产业，布局探索未来产业，抢占数字产业新赛道。

（3）推进智能制造、跨界融合，加强服务供给，增添数实融合新动力。

（4）培育数据交易市场，加强数据开发利用，深化拓展场景应用，挖掘数据要素新价值。

（5）支持平台经济规范健康高质量发展，增强平台企业竞争力，再创消费互联网新辉煌，打造产业互联网新高地，重塑平台经济新优势。

（6）着力办好平台、做强产业、探索制度，做强数字贸易新业态。

（7）培育形成一批重量级数字企业，昂起"龙头"，壮大"龙身"，招大引强，壮大企业主体新梯队。

（8）强化杭甬"双核"引领，促进"环杭州湾"带动，打造数字经济特色发展区，构建全域发展新格局。①

2. 营商环境优化提升"一号改革工程"

在 2023 年年初召开的浙江省第十四届人民代表大会第一次会议上，浙江提出实施营商环境"一号改革工程"，加快打造营商环境优质省。4 月 17 日，浙江省营商环境优化提升"一号改革工程"大会再次强调，要全面打造一流营商环境升级版，全力打造营商环境优质省，在中国式现代化新征程上再创浙江发展环境新优势。2024 年 1 月 26 日，《浙江省优化营商环境条例》经浙江省第十四届人民代表大会第二次会议高票通过，于 3 月 1 日起施行。

深入贯彻习近平总书记关于全面深化改革和优化营商环境的重要论述精神，坚持社会主义市场经济改革方向，强力推进创新深化改革攻坚开放提升，对标国际一流、锚定全国最好，实干担当、奋力攻坚，勇立潮头、永争第一，全面打造一流营商环境升级版，全力打造营商环境最优省。

（1）按勇立潮头之标准，全面推动营商环境再优化再提升，紧扣市场化、法治化、国际化，加快从便捷服务到增值服务的全面升级，坚持缩减环节不停步、政策创新不松劲、解题解难不懈怠，增强政府服务力。

（2）加快从具体事项的解决到治理创新的全面升级，积极推进法规制度"立改废释"，切实保护企业合法权益，全力构建新型监管机制，增强法治保障力。

（3）加快从要素开放到制度开放的全面升级，提升市场竞争"规范度"、制度规则"开放度"、社会"信用度"，增强市场配置力。

（4）加快从能创业到开新局的全面升级，着力优化产业生态、要素保障、基础设施功能，增强发展支撑力。

---

① 翁浩浩，余勤，夏丹. 往高攀升 向新进军 以融提效 加快建设数字经济高质量发展强省[N]. 浙江日报，2023-04-01（1）.

第一篇 理论研究

第二章 浙江经济发展演进历程

（5）加快从外在激励到内生驱动的全面升级，加强正面引导，降低负面噪音，持续激发浙江民营企业家骨子里的那种敢为人先、敢闯敢拼的文化基因，擦亮"企业敢干"金名片，打造"创业创新"生力军，构建"亲清关系"新范式，增强文化引领力。

（6）加快从创造财富到成就卓越的全面升级，增强价值塑造力，让浙江成为企业家实现自我超越、激发家国情怀、造就一流企业的热土，为浙江"两个先行"提供最优环境支撑。[①]

3. "地瓜经济"提升能级"一号开放工程"

习近平同志高度重视对外开放工作，在浙江工作期间，他将"提升对内对外开放水平"纳入"八八战略"，形象深刻地阐述了"地瓜理论"，推动形成富有特色的"地瓜经济"，成为浙江发展的制胜法宝和"金字招牌"之一。立足中国式现代化新征程，要把"地瓜经济"提能升级摆到更加重要的位置。进一步巩固浙江开放先导地位，实施更大范围、更宽领域、更深层次的对外开放，打造更具韧性、更具活力、更具竞争力的"地瓜经济"。[②]

（1）强化都市区的引擎作用、大湾区的主力作用、大平台的支撑作用、大通道的链接作用，全面构建全域开放新格局。

（2）深入实施"415X"先进制造业集群建设行动，做强企业"主力军"，提升产业"硬实力"，树牢项目"风向标"，掌握资源"生命线"，全面推动产业韧性新跃升。

（3）着力拓市场稳份额，推动优结构增效益，壮大新业态强活力，全面厚植对外贸易新优势。

（4）大力发展海洋经济，增强总部综合实力，优化境外网络布局，完善跨境园区功能，全面增强枢纽节点新功能。

[①] 翁浩浩，余勤，施力维. 永不满足 勇立潮头 全面打造一流营商环境升级版 在新征程上再创浙江发展环境新优势 [N]. 浙江日报，2023-04-18（1）.

[②] 翁浩浩，余勤，拜喆喆. 永葆锐气永争一流 奋力打造高能级开放大省 [N]. 浙江日报，2023-05-29（1）.

（5）对标一流强谋划，先行先试抢先机，系统集成提质效，全面释放制度开放新活力。

（6）建立健全风险防控体系，搭建相关风险防控平台，全面筑牢风险防控新屏障，努力实现高质量发展和高水平安全的良性互动。

（二）十大重大工程

全面落实三个"一号工程"任务，浙江找准落脚点和突破口，实施牵一发而动全身的十大重大工程。

1. 实施扩大有效投资"千项万亿元"工程

围绕先进制造业基地、科技创新强基、交通强省、清洁能源保供、水网安澜提升、城镇有机更新、农业农村优先发展、文旅产业融合发展、改善民生九大领域，每年滚动推进1000个左右重大项目、完成投资1万亿元以上，5年完成重大项目投资7万亿元以上。

2. 实施"415X"先进制造业集群培育工程

围绕建设制造强省，打造形成4个万亿级先进产业群、15个千亿级特色产业群、一批百亿级"新星"产业群。到2027年，"415X"先进制造业集群规上企业营业收入突破12万亿元，培育世界一流企业15家左右，制造业增加值占地区生产总值的比重稳定在1/3左右。制定出台支持打造"415X"先进制造业集群的一揽子政策，省级财政每年统筹安排专项资金予以支持；设立新一代信息技术、高端装备、现代消费与健康、绿色石化与新材料4支产业集群专项基金和"专精特新"母基金，每支基金规模不低于100亿元；争取更多的产业项目纳入国家"能耗单列"清单。

3. 实施"315"科技创新体系建设工程

聚焦三大科创高地和15大战略领域，到2027年，建成国家实验室1家、全国重点实验室16家，建设高水平省实验室10家、省技术创新中心15家，实施2000项以上省重大科技项目，高新技术企业累计超5万家，高价值发明专利突破12万件。集成政策重点支持重大科创平台建设、关键核心技术攻关、科技企业培育和产业升级,省级财政每年统筹安排专项资金予以支持;建立省市县三级财政科技投入稳定增长机制,确保全省财政科技投入年均增长15%以上;完善科技创新基金体系,谋划设立省科创基金。支持杭州、嘉兴推进科创金融改革试验区建设。

4. 实施服务业高质量发展"百千万"工程

围绕建设现代服务业强省,到2027年,打造高能级服务业平台100个左右、实现营业收入6万亿元以上,培育千亿级旗舰服务业企业10家以上、百亿级龙头企业200家以上,完成服务业重大项目投资1万亿元以上,培育高素质服务业技术人才10万名,开展从业人员培训200万人次。集成政策支持现代服务业发展,省级财政每年统筹安排专项资金予以支持,优先保障高能级服务业创新发展区和服务业重大项目用地。

5. 实施世界一流强港和交通强省建设工程

围绕建成世界一流强港,统筹推进港航设施建设、港口集疏运体系构建、现代航运服务业培育、港产城高质量融合、港口内外联动发展、战略性资源配置中心建设和港口重点领域改革等重点任务,加快建设千万级集装箱泊位群、金甬铁路双层集装箱示范线、长三角中欧班列集结中心(金华)、嘉兴"公铁水空"联运枢纽等十大标志性项目,深化实施培育国际一流港口运营主体、海关海事监管一体化、港口集疏运项目投融资改革、迭代升级"四港"云平台等十大牵引性改革,全面增强港口核心竞争力、聚合支撑力、辐射带动力,到2027年力争集装箱吞吐量超过4000万标箱,集装箱海铁、江海河联运实现规模翻番,国际航运中心指数排名实现晋级进位。围绕交通强省建设,实施200个左右重大交通项目,完成投资2万亿元,加快构建"九纵九横五环五通道多连"高速公路网、"五纵五横"客运铁路网、"四纵四横多联"货运铁路网、"五纵八横十干十支"内河航道网,打造亿人次国际化空港门户、都市区高能级枢纽体系，构建现代化交通物流体系。

6. 实施县城承载能力提升和深化"千村示范、万村整治"工程

聚焦增强县城产业平台带动能力、基础设施支撑能力、公共服务保障能力、生态环境承载能力，支持县城做大做强特色主导产业，完善交通、水电气等基础设施，优化教育、医疗、养老等公共服务供给，提升人居环境质量，到2027年县城人口占县域人口的比重年均提高0.8个百分点，努力打造以县城为重要载体的城镇化建设示范省。深化"千村示范、万村整治"工程，加快推进乡村风貌全域提升、乡村产业提质增效、强村富民乡村集成改革、基础设施和公共服务补短提能、乡村文化振兴，到2027年建成和美乡村示范村1000个，农村居民人均可支配收入达到5.5万元，集体经济年经营性收入50万元以上行政村占比达到60%以上，污水处理设施行政村覆盖率、出水水质达标率达到98%，乡镇卫生院服务能力国家标准达标率达到85%。省级财政支持城镇化建设经费进一步向县城建设倾斜，推动政策性银行设立以支持县城城镇化建设为主体的千亿级信贷资金。

7. 实施跨乡镇土地综合整治工程

统筹推进农用地整治、村庄整治、低效工业用地和城镇低效用地整治、生态保护修复，实施500个土地综合整治项目，完成低效用地再开发25万亩，盘活存量建设用地50万亩。加大财政金融支持力度，支持在试点整治区域内探索开展跨乡镇永久基本农田调整、城乡建设用地增减挂钩分类管理。

8. 实施文旅深度融合工程

聚焦建设国内外知名的文化旅游目的地，实施文化和旅游投资"双百"项目计划，推进100项在建实施类、100项谋划招引类重大项目，完成文化和旅游投资1万亿元以上，到2027年文化和旅游产业增加值达到1.2万亿元。保障重大文化和旅游项目土地和资金需求。

9. 实施绿色低碳发展和能源保供稳价工程

聚焦能源绿色低碳转型、能源供应安全可靠、企业用能成本稳中有降，推进电源、电网、储能、天然气管网等现代能源基础设施重大项目87个，完成能源领域投资6000亿元以上。到2027年电力总装机1.68亿千瓦，其中可再生能源装机占比超过43%；天然气国家干线下载能力达到350亿方左右；LNG接收中转能力达到4000万吨/年左右。省级财政安排专项资金支持海上风电等可再生能源项目和新型电力系统示范项目建设。

10. 实施公共服务"七优享"工程

推进"幼有善育"，推动普惠托育纳入基本公共服务，每千人口拥有3岁以下婴幼儿托位数达到5.5个。推进"学有优教"，普惠性幼儿园在园幼儿占比超过95%，儿童平均预期受教育年限达15.6年；义务教育优质均衡发展县创建覆盖率达75%；高等教育毛入学率达72%，60个左右学科进入全国前10%。推进"劳有所得"，健全工资合理增长机制，最低工资标准最高档年均增长7%左右，建立终身职业技能培训机制，率先形成"人人有事做，家家有收入"的高质量就业创业体系。推进"病有良医"，加快卫生健康现代化，建设省公共卫生临床中心，建成国家医学中心1家以上、研究型医院5家左右，实现三级医院县级全覆盖，促进中医药传承创新发展，人均预期寿命超过82.7岁。推进"老有康养"，推动长期护理保险参保全覆盖、基本养老服务覆盖全体老年人，全面推行养老服务"爱心卡"制度，助餐配送餐村（社）覆盖率达到85%，每个县（市、区）至少1家县级医院建有安宁疗护病区，康养联合体镇街覆盖率达100%，构建居家养老和机构养老相结合的便捷化、多样化、智慧化的养老服务体系。推进"住有宜居"，支持刚性和改善性住房需求，规范住房租赁市场秩序，建设筹集保障性租赁住房120万套（间），公租房在保家庭达到35万户，发展共有产权住房3万套，城镇住房保障受益覆盖率超过25%。推进"弱有众扶"，切实解决困难群体基本生活问题，最低生活保障标准年人均提高到15000元，困难群众医疗费用个人负担率合理控制在15%以内，县级社会救助服务联合体全覆盖，"残疾人之家"覆盖率超过92%。

为深入贯彻习近平总书记考察浙江重要讲话精神，全面落实中央和浙江省委经济工作会议决策部署，进一步提振市场信心，增强政策取向一致性，促进经济持续回升向好，浙江省人民政府于2024年1月印发《进一步推动经济高质量发展若干政策的通知》（浙政发〔2024〕4号），从扩大有效投资、科技创新、"415X"先进制造业集群培育、现代服务业发展、世界一流强港和交通强省建设、扩大内需和对外开放、乡村振兴和城乡一体化发展、保障和改善民生8个方面采取措施，推进高质量发展。

第三章　国内外高质量发展经验

在经济发展与转型中，有一些国家和地区高质量发展取得了成功的经验。我们选取德国和韩国，以及国内的广东省和江苏省作为代表，进行分析。

一、德国高质量发展经验

20世纪50年代以来，除少数年份外，德国经济一直保持稳健发展，物价稳定、劳资关系和谐、收入平等、区域间发展平衡，始终是世界发达经济体的典型代表。期间，德国在经济发展战略方面有三次转型。第一次经济发展战略转型（1945—1970年），从粗放型增长向集约型增长转型。第二次转型（20世纪90年代中期），从以传统工业生产为主导向以计算机、信息技术等新经济产业为核心转型。第三次转型（21世纪初至今），为了应对能源、资源约束和世界环境恶化的挑战，开始向循环经济、绿色经济转型。三次经济转型之路，正是德国寻求高质量发展之路。

（一）重视科技创新为高质量发展提供了技术支撑

德国依靠科技创新顺利实现多次转型。20世纪60年代以后，德国的科研投入和科研人员迅速增加，全国研究和发展支出费用占国民生产总值的比重年年攀升。2016年，德国全社会的研发总支出达到922亿欧元，占国民生产总值的3.1%，创新能力在世界主要国家中排第10位。科技创新能力的增强为德国20世纪50~80年代经济由粗放型增长向集约型增长转变提供了重要支撑。

在第三次转型中,德国以信息技术创新为核心,提出了工业 4.0 战略。这一战略有如下特点:一是在传统信息通信技术的基础上将信息物理融合系统发展为优势,同时将互联网、物联网及模块化技术融合起来运用到制造业中,建立"智能工厂",实现"智能制造"。二是完备的供应商策略及市场策略。通过供应商策略将生产智能设备的渠道牢牢掌握在自己手中,掌握产业链的上游;通过市场策略将研发成果与实际生产运用进行有效衔接,提高技术成果转化率。三是建立明确的技术标准。作为工业 4.0 的主要推动者,德国在全球智能制造的创新技术方面具有领先的思维优势、战略优势及技术优势,需要建立技术标准和开放标准的参考标准。[1] 科技创新保证了德国产品的质量,使得德国产品长期占据世界中高端产品市场。

(二)重视发展教育为高质量发展提供了人才保障

德国能够顺利实现经济体制和经济发展方式的转型,拥有众多高质量的人才是根本因素。为了培养高素质的人才队伍,德国建立了全面综合的教育培训机制,提倡终身学习,实行教学与实践相结合的培训和教育体系,除了重视学生的在校培训,也高度重视社会成员和在职人员的职业培训。

发展双元制高等教育是 20 世纪 70 年代以来德国技能形成体制的新变化。双元制高等教育是双元制经典模式基础上的职业教育与高等教育的融合,改变了德国职业教育与高等教育相分隔的老传统。从职业教育方面看,德国双元制经典模式是资本主义协调性市场经济"制度互补性"的代表,具有纵向协调、横向协同的多层级治理结构,无论哪一层级、哪种机构,也无论公共的或私立的,都遵循标准化的集体治理原则,职业教育制度与劳资关系制度、劳动力市场制度、就业保障制度、

---

[1] 许思雨,薛鹏. 德国工业 4.0 对江苏省制造业高质量发展的启示[J]. 中国经贸导刊,2019(7):31-32.

公司治理制度之间已经形成稳固的制度匹配和协同。① 从高等教育方面看，德国传统大学的管理模式是典型的国家管制和教授自治相结合，国家对大学的经济和人事实施直接管理，大学教授在涉及教学和科研学术事务上享有绝对的控制权，体现了学术寡头意志。因此，不论是突破双元制经典模式还是改变高等教育治理原则均非易事，双元制高等教育正是在这种制度环境下打破了"职业教育与高等教育"分割格局，发展了德国技能形成体制。② 通过完善的教育制度，德国培养出大量高素质人才，解决了经济发展在转型、结构调整、产业升级时期可能导致新产业、新行业中人才缺乏的问题，避免了经济在转型期间的动荡。

（三）实体经济始终是高质量发展的努力方向

德国一直把促进实体经济发展作为主要目标，今天，德国的制造业依然占有十分重要的地位。当前，以汽车、机械、化工和电气为代表的四大支柱产业占德国全部制造业产值的40%以上，将近占德国出口总额的一半，占国内生产总值的比重超过20%。德国在每次经济转型时都牢牢紧盯实体经济，比如经济发展由粗放型向集约型转型时，紧盯汽车、机械、电气等行业；在发展新经济时，确立了计算机、信息技术、航空等产业；21世纪初，又把新能源作为发展目标，每次转型都引领着世界经济的发展潮流。

在实体经济发展中，德国有众多中小企业，其中有一群鲜为人知的、低调潜行的隐形企业，这些企业多是家族企业，拥有优质的产品或服务，具有绝对的定价权，在全球市场占有率排前三名或者在某一大陆名列第一，年营业额在50亿欧元以下，鲜为大众所知。③ 为此，德国

---

① 杨蕊竹，孙善学. 德国双元制教育治理体系研究与借鉴——基于文化历史活动理论的分析[J]. 北京行政学院学报，2021（4）：22-26.
② 杨蕊竹，孙善学. 德国双元制高等教育制度变迁特征与启示[J]. 中国高教研究，2023（10）：94-101.
③ 赫尔曼·西蒙，杨一安. 隐形冠军：未来全球化的先锋[M]. 第2版. 张帆，吴君，刘惠宇，等译. 北京：机械工业出版社，2019：3-4.

管理学教授赫尔曼·西蒙（Hermann Simon）在1986年给这些企业取了一个独特的名字——"隐形冠军"。全球有许多这样的"隐形冠军"，据西蒙的统计共2734家，其中德国有1307家，是世界"隐形冠军"数量最多的国家，接近全球的一半。德国"隐形冠军"企业最突出的特点是聚焦利基市场（nichemarket）；关注客户需求，同时注重技术革新；对资本市场持谨慎态度，追求长期、可持续成长；在市场定位方面，放眼全球，是未来全球化的先锋。[①]"隐形冠军"企业是德国经济最坚硬的基石，铸就了德国制造强国的国际地位，为经济高质量发展做出了贡献。

（四）社会市场经济模式使经济能够及时转向高质量发展

德国经济模式的核心是社会市场经济。这一概念是指德国在第二次世界大战后建立起来的基本经济制度，在一定程度上也可以视为一种社会制度。根据这一概念的提出者阿尔弗雷德·穆勒-阿尔马克的阐述，社会市场经济中的"社会"并不是一个普通的形容词，而是与"市场经济"并列的主体成分，社会市场经济是"一种将市场自由与社会平衡有机结合在一起的方式"，从而将社会进步、公平正义这样的社会政策目标的重要性提高到与利用充分竞争的市场繁荣经济实现增长的经济政策目标相同的高度。[②] 可以说，社会市场经济这一概念力图实现效率与公平、做大蛋糕与切好蛋糕之间的有机平衡。

社会市场经济模式强调政府的调控能力，政府在确保市场秩序的同时，要能够应对各种冲击，及时调整国家战略，适时进行经济发展转型。德国三次经济战略转型都是在政府主导下完成的。德国先后出台《德意志联邦银行法》和《经济稳定与增长促进法》等，赋予中央银行以独立性，使德国政府拥有强大的宏观调控能力，能够比较准确地把握

[①] 程春楠. 论德国"隐形冠军"对我国企业高质量发展的启示[J]. 赤峰学院学报（自然科学版），2022（1）：79-84.

[②] 李稻葵，伏霖. 德国社会市场经济模式演进轨迹及其中国镜鉴[J]. 改革，2014（3）：105-115.

时代变动的脉搏，适时推动经济转型发展。即使有时未能准确判断经济、产业未来的发展方向、领域，一旦认识到就能够及时得到调整，并迅速赶上。[①]

二、韩国制造业高质量发展经验

韩国从一个资源贫瘠的农业国发展成为全球排名第五的制造业强国，科技创新的带动作用显著。韩国在信息技术、半导体、汽车、航空航天、船舶等领域的科研水平都居于世界前列，特别是半导体领域，仅次于美国，占据整个芯片产业链16%的份额。研究韩国如何通过科技创新带动制造业发展对我国制造业高质量发展具有重要借鉴意义。

（一）政府主导的科技创新发展模式

韩国的科技创新主要以政府为主导，从战略层面优化科技布局，制定科技政策和规划并强化法律及资金支撑。

（1）高度重视科技创新。科技创新是韩国的重要国策，总统直接领导的科技委员会负责政策审议、制定科技发展计划及预算分配，副总理级的科技部则负责国家科技宏观协调和管理。

（2）通过规划引领科技创新。为增强科技创新对产业的支撑，韩国制定了科技创新长期规划、五年规划和专项规划等多个规划。例如，2000年，颁布《韩国科技长远发展规划2025年构想》，提出要运用"科技导向"指引国家经济和产业发展；2023年3月，发布《第一次国家研究开发中长期投资战略（2023—2027）》，提出到2030年跃升为五大科技强国之一的战略目标。

（3）以政府扶持性资金引导重点产业创新发展。例如，在对半导体产业的支持方面，2010年，韩国组建了1500亿韩元的半导体基金会，2023年3月发布的《国家尖端产业培育战略》计划在半导体领域投资

[①] 李善奎. 国内外高质量发展经验借鉴[J]. 山东经济战略研究，2018（9）：50-53.

340万亿韩元。

(二) 充分激发企业科技创新积极性

韩国高度重视并鼓励民间科技创新，强调中小企业是创新的支柱，经济合作与发展组织（OECD）的统计结果显示，2021年韩国对中小企业的研发支持率为26%，比OECD平均水平高5个百分点。为激发企业科技创新积极性，韩国政府主要采取了以下几个措施。

（1）通过税收优惠、技术开发准备金等政策鼓励企业加大研发投入。韩国支持科技创新的税收优惠主要有免除研发人员所得税、减免新技术开发流转税、免除技术转让所得税等。此外，从事研发活动的企业可按照3%~5%的比例提取技术开发准备金计入成本。

（2）大力支持企业研发机构发展。2020年，韩国发布《研究型企业创新发展战略》，制定了到2025年实现设立2000个研究型企业和培育100个韩国先导研究企业的战略目标，分阶段对企业进行支援，帮助企业实现从"种子企业"到"K-先导研究所企业"。

（3）创设有利于高科技企业成长的金融环境。为解决高科技、创新型企业融资难问题，韩国设立了上市门槛和交易费用较低的股票市场创业板柯斯达克（Kosdaq），并为在柯斯达克上市的中小企业提供免税5年的福利。

(三) 加强产学研合作促进成果转化

为使科研成果迅速转化为生产力，韩国十分重视建立产业、大学和研究所之间的产学研相互合作的研究机制，通过竞争与合作促进科技创新，使产业具备战略研究优势。韩国政府努力创造科学与工程新的生长点，要求理工大学的研究生积极参加各类研究项目。同时，资助企业高薪聘用外国专家、海外侨胞及留学生中的高级技术人才，从事基础科学、信息通信、机械、电子、生命工程、能源、化工等研究开发，促进产学研的进一步结合。

（1）为产学研合作研究提供研究经费。从20世纪90年代中期开

第一篇　理论研究

第三章　国内外高质量发展经验

始,科学财团每年为产学研合作研究提供 15 亿韩元(约 175 万美元)的研究费,对合作研究进行捐献赞助的企业,科学财团向它们提供相应的匹配资金。

(2) 设立"产学研合作基金会"。2000 年前后,韩国相继出台以《产业教育促进与合作法》《科技成果转化促进法案》为代表的一系列促进高校科技成果转化的法律,之后,产学研合作新模式层出不穷。新一轮的探索与以往最大的不同在于,新模式更重视知识产权的运用和保护,其中"产学研合作基金会"模式最具代表性。基金会在组织设计方面采用扁平化的模式,不刻意区分行政官员与工作人员,尽量缩小垂直管理层级。基金会的多数工作人员是有多年技术成果转化实践经验的专家,实行合同聘用的人才管理制度,以最灵活有效的组织设计达到最大的效益。基金会具有独立法人的身份,可以整合专利申请业务,接管所有高校科研中产生的专利的权属。此前高校通常以研究者本人或提供项目经费的企业的名义申请专利,因而基金会的设立不仅提高了韩国高校保护和运用知识产权的意识,也防止了利用高校科研教学资源开发的专利的流失。[1]

(3) 设立产学研合作研究园区。其目的是使企业能够利用大学的研究力量、信息、技术和设备,加强大学研究成果向企业转让。产学研合作研究园区的主要职能是:大学研究成果向企业转让和对新建企业的支持,加强人才交流,加速人才培养。目前已建成韩国科学研究院的技术革新中心、高丽中心的技术综合区、浦项工大的技术园区和首尔大学的共同研究所等产学研合作研究园区。

(4) 建立综合性高新技术创业市场服务体系。韩国建有"研究开发信息中心"和"产业技术信息院",系统收集国内外科技发展动向、成果和产业信息,定期进行产学研合作的重点课题研究,并定期向企业无

---

[1] 杨哲,张慧妍,徐慧. 韩国高校科技成果转化研究——以"产学研合作基金会"为例[J]. 中国高校科技,2012(11):11-14.

偿转让政府研究机构的技术成果。①

(四) 以创新引领培育产业集群优势

从产业角度来看,韩国创新政策的主要特点是突出重点、集中优势科技资源,充分发挥产业集群优势,攻关核心技术。2002年,韩国出台《产业研究集群支持计划》,将中小企业划分为10个研究集群,围绕智能机器人、半导体和未来汽车等高技术产业进行技术创新。2014年,韩国开始实施《未来增长动力落实计划》,聚焦智能汽车、5G通信、海洋工程设备等九大战略产业和智能半导体、大数据等四大基础产业,以期通过创新融合实现产业竞争力提升。2019年,韩国发布《制造业复兴发展战略蓝图》,通过重点发展人工智能、新能源汽车等产业,努力将韩国打造成为新兴制造强国。2021年,韩国制定《K-半导体战略》,通过促进半导体产业科技创新、集约式发展,以实现在2030年前构建全球最大的半导体制造基地的目的。2023年3月,韩国发布《国家尖端产业培育战略》,将半导体、显示器、汽车电池、生物医药、新能源汽车和机器人定为韩国六大核心战略产业,并同时发布《国家尖端产业带建设计划》,计划在2026年之前对六大核心战略产业投资550万亿韩元。②

三、广东省高质量发展经验

广东作为经济大省、制造业大省,在高质量发展上肩负重要使命和重大责任。党的十八大以来,习近平总书记5次亲临广东,对广东推动高质量发展、做大做强实体经济、以科技创新推动产业创新进行指导。2023年和2024年连续两年在农历新年开工第一天,广东省就召开全省高质量发展大会,足见高质量发展在广东这个经济第一大省工作全局中

---

① 盖红波. 从韩国产学研结合的成功实践, 谈我国企业的创新体系构建 [C] //成思危. 第五届中国软科学学术年会论文集. 北京: 中央文献出版社, 2006: 298-304.
② 郄胡平. 以科技创新引领制造业高质量发展的韩国经验借鉴 [J]. 科技中国, 2023 (6): 22-25.

的重要位置。

（一）以新阶段粤港澳大湾区建设牵引全面深化改革开放

2023 年国务院出台《河套深港科技创新合作区深圳园区发展规划》，批复《横琴粤澳深度合作区总体发展规划》和《前海深港现代服务业合作区总体发展规划》，大湾区建设迎来新的重大机遇。广东省纵深推进粤港澳大湾区建设。

（1）扎实推进基础设施"硬联通"，广州站至广州南站联络线、南珠（中）城际、广河高铁机场段开工建设，深中通道主线全线贯通、通车后深圳与中山之间只需半小时，莲洲港澳客运码头投入运营、开辟跨境水上新通道，港珠澳大桥车流量创历史新高、开通旅游试运营。

（2）全面加强规则机制"软联通"，启动"数字湾区"建设，发布 110 项"湾区标准"，108 项高频政务服务事项实现粤港跨境通办，"港车北上""澳车北上""经珠港飞"、人才签注、利率"互换通"等落地实施，港澳律师大湾区内地执业试点期限获批延长三年，三地居民在大湾区工作生活更加便利。

（3）扎实推进重大合作平台建设，推动出台《横琴粤澳深度合作区发展促进条例》和《南沙深化面向世界的粤港澳全面合作条例》，实施"横琴金融 30 条""前海金融 30 条"，将 266 项省级行政职权调整由几大平台实施。横琴放宽市场准入特别措施、鼓励类产业目录等顺利落地，产业项目加快导入，中医药省实验室正式揭牌，"分线管理"配套财税政策和海关监管办法出台实施，"二线"通道建成并通过验收，允许符合条件的澳门居民携带动植物产品进入合作区。前海累计引进全球头部服务商 152 家，港澳专业人士备案执业范围增至 22 类，全国首家"双牌照"境外银行正式落地。南沙开发建设加力提速，国家出台支持南沙放宽市场准入与加强监管体制改革意见，国际通用码头工程开工，中国企业"走出去"综合服务基地正式挂牌，累计落户港澳企业近 3000 家、投资总额超千亿美元。河套香港科学园深圳分园顺利开园，首批16家香港科创机构、企业及服务平台入驻。

（4）深入推进创造型引领型改革。实施部分财政资金"补改投"改革试点，地方国有企业改革、省级政府质量工作获评国家A级，大湾区国际一流营商环境建设3年行动全面启动，广东连续4年获评全国营商环境最佳口碑省份。《东莞深化两岸创新发展合作总体方案》获国务院批复。广东自贸试验区高水平对外开放门户枢纽作用凸显，成为我国对接国际高标准、推进制度型开放的试点区域。

（5）积极参与共建"一带一路"，中欧班列开行数量增长31.2%。国际友城和外国驻穗总领馆分别增至208对和68家，广东省对外交往"朋友圈"越来越大，国际影响力和竞争力不断提升。

（二）以实施"百县千镇万村高质量发展工程"统筹城乡区域协调发展

广东省学习运用"千万工程"经验，制定实施"1+N+X"政策体系，选取22个县（市、区）、110个镇、1062个村（社区）作为首批典型，更好统筹县的优势、镇的特点、村的资源，加快把短板变成潜力板。

（1）抓住县域这个重要发力点。实施创先、进位、消薄行动，大力发展食品加工、文化旅游等强县富民产业，推进33个县域商业示范县建设，新增全国休闲农业重点县2个，县域特色优势产业发展亮点纷呈。推进扩权强县、强县扩权改革，将60项省级行政职权调整由市县实施，财政省直管县改革扩围至全部57个县（市），县级资源整合使用自主权进一步扩大。推进新型城镇化建设，建强中心镇、专业镇、特色镇，112个镇入选全国千强镇。

（2）实施乡村建设行动。农村规模化供水工程覆盖率从78%提高到83%、惠及5200多万群众，供销公共型农产品冷链骨干网组网投产，新建和改造提升农村公路6958千米，新增国家乡村振兴示范县3个，累计达7个，新增中国美丽休闲乡村10个，累计达62个。启动实施"田长制"，建成高标准农田169.8万亩、超额完成国家下达的100万亩年度任务，垦造水田5.31万亩，有序推进撂荒耕地复耕复种，河源灯塔盆地灌区近期工程建成通水、缓解近20万亩耕地缺水问题。农业强省建设取得新进展，新创建国家优势特色产业集群2个、国家现代农业产业园3个，菠萝、柚子等特色农产品产销两旺，油茶生产任务超额完成，水稻、生猪育种全国领先，水产种苗产量、水产品总产量、农产品进出口总额均居全国首位。农村居民人均可支配收入增长6.5%，城乡居民收入比缩小至2.36∶1。深化国家级宅基地制度改革试点，推进农村集体经营性建设用地入市试点，云浮等地积极探索新型农村集体经济的实现方式，全省基本消除年收入10万元以下的集体经济薄弱村。新增全国乡村治理示范镇5个、示范村49个，乡村风貌不断提升。

（3）推进产业有序转移。广东省把产业有序转移作为实施"百千万工程"的重要抓手，设立总规模240亿元的省产业转移基金，安排1万亩用地指标支持15个主平台建设，新承接产业转移项目超650个、总投资超3200亿元。建立帮扶协作新机制，实现对粤东、粤西、粤北市县两级横向帮扶全覆盖，全面启动百校联百县"双百行动"，成功举办珠三角与粤东西北经贸合作招商会。推动出台深汕特别合作区条例，制定支持梅州对接融入大湾区加快振兴发展的若干措施，老区苏区振兴发展和民族地区高质量发展步伐加快。

（三）以实体经济为本、制造业当家建设现代化产业体系

2023年，中共广东省委、广东省人民政府出台《关于高质量建设制造强省的意见》；2024年1月，广东省人大常委会第八次会议审议通过《广东省制造业高质量发展促进条例》。广东省通过大力实施"五大提升行动"，扎实推进新型工业化。

（1）实施"大产业"立柱架梁行动，提质壮大8个万亿元级产业集群，加快把新能源、超高清视频显示、生物医药、高端装备制造等打造成新的万亿元级、5000亿元级产业集群。出台推动新型储能产业发展

系列政策，组建全国唯一的国家地方共建新型储能创新中心，新型储能在建项目100个、总投资2290亿元，肇庆宁德时代二阶段工程等项目动工建设，佛山宝塘新型储能电站建成投运，是我国一次性建成最大的电网侧独立储能电站，新型储能电站装机规模突破160万千瓦，广东成为全国储能电池产业配套最全的地区。深入实施"广东强芯"工程、汽车芯片应用牵引工程，两条12英寸芯片制造产线、高端光掩模产线等建成投产，全力打造中国集成电路第三极。

（2）实施"大平台"提级赋能行动。广东省高标准打造一批"万亩千亿"园区载体，加快7个大型产业集聚区建设，基本实现粤东、粤西、粤北县域省产业园全覆盖；2023年实施村镇工业集聚区升级改造近7000亩，为产业发展和转型升级腾出新空间。新增10个国家级工业设计中心，佛山入选国家服务型制造示范城市。

（3）实施"大项目"扩容增量行动。抓好投资50亿元以上的制造业重大项目建设，对投资5000万元以上的先进制造业项目用地指标应保尽保，全年批准建设用地40.4万亩、增长38%。投资约700亿元的揭阳中石油炼化一体化项目全面投产，成为国内一次性建设规模最大、可生产全品类石化产品的炼化一体化项目。投资超500亿元的惠州中海壳牌三期、投资约300亿元的茂名石化升级改造项目开工建设，湛江巴斯夫、惠州埃克森美孚项目年投资额均超100亿元。

（4）实施"大企业"培优增效行动。累计培育国家级制造业单项冠军132家、专精特新"小巨人"企业1528家，19家企业进入世界500强，A股上市公司总量、新增境内外上市公司数量均居全国第一。

（5）实施"大环境"生态优化行动。广东省出台推动民营经济高质量发展、培育扶持个体工商户、发展融资租赁、降低制造业成本等惠企政策，2023年新增减税降费及退税缓费超2000亿元，制造业贷款规模突破3万亿元，增长24.4%。推动"个转企"1.9万家，创5年新高，推动"小升规"超7000家。广东省财政新增10亿元支持中小企业数字化转型，推动超5000家规上工业企业数字化转型。出台"技改十条"，

第一篇 理论研究

第三章 国内外高质量发展经验

推动超9300家工业企业开展技术改造，技改投资增速创6年新高。

(四)一体推进教育强省、科技创新强省、人才强省建设

以粤港澳大湾区国际科技创新中心建设为牵引，广东加快构建"基础研究＋技术攻关＋成果转化＋科技金融＋人才支撑"全过程创新链。全省研发人员数量、发明专利有效量、高价值发明专利拥有量、有效注册商标量、PCT国际专利申请量均居全国首位。

(1)打造重要的原始创新策源地。将1/3以上的省级科技创新发展战略专项资金投向基础研究，鹏城、广州国家实验室全面顺利运行，获批组建15家全国重点实验室，人类细胞谱系、先进阿秒激光、冷泉生态系统等重大科技基础设施获批立项。

(2)打造关键核心技术发源地。扎实推进核心软件攻关、"璀璨行动"等重大科技工程，在新一代通信、终端操作系统、工业软件、储能与新能源等领域取得一批突破性成果，麒麟高端芯片实现自主规模应用，体外膜肺氧合系统、高端核磁共振设备、高端手术机器人等打破国外垄断，企业技术创新活力强劲。

(3)打造科技成果转化最佳地，推进粤港澳大湾区国家技术创新中心"1＋9＋N"体系布局建设，在生物、纳米领域获批建设2家国家产业创新中心，广州、深圳入选首批国家知识产权保护示范区建设城市。

(4)打造粤港澳大湾区高水平人才高地。广东省28所高校的220个学科入围ESI全球排名前1%、27个学科入围前1‰，华南理工大学、南方科技大学获批建设国家卓越工程师学院，中山大学等6所高校立项建设省高等学校基础研究卓越中心，香港科技大学(广州)首次招收本科生。深圳、佛山入选首批国家市域产教联合体，深圳职业技术大学成为"十四五"期间全国首家获批的公办本科层次职业学校。全省高层次、高技能人才分别达94万人、690万人，有效持证外国人才达4.5万人。[1]

---

[1] 王伟中. 广东省政府工作报告[EB/OL]. 广东省政府网，2024-01-27.

四、江苏省高质量发展经验

江苏省素有"鱼米之乡"的美誉。党的十八大以来，江苏省全面贯彻落实习近平新时代中国特色社会主义思想，着力在改革创新、推动高质量发展上争当表率，在服务全国构建新发展格局上争做示范，在率先实现社会主义现代化上走在前列，奋力推进"强富美高"新江苏建设。

（一）强化创新驱动发展

紧紧扭住高水平科技自立自强这个牛鼻子，江苏省出台打造具有全球影响力的产业科技创新中心行动方案，强化构建新发展格局的动力支撑。

1. 加强战略科技力量培育

出台支持苏州实验室建设的13条服务保障措施，苏州实验室成为国家核心战略科技力量；紫金山实验室纳入国家战略科技力量布局、创造太赫兹无线通信最高实时传输记录等重大成果；太湖实验室初步建成世界集成规模最大的船舶与海洋装备总体性能试验设施群；钟山实验室启动建设。江苏省前两批24家国家重点实验室全部通过重组，国家生物药、第三代半导体、EDA技术创新中心获批建设，深时数字地球国际大科学计划加快推进实施，拥有"蛟龙号""深海勇士号""奋斗者号"载人潜水器等一批大国重器。

2. 区域创新高地引领作用更加凸显

苏南国家自主创新示范区成为江苏省创新驱动发展的核心引擎，全省70%以上的研发投入、80%的国家重大科技项目和90%的国家科学技术奖励在苏南实施或完成。江苏省建有国家高新区18家、国家创新型城市13个，数量居全国第一，并率先实现了设区市全覆盖，南京成为全国首个引领性国家创新型城市。江苏省拥有国家创新型县（市）14个，居全国第一。

3. 企业自主创新能力不断增强

江苏省85%的研发投入由企业完成，80%的科技平台和高层次创新创业人才集聚在企业，70%的有效发明专利由企业创造。江苏省大力培育160家创新型领军企业，2022年高新技术企业达4.4万家，居全国第二；科技型中小企业超过8.7万家，稳居全国第一；规上高新技术企业以占规上工业企业30%的数量创造了39%的工业产值、51%的利润、69%的高新技术产业产值。

4. 创新创业创造环境持续优化

江苏省与以色列等10个国家和地区建立政府间产业研发合作联合资助支持机制，其中中以常州创新园成为中以合作"标志性项目"。江苏省政府与中国科学院、中国工程院、清华大学、北京大学签订长期战略合作协议，2022年与中国科学院合作项目新增销售收入超1400亿元，连续17年稳居全国第一。出台《江苏省科学技术进步条例》，支持省产研院改革发展，累计引进高水平项目经理团队261个，布局建设专业研究所76家、企业联合创新中心284家，成功转化科技成果7000多项。[①] 2022年年底，以全票继任世界工业和技术研究组织（WAITRO）秘书处。

（二）厚植实体经济优势

2023年6月，江苏省印发《加快建设制造强省行动方案》，明确了加快建设质量效益领先、具有国际竞争力的制造强省目标。江苏省通过打造具有国际竞争力的先进制造业基地，夯实构建新发展格局的产业基础。

1. 着力打造先进制造业集群

江苏省把建设先进制造业集群作为构建现代化产业体系的重要抓

---

① 江苏省人民政府新闻办公室. 江苏举行"努力推动江苏在高质量发展中继续走在前列"系列新闻发布会（第一场）[EB/OL]，国务院新闻办公室网，2023-06-27.

手，梳理提出"1650"产业体系①，进一步强链壮群，加快实现产业向中高端跃升。

（1）推动先进制造业集群向世界级迈进。出台推动战略性新兴产业融合集群发展实施方案，打造"51010"产业集群体系②，制定世界级集群培育标准体系和分集群培育提升三年行动方案，推动更多优势集群向国际先进水平迈进。印发实施《江苏省1650产业体系建设工作方案》，逐群逐链建立"六个一"工作推进机制，推动政策资源和工作抓手进一步聚焦，提升省级集群竞争力。

（2）推动优质企业向世界一流企业攀登。实施筑峰强链企业培育计划，围绕强链补链延链，梳理建立5家准链主企业、20家骨干企业、100家重点企业的阶梯培育库，一企一策促进发展。制定省级领航企业认定标准，实施专精特新企业三年行动计划，培育一批国家领航企业、单项冠军企业、专精特新"小巨人"企业和中小企业特色产业集群。

（3）推动传统优势产业凤凰涅槃。江苏省坚决摒弃传统产业就是落后产业的观念，大力实施传统产业焕新工程，开展淘汰落后、老旧更新、绿色转型、产品提档、布局优化五大行动，推动重点传统行业落后生产工艺装备基本出清，重点行业老旧装备全面更新，能源资源利用效率明显提升。滚动实施百项重点节能降碳工程，持续推进绿色制造体系建设，加强绿色工厂、绿色园区、绿色供应链企业等培育。

2023年，江苏省制造业增加值为4.66万亿元，占地区生产总值的比重达36.3%，制造业高质量发展指数达91.9，居全国第一。新兴产业规模持续壮大，工业战略性新兴产业、高新技术产业产值占规上工业的比重提高到41.3%和49.9%，13个设区市全部入选国家先进制造业

---

① "1650"产业体系是江苏省为加快制造强省建设而提出的发展战略。该体系包括以下主要方面：选择16个具有发展潜力的先进制造业集群和50条重点产业链作为江苏省推动制造业发展的核心。

② "51010"战略性新兴产业集群体系，包括5个具有国际竞争力的战略性新兴产业集群、10个国内领先的战略性新兴产业集群、10个引领突破的未来产业集群。

百强市。[①]

2. 大力推进数字产业化和产业数字化

（1）大力推行智改数转标准和理念。积极宣贯智能制造能力成熟度模型、两化融合管理体系等国家标准，编制13个集群中40条产业链智改数转指南，推广典型应用场景和案例600个以上，初步解决中小企业不想转、不敢转、不愿转难题。

（2）全力构建智改数转推进体系。发挥专项资金引导作用，按照数字化、网络化、智能化的思路分级分类精准推进。支持中小企业通过设备和业务上云、广泛应用小快轻准的软件系统，实施数字化单项应用改造。推动"双千兆"网络和"5G＋工业互联网"企业内网建设，支持行业骨干企业布局建设企业级、行业级工业互联网平台，实施网络化集成改造。支持集群和产业链龙头企业开展智能化改造，循序渐进建设智能车间、智能工厂和智改数转标杆企业，争创国家级数字领航企业和智能制造示范工厂。

（3）大力推进数字产业化发展。把新一代信息通信、软件和信息服务业等纳入"1650"产业体系进行培育，深入实施数字经济核心产业加速行动，制定实施《关于深化软件名城名园建设加快工业软件自主创新的若干政策》，省市联动推动南京、无锡、苏州软件名城发展和工业软件自主创新。高标准建设一批国家和省级大数据、区块链、人工智能、车联网等先导区，打造数字产业集聚发展生态。2023年，江苏省数字经济核心产业增加值占地区生产总值的比重达11.4%左右。推进"智改数转网联"，新增国家智能制造示范工厂20家，新增省级智能制造示范工厂112家、示范车间501个，全国首批300家5G工厂中江苏有97家，两化融合发展水平连续9年排全国第一，江苏制造正加快实现"数智蝶变"。[②]

[①][②] 许昆林. 江苏省政府2024年政府工作报告［N］. 新华日报，2024-01-29（01）.

（三）优化区域经济布局

江苏省扎实做好区域互补、跨江融合、南北联动大文章，在发展中解决好不平衡、不充分问题。

1. 深入落实国家重大战略

江苏省科学技术厅与上海市科学技术委员会、浙江省科学技术厅、安徽省科学技术厅联合出台《长三角科技创新共同体联合攻关计划实施办法》，启动首批15个项目，示范区国土空间总体规划获国务院批复，水乡客厅重大标志性项目——方厅水院[①]正式开工建设。持续推进长江经济带生态环境污染治理"4+1"工程，长江生态岸线占比提高到64.1%。[②]

2. 高水平建设"1+3"重点功能区

2017年5月10日，时任江苏省委书记李强在苏北发展座谈会上正式提出"1+3"功能区的战略构想。"1"是指扬子江城市群，"3"是指沿海经济带、江淮生态经济区、淮海经济区。江苏省谋划的"1+3"重点功能区布局，跳出地理上的划分，摆脱按照苏南、苏中、苏北区域发展梯度"排队走"的老路，打破三大传统板块的地理分界和行政壁垒，以资源禀赋、发展阶段、功能定位等作为划分区域发展的主要依据，以新的发展布局带动江苏省发展优势的重塑，推进区域统筹协调发展。同时，江苏省研究制定了南京特大城市、苏州准特大城市转变发展方式实施意见，进一步提升徐州淮海经济区中心城市能级。深化推进南北结对帮扶合作，2022年启动实施191个帮扶项目。

3. 扎实推进城乡融合发展

在都市圈框架下谋划中心城市带动周边地区和农村协同发展道路，

[①] 方厅水院，2023年5月24日开工建设，位于长三角生态绿色一体化发展示范区内，是国内首个横跨两省一市的建筑项目。

[②] 江苏省人民政府新闻办公室.江苏举行"努力推动江苏在高质量发展中继续走在前列"系列新闻发布会（第一场）[EB/OL].国务院新闻办公室网，2023-06-27.

印发实施南京都市圈建设省际、省内重点合作任务和苏锡常都市圈重大事项推进清单。出台高水平建设农业强省行动方案,新创国家现代农业产业园 2 个、国家农村产业融合发展示范园 5 个。赋能支持宁锡常接合片区国家城乡融合发展试验区持续产出集成创新成果,鼓励有条件的地区开展探索实践。

(四) 深化改革扩大开放

深入推进重点领域改革,扩大高水平对外开放,推动国内国际双循环相互促进。

1. 持续优化营商环境

江苏省在全国较早出台推动经济运行率先整体好转 42 条政策,发布新版行政许可事项清单,94%的审批事项实现网上办理。建立江苏省培育世界一流企业"一库三榜单",出台促进个体工商户高质量发展 18 条措施,成为全国首个个体工商户总量破千万省份。

2. 着力稳住外贸基本盘

出台外贸稳规模优结构 14 条政策,支持近 1500 家企业参加 120 多场境外重点展会,帮助企业抢订单拓市场。

3. 更大力度吸引和利用外资

出台以制造业为重点促进外资稳中提质的若干政策措施,持续推进外资补链延链强链行动和鼓励外资企业利润再投资三年行动。

第二篇 路径研究

第四章 高水平创新型省份建设

深入学习贯彻习近平总书记考察浙江重要讲话精神,浙江在创新深化上再出实招真招硬招,开辟新赛道、增强新动能、引领新模式,努力探索新型举国体制的浙江路径,加快打造高水平创新型省份,奋力在以科技创新塑造发展新优势上走在前列。

一、从创新资源小省到创新型省份的演进

习近平同志在主政浙江工作的 4 年多时间里,一直高度重视科学技术的进步与创新,在准确把握中央精神和广泛深入调查研究的基础上,与浙江省委"一班人"坚持继承与创新的统一、中央精神与浙江实际的统一,为推进浙江的科技进步与创新,促进经济社会创新发展,先后做出了一系列重大战略决策部署。在习近平同志的亲自推动下,"八八战略"把推进科教兴省、人才强省,用高新技术和先进适用技术改造提升传统优势产业,大力发展高新技术产业,全面提升浙江产业发展的层次和水平作为重要举措。通过贯彻实施这一系列的决策举措,有力推动了浙江科技创新能力的大幅提升和科技事业的快速发展,促进了全省经济社会的发展,在科技经济等许多方面走在了全国前列。

(一)创新型省份的提出

浙江产业基础薄弱,科技创新能力不足。对此,习近平同志指出,

第二篇　路径研究
第四章　高水平创新型省份建设

"我们在常常感受到'成长的烦恼'和'制约的疼痛'的同时，也切实增强了推进科技进步、提高自主创新能力、提升产业层次、实现'凤凰涅槃'的自觉性和紧迫感。"[①] 2004年5月，在中共浙江省委十一届六次全会上，习近平同志明确强调，要抓住机遇，化压力为动力，苦练内功，"着力解决长期困扰我们的结构性、素质性矛盾和问题，真正把经济增长方式转变到依靠科技进步和提高劳动者素质的轨道上来，真正实现从量的扩张向质的提高转变"。[②] 因此，2006年时任浙江省委书记习近平同志主持召开浙江省自主创新大会，做出了到2020年建成创新型省份的战略部署。

1. 明确浙江省科技发展的目标：建设创新型省份

习近平同志在浙江工作期间，十分重视推进自主创新工作。他科学描绘了浙江建设创新型省份的宏伟蓝图：到2020年，全社会科技研究开发投入占生产总值的比重提高到2.5%以上；科技进步贡献率达到65%以上；高新技术产业成为主导产业，传统产业得到全面改造提升，创新创业环境优越，科技综合实力、区域创新能力、公众科学素质居于全国前列。他突出强调了建设创新型省份的紧迫性和艰巨性：用15年的时间使浙江进入创新型省份行列，基本建成科技强省，是时代赋予我们的历史使命，是一项极其繁重而艰巨的任务。他号召全省上下围绕建设创新型省份目标努力奋斗，要切实加强组织领导，完善政策法规，认真落实规划，动员全社会力量，营造良好的创新环境，积极探索浙江特色的自主创新之路，以只争朝夕的精神为建设创新型省份和科技强省而努力奋斗。[③]

2. 以建设科技创新体系为支撑，全力提升科技创新能力

习近平同志高度重视科技创新体系对创新的支撑作用。他全面阐述

---

① 习近平．干在实处走在前列——推进浙江新发展的思考与实践[M]．北京：中共中央党校出版社，2006：32．

②③同①，分别引自127-128页、132页。

了加快区域创新体系建设的主要任务：提高企业科技创新水平，鼓励引导企业增加科技投入，大力培养企业研发中心、重点实验室、科研机构等创新主体；加快发展区域性的科技创新和技术服务平台，使之成为服务中小企业、提升块状经济和特色产业的重要支撑；加快培育和发展各种科技中介服务机构，促进企业之间、企业与高等院校和科研院所之间的知识流动和技术转移。

（1）强化企业主体地位。习近平同志突出强调，要把强化企业的主体地位作为区域创新体系建设的重点，指出：在市场经济条件下，企业直接面向市场，处在创新的第一线，创新需求敏感，创新冲动强烈，是自主创新的主体力量；国际经验表明，只有充分发挥企业的创新主体作用，加快提升企业的自主创新能力，才能真正提高一个国家或地区的竞争力；建设创新型省份，关键是要让企业成为技术创新的决策主体、投入主体、利益主体和风险承担主体。①

（2）充分发挥高校等创新载体的作用。习近平同志一直对浙江的高校院所寄予厚望，他殷切地希望浙江大学等高等院校充分发挥科技资源、创新人才和创新成果的集聚地作用，创新运行机制和科研管理体系，加强产业共性技术和关键技术联合攻关，突破产业技术难题，为区域特色产业改造升级提供技术支撑，在科技成果转化和解决发展中的重大科技问题等方面发挥更大的作用。为此，浙江大胆探索实践，走出了一条高校院所服务于区域创新体系建设，服务于经济社会各个领域发展的新路子。为了解决科技资源短缺的问题，在习近平同志的倡导下，浙江启动了引进大院名校共建创新载体工作。2003年12月31日，浙江省政府和清华大学正式签订了在浙江创办清华长三角研究院的合作协议，研究院的总部设在嘉兴秀城科技城。之后又先后引进了中国科学院材料所、浙江加州纳米研究院等一批创新载体。遵循习近平同志的指

---

① 习近平. 干在实处走在前列——推进浙江新发展的思考与实践 [M]. 中共中央党校出版社，2006：135.

示,按照"整合、共享、服务、创新"的思路,浙江在"六个一批"创新载体建设的基础上,于 2004 年启动省级科技创新服务平台建设试点。平台以科技资源集成开放和共建共享为目标,通过有效优化和整合各类科技资源,向社会提供开放共享。

(3) 以建设网上技术市场为突破口,全面深化科技体制改革。习近平同志在浙江工作期间十分重视科技体制改革工作。2002 年刚到任之时,他就提出必须进一步转变观念,深化改革,坚决冲破一切妨碍发展的思想观念,坚决改变一切束缚发展的做法和规定,坚决革除一切影响发展的体制弊端。他在 2003 年 5 月召开的全省经济体制改革工作汇报会上又强调,浙江的改革要从微观层面向政府管理体制等宏观层面推进,从经济领域向科教文卫等社会领域和政治领域联动推进。浙江在全国率先推进改制与转制相结合的科研院所体制改革,在全国较早推行技术要素参与股权和收益分配,创办网上技术市场,有力地推动了企业与高校、科研院所的合作,极大地调动了科技人员的积极性、创造性,加速了科技成果转化和产业化的进程。

(二) 一张蓝图干到底的创新型省份建设

此后,历届浙江省委始终坚持一张蓝图绘到底、一任接着一任干,使科技创新始终在促进经济社会发展中发挥重要支撑作用。浙江明确把加快创新型省份建设作为解决资源要素环境制约的根本途径,作为促进产业升级、提高企业和产品竞争力的重要支撑,作为推进科技进步、建设科技强省的核心内容,作为抓住战略机遇期、争取发展主动权的重大战略。

2007 年,中共浙江省第十二次代表大会提出"创业富民、创新强省"的总战略。

2013 年,中共浙江省委十三届三次全会做出了《全面实施创新驱动发展战略 加快建设创新型省份的决定》(以下简称《决定》)。该《决定》作为浙江省在新的历史起点上推进科技创新工作的指导性文件,体现了战略高度、认识深度和工作力度，体现了浙江省发展的阶段性特征与新一轮科技革命、产业革命发展机遇的自觉融合，体现了省委强化顶层设计与尊重基层和群众首创精神的高度统一，具有起点高、立意远、观点新、思路清、举措实的特点。归纳而言，主要特色和亮点有5个方面：①突出科技与经济紧密结合；②突出企业的主体地位；③突出教育、科技、人才工作协调发展；④突出实绩论英雄的科技评价导向；⑤突出"有形之手"与"无形之手"的有机结合。

2016年，中共浙江省委十三届九次全会提出把科技创新作为推动浙江省经济社会发展必须补齐的"第一块短板"。

2017年6月，中共浙江省第十四次代表大会提出"两个高水平"奋斗目标和总体部署，强调突出"创新强省"工作导向。2017年11月，中共浙江省委十四届二中全会提出要"以超常规力度建设创新型省份"，努力打造创新生态最优省。

2019年11月，中共浙江省委十四届六次全会提出把完善科技创新治理体系作为高水平推进省域治理现代化的重要内容，形成了更加浓厚的创新创业氛围。

2020年6月，中共浙江省委十四届七中全会就深入学习贯彻习近平总书记考察浙江重要讲话精神，努力建设新时代全面展示中国特色社会主义制度优越性的重要窗口进行系统研究部署；并结合新形势、新要求，深入研究人才强省、创新强省工作，审议通过《中共浙江省委关于建设高素质强大人才队伍，打造高水平创新型省份的决定》，为今后一个时期创新型省份建设指明了方向。

（三）高水平创新型省份建设思路

以习近平新时代中国特色社会主义思想为指导，深入实施科教兴国战略、人才强国战略、创新驱动发展战略，忠实践行"八八战略"，以建设高水平创新型省份为目标，以创新深化为战略核心，以超常力度一体建设教育科技人才强省为主线，以创新深化改革攻坚开放提升相互协同为支撑，以"315"① 科技创新体系建设为重要抓手，聚焦优化创新资源配置、激发创新主体活力、完善科技治理机制，着力构建全面创新的体制机制，打造最优创新生态。

1. 以强化顶层设计和系统推进为牵引，构建教育科技人才强省一体建设机制

构建教育科技人才组织领导一体协同机制。坚持和加强党对教育科技人才工作的全面领导，充分发挥各级党委和政府重大创新领导者、组织者的作用，强化系统布局、系统组织、跨界集成，加快形成有利于全面创新的体制机制。做实部省会商、厅市会商、部门会商等制度，建立跨部门、跨领域协同创新机制和重大问题会商沟通机制，推动创新链、产业链、资金链、人才链深度融合，充分激发各类创新主体的积极性，最大限度发挥创新整体效能。

构建教育科技人才战略规划一体统筹机制。坚持教育优先发展、科技自立自强、人才引领驱动，系统谋划高水平教育科技人才强省的主攻方向和重点任务，形成时间表和路线图。坚持战略统筹、目标统筹、要素统筹、工作统筹，建立教育科技人才中长期发展规划联动编制机制，完善跨区域、跨领域、跨部门落实推进机制。

构建教育科技人才政策法规一体集成机制。聚焦创新深化重点领域和关键环节，省市县联动制定创新深化"1+X"政策法规体系，推动教育、科技、人才等政策法规集成。深化国家全面创新改革试点，抢抓利好政策释放窗口期，争取更多国家重大政策落地。组织实施省级创新深化试点项目，对综合评价优秀的，在政策、资金等要素保障方面给予倾斜支持。

构建教育科技人才资源要素一体配置机制。坚持政府有为、市场有效，以重大战略目标为导向，充分发挥市场在资源配置中的决定性作

---

① "315"指的是"互联网+"、生命健康、新材料三大科创高地，云计算与未来网络等15大战略领域。

用，建立项目、平台、人才、资金一体化配置机制。依托高水平大学、新型实验室、大科学装置等创新平台，集聚培育战略科学家和高层次复合型人才，实行人才梯队、科研条件、管理机制等特殊配套政策。加大各类人才计划对关键核心技术攻关的支持力度，面向重大科技任务建立完善人才组织动员机制，强化科技领军人才在重大攻关任务中的保障作用。面向未来产业谋划未来学科布局。支持高校自主统筹学科建设经费用于基础研究。指导各地优先保障重大科技项目用地。

2. 以"315"科技创新体系建设为主抓手，探索新型举国体制一体攻坚机制

完善"从0到1"基础研究原创机制。强化国家战略科技力量培育，有组织地推进战略导向的体系化基础研究、前沿导向的探索性基础研究、市场导向的应用性基础研究，注重发挥新型实验室的引领作用、高水平研究型大学的主力军作用和科技领军企业的"出题人""答题人""阅卷人"作用。建立基础研究关键科学问题凝练机制，完善基础研究项目组织、申报、评审和决策机制。深化基础研究体制机制改革，优化基础研究经费投入结构，建立财政基础研究投入稳定增长机制，持续推进省自然科学基金"负面清单＋包干制"改革，建立完善竞争性支持和稳定支持相结合的基础研究投入机制。

健全战略领域关键核心技术攻关机制。健全新型举国体制统筹科技力量机制，制定加快推进关键核心技术攻坚突破的意见，建立行业部门、关键企业、最终用户、创投机构等深度参与的攻关需求凝练机制，深化"揭榜挂帅""赛马制""军令状"等攻关机制。开展有组织科研，支持高校院所形成跨学科、跨领域的协同攻关团队和组织机制，完善"学科＋人才＋基地"的项目支持机制，支持重大创新平台开展原创性、引领性科技攻关，部署实施重大科技项目，加快取得重大科技成果，努力在重点领域、关键环节实现自主可控。深化完善长三角区域联合攻关机制。探索建立企业、院所、高校等创新主体参与的重大科技项目分类支持机制。

构建企业主导的创新链、产业链深度融合机制。完善科技企业创新发展激励政策，研究支持高新技术企业高质量发展的指导意见，探索建立科技企业分类、分层培育和专精特新企业培育诊断机制，推动国有企业打造原创技术策源地。以重大任务为牵引、以共同利益为纽带，加快构建科技领军企业或科技"小巨人"企业牵头，产业链上下游企业、高等院校、科研机构等创新主体协同攻关的创新联合体。支持产学研联合建设一批科技成果中试熟化与产业化基地，鼓励大中小企业结成应用场景联合体。完善招大引强工作机制，大力招引世界一流企业设立研发总部或区域研发中心，加快引进内外资高技术产业项目。做大做强总部经济，将省内总部打造成为全球研发中心、运营中心和管理中心。

3. 以重大高能级创新平台体系为引领，建立全域创新一体推进机制

构建重大创新平台高原造峰机制。支持和保障国家实验室发挥引领作用，高水平建设十大省实验室，打造一大批使命驱动、任务导向的重大创新平台，形成引领全域创新的核心力量。强化实验室相对独立性和自主性，完善与使命责任和贡献相匹配的保障机制、激励机制、约束机制，实行动态调整、优胜劣汰。建立重大科研任务直接委托机制和"军令状"责任制，引导地方、企业加大对实验室的支持力度。加快推进国家和省技术创新中心建设，打造跨区域、跨领域、多主体协同的创新网络，解决一批"卡脖子"技术，锻造一批"撒手锏"技术，提升产业链自主可控水平。支持新型研发机构作为重大科技任务的提出者和组织者，牵头开展协同攻关。

打造区域创新高地体系。唱好杭甬"双城记"，创建杭州—宁波国家区域科技创新中心。深化杭州、宁波、温州国家自主创新示范区建设，开展国家自主创新示范区和国家自由贸易试验区"双自联动"政策先试先行。围绕各设区市国家高新区"全覆盖"和高质量发展，深化高新区争先进位机制，推动杭州、宁波国家高新区评价进入全国前十，推进金华、舟山、台州、丽水等创建国家高新区。

做强做优科创走廊体系。坚持"一廊引领、区域联动"推动杭州城西科创大走廊建设综合性国家科学中心，联动推进 G60（浙江段）、宁波甬江、温州环大罗山、浙中、绍兴、台州湾等科创走廊建设。强化要素集聚和政策支持，科创走廊核心区简化"三旧"改造项目地块建设规划审批流程，建立教育、科技、人才资源向外辐射机制，依托科创走廊建设各具特色、协调发展的省级区域创新中心体系，推动全省区域创新能力评价争先进位。

加快培育创新型城市群。推动杭州国家创新型城市评价高位提升、宁波进入全国前十，支持温州、湖州、嘉兴、绍兴、金华、台州等国家创新型城市提能升级，高质量建设湖州国家可持续发展议程创新示范区和杭州、嘉兴科创金融改革试验区，支持衢州智造智慧新城、舟山海洋科技创新中心、丽水浙西南科创中心建设。擦亮县域科技创新"金名片"，支持各地探索差异化创新发展路径，新争创3个以上国家创新型县（市）。支持山区26县和乡村开辟创新发展新赛道，探索"科创＋产业"双向、"集中式""联盟式"等科创飞地建设新模式，鼓励政府、企业、高校、院所等多元主体共同建设。

二、以需求为导向的市场化科技创新

新时期，浙江需要勇于承担起从"自主创新"向"科技自立自强"转变的使命，坚持市场化导向，补短板、强弱项，加快构筑和完善全过程创新生态链，全面提升科技创新能力和发展水平。[①]

（一）完善市场化创新项目发现机制

以需求为导向的市场化科技创新主体是企业，因此，在科研项目的

---

① 王立军. 建立以需求为导向的市场化科技创新路径研究[R]. 调查与思考，2021. 该咨询报告获得浙江省政府领导肯定性批示。

立项上，建议加大揭榜制的力度，同时完善高新技术产业化项目事后补助计划。

1. 完善科研项目揭榜制

围绕三大科创高地和数字安防、集成电路等十大标志性产业链，浙江将坚持"谁能干就让谁干"，推进"双尖双领"四大研发攻关计划，通过择优委托、竞争性分配、赛马制等方式，部署重大科技攻关项目，解决关键共性技术。如何进一步完善科技项目揭榜制？有如下四点建议。

（1）揭榜制项目分为两类：一类是技术攻关类。主要由浙江龙头、骨干企业提出技术难题或重大需求，在商报科技主管部门发榜后，由高校、科研机构、科技型中小企业或其组织的联合体进行揭榜攻关。二类是成果转化类。主要针对浙江高校、科研机构、科技型中小企业等已经比较成熟的且又符合区域产业发展需求的重大科技成果，在商报科技主管部门发榜后，组织有技术需求和应用场景的企业进行揭榜转化。

（2）揭榜制项目应聚焦浙江重点领域关键核心技术。揭榜制项目应聚焦浙江重点领域关键核心技术和产业发展急需的重大科技成果，重点瞄准以下主攻方向：数字经济、生命健康、新材料、高端装备制造、海洋经济、现代种业和精准农业、现代工程技术等。

（3）揭榜制项目以企业和社会投入为主，财政资金适当资助。揭榜制项目以企业和社会投入为主，省市财政资金给予适当资助（财政资金拟给予项目投入总额20%的资金支持，对单个项目的财政资助额度最多不超过2000万元）。要求项目投入总额不低于1000万元、实施周期不超过3年。

（4）完善揭榜制项目的管理。"揭榜挂帅"项目突出最终用户的作用，在管理体系方面以"清单式"管理为核心，实施不力的任务及时叫停；在责任体系方面以"军令状"制度为核心，确保目标按时完成；在政策体系方面以激发创新主体活力为核心，着力提升项目实施绩效。

2. 完善高科技产业化项目事后补助政策

建议恢复高科技产业化项目事后补助政策，完善方法，鼓励企业创新。

（1）综合评审与现场核查确定事后补助金额。事后资助项目经专家综合评审评分且通过现场核查的，由科技行政部门与项目单位签订合同。项目单位须先自行投入资金组织实施项目，待项目建设完成并通过验收后，按经专项审计核定项目总投资的20%予以事后资助，最高不超过1500万元。

（2）项目申报单位应具备一定经营能力和创新能力。项目单位有较强的技术开发、资金筹措、项目实施能力，以及较好的资信等级，资产负债率在合理范围内，经营管理状况良好，具有开展相关项目产业化的生产、经营资格和实施条件，近三年主营业收入平均不低于1亿元。项目采用的自主技术成果应具有先进性和良好的推广应用价值，拥有有关成果鉴定、权威机构出具的认证、技术检测报告等证明材料或相关认证和生产许可，知识产权归属明晰。项目总投资不低于1500万元，且申报单位已落实全部项目投资金额，其中自有资金不低于项目总投资的30%，建设投资不低于项目总投资的40%。

（3）完善事后立项项目管理和监督。各级科技行政部门、项目归口管理部门应当跟踪项目的发展情况，帮助企业解决发展过程中出现的相关问题。加强对事后补助和贷款贴息项目实施的监督和管理。项目立项实施后，归口管理部门和市、县科技部门、财政部门要加强对项目的监督管理，如实反映情况。如发现弄虚作假、挪用挤占等违反有关规定和财经纪律的现象，由省科技行政部门中止项目合同，停止拨款；由省财政根据具体情况停止拨款，追回部分或全部的补助经费，并视情节轻重按照《财政违法行为处罚处分条例》等法律法规进行查处。

（二）完善市场化研发机制

浙江企业创新能力强，市场化的研发机制有一定基础。建议从以下四方面完善市场化研发机制。

1. 建立特色优势明显的技术创新中心体系

国家技术创新中心，是应对科技革命引发的产业变革，抢占全球产业技术创新制高点，突破涉及国家长远发展和产业安全的关键技术瓶颈，构建和完善国家现代产业技术体系，推动产业迈向价值链中高端的重要科技力量。浙江要加快构建由"国家技术创新中心、省技术创新中心、省级企业研发机构组成"等组成的特色优势明显的技术创新中心体系。

2. 鼓励企业设立内部研发机构建设

目前，省级企业研发机构包括省重点企业研究院、省企业研究院、省高新技术企业研发中心三类。如何发挥企业研发机构的作用？

（1）优化布局省重点企业研究院。面向专精特新、隐形冠军、单项冠军等细分优势行业的创新型骨干企业，以提升产业链韧劲和附加值为目标，推进省重点企业研究院建设，研发突破一批具有核心自主知识产权的技术和产品，打造在产业链重要环节的专业化单点技术创新优势，增强企业的产业链话语权。优化提升一批省重点企业研究院，对绩效评价优秀的加大稳定支持力度，对考核评估不合格的予以调整或淘汰。谋划新建一批省重点企业研究院，围绕三大科创高地的细分领域及标志性产业链的关键环节优先布局。

（2）加快建设省企业研究院。以集聚整合创新要素、组织开展科技创新、支撑企业持续发展和引领行业技术进步为目标，加快布局建设省企业研究院。鼓励企业自建或与高校院所联合组建省企业研究院，加强企业内外部创新资源有机整合，推动企业由模仿、跟踪创新向自主创新转变，不断增强企业自主创新能力和核心竞争力，在科技攻关、人才培养、机构建设、制度完善和机制创新等方面形成行业引领、示范和带动作用。实行省企业研究院认定"准入制"。

（3）培育壮大省高新技术企业研发中心。鼓励各地围绕战略性新兴产业培育和传统产业转型升级,以推动企业技术进步和成果转化为目标,加快布局建设省高新技术企业研发中心,研究开发具有广泛市场前景和自主知识产权的新技术、新工艺、新产品,培养高水平的研发人员和工程技术人员,增强企业竞争力。提高省高新技术企业研发中心覆盖率,实行省高新技术企业研发中心认定"备案制",认定管理权限下放至各设区市,认定结果报省科技厅备案。

3. 鼓励企业与高校科研机构联合研发

(1) 鼓励企业与高等院校、科研机构采取合作开发、委托研发、技术入股等形式开展产学研合作,共同开展科技研发。

(2) 鼓励企业与高等院校、科研机构建立技术研发中心、产业研究院等新型研发机构,共建实验室、科技创新基地或者博士工作站、博士后科研工作站等创新平台。例如,浙江至控科技有限公司与浙江大学城市学院共建工业互联网技术与装备联合实验室,对于这样的实验室在申报省级实验室时,应予以一定的优先。

4. 开展高新企业"报备即批准"试点

借鉴北京的经验,探索在杭州和宁波、温州国家自主创新示范区内,对从事集成电路、人工智能、生物医药、新材料(关键材料)等领域生产研发类规上企业认定高新技术企业时,满足从业一年以上且在中国境内发生的研究开发费用总额占全部研究开发费用总额的比例不低于50%条件的,实行"报备即批准"。认定为高新技术企业即可按规定享受所得税优惠等相关政策,加强事中事后监管,对发现不符合高新技术企业认定标准的按有关规定进行处理。

(三)完善市场化金融支持机制

科技金融,尤其创业投资是支撑科技型企业发展的重要资金渠道。

1. 加强科技创新基金体系建设

通过政府引导、市场培育等方式,建立覆盖种子期投资、天使投资、风险投资、并购重组投资的基金体系。设区市和有条件的县(市、区）人民政府可以发起设立投资母基金，引导社会资本投资符合本地区战略定位的科技研发项目；通过持有科技成果的使用权、收益权、处置权或者科技成果转化形成的股权等方式，完善科技成果权益分配制度，促进科技成果转化。

2. 完善创业投资政策

建议完善创投机构注册制度。加大税收优惠力度，减轻创业投资机构成本负担。延长税收优惠的期限。创业投资机构所投资项目在疫情期间出现经营困难的，建议对该项目的税收从获利年度起算，确保创投机构不在疫情期间从企业退出投资，促使创业投资结构能够进行长期投资。适当加大投资者个人所得税返还力度，保证创投机构能够募集到资金，推进创投机构持续稳定地发展。优化股权转让流程。在合法、合规的前提下，建议浙江对不同所有制出资主体的创业投资基金，在其被投项目退出时，其评估定价、出让手续要按照委托和投资协议执行，以方便创投机构退出。①

3. 鼓励商业银行开展科技信贷

鼓励商业银行建立聚焦科技创新企业信贷服务的风险控制和激励考核体系，开展信用贷款、知识产权质押贷款、股权质押贷款、预期收益质押贷款、应收账款贷款、商票质押贷款、履约保证保险贷款等融资业务。鼓励商业银行结合科技创新企业的特点，依法开展外部投贷联动业务。

（四）完善市场化技术转移机制

坚持以市场应用为导向，强化从基础研究、技术攻关、成果转化到应用示范的全链条创新设计、一体化组织实施，系统推进重点产业领域的补链、强链、扩链，提升核心技术支撑能力。

---

① 王立军，周伟强. 浙江省高新技术风险投资体系及其运行机制的初步构想[J]. 科学学与科学技术管理，1999（9）：35-38.

1. 打造网上技术市场3.0版形成技术交易平台体系

围绕改善产业创新的技术成果供给，全面建设网上技术市场3.0，通过运用云计算、大数据、人工智能、区块链等技术，建设全国一流的科技成果转移转化示范区和面向全球的技术转移枢纽。与国内外各类成果转化平台加强合作，推进科技企业孵化器、众创空间、"星创天地"、示范推广基地等服务平台建设。围绕建设全球技术转移枢纽，加快中试平台、市场体系建设，培育技术经理人，建设大数据交易市场，布局建立知识产权集群，完善知识产权交易平台体系。打造"浙江拍"品牌。加快拓展科技大市场的全国及海外布局版图，加强与长三角等省外国外科技大市场的交互融通，构建辐射全国、链接全球的技术交易平台体系。

2. 开展科技成果转化专项行动

推动需求侧拉动科技创新与成果转化，完善"首台（套）、首批次、首版次"政策，打造一批新技术、新产品、新业态示范应用工程，推动产品、技术和生态在应用中持续迭代升级。以数字核心技术突破为出发点，推进应用场景创新，鼓励平台经济、共享经济、"互联网＋"等新模式、新业态发展。开展科技成果转化专项行动，成立科技成果转移联盟，支持高校、科研院所创新成果转化机制。

3. 加快发展科技服务业

推进科技中介机构企业化运作，培育集聚一批重点科技中介服务机构，形成"一站式"科技成果转移转化产业化的创新服务链。加快发展科技服务业，大力发展科技经纪、信息咨询、检验检测等第三方服务，支持专业化机构为中小企业提供创业辅导、工业设计、流程再造、智能生产等创新型服务，打造科技服务产业集群。支持新技术与新金融深度融合，创建金融科技健康发展试验区，支持杭州加快建设国际金融科技中心。

（五）以开放合作促进创新市场化

以需求为导向的市场化科技创新也是开放的创新。一方面浙江应有效利用以上海为龙头的长三角地区的高端科技创新资源；另一方面，要充分利用全球创新资源，积极打造浙江特色的开放创新合作体系。

1. 有效利用和整合以上海为龙头的长三角地区的高端科技创新资源

（1）充分利用上海自由贸易试验区和张江国家自主创新示范区的辐射带动作用。深入研究负面清单等新的管理模式，学习可复制和推广的经验与做法，规划和引导各类创新主体，尤其是浙北、杭州湾地区的创新型企业。主动跟踪和对接上海战略性新兴产业与未来产业的发展走向和进程，充分发挥区位紧邻、信息化基础设施发达、产业融合、机制创新、知识外溢效应大和各类运输成本低等独特优势，在产业内和产业间两个层面不断加大与上海战略性新兴产业和未来产业之间的专业化合作和分工。

（2）加强与上海的科技教育和人才交流，与上海、江苏、安徽的高等院校、科研院所和创新型龙头企业联合建立研发中心、工程中心、科技平台、中试基地、博士后工作站和毕业实习基地等，大力吸纳和转化科技成果，积极引进上海的各类优秀人才和智力。通过引进和吸收上海、江苏和安徽等长三角地区的高端科技创新资源和要素，坚持跨区合作和错位发展，构建适应经济全球化新形势的浙江战略性新兴产业与未来产业发展的新格局。

2. 打造全球科技精准合作升级版

（1）打造浙江特色的开放创新合作体系。建立"一个科技合作需求目录、一张合作创新资源地图、一个合作资源信息平台、一批联合攻关科技项目"的供需资源精准匹配机制，打造具有浙江特色的开放创新合作体系。基于美国、欧盟、日韩、以色列、新加坡等发达国家及共建"一带一路"国家科技领域的比较优势，深化与创新大国和关键小国的

（2）开展国际科技合作载体提升发展行动。鼓励高校、科研机构、企业在国际创新人才密集区和共建"一带一路"国家布局国际科技合作网络，创建一批全球精准合作示范平台，打造一批精准合作重点园区和基地，新设一批离岸实验室、国际联合实验室和国海外创新孵化中心，利用全球科技创新资源，提升创新能力。

（3）建立全球创新项目库和人才库。整合全省国际友城、国际组织、驻外机构、海外留学团体和海外浙商等资源，有效利用驻外使领馆科技合作渠道，进一步发挥国际贸易促进会、海外行业科技协会（学会）、华侨华人科技社团、各类中介机构等的作用，通过委托第三方等方式建立海外浙江学子、海外浙商名录库和全球创新项目库、人才库、国际科技智库等。

三、科技创新数字化改革[①]

习近平同志在浙江工作期间就做出建设"数字浙江"，全面推进现代化建设的重大决策。数字化改革是"数字浙江"建设的新阶段，科技创新数字化改革是这一改革在创新管理领域的深化。

（一）科技创新数字化改革的缘起及其成效

1. 科技创新数字化改革的缘起

2003年9月，浙江出台《数字浙江建设规划纲要（2003—2007年）》，就加快电子政务建设、传统产业信息化改造、发展电子商务、全面推进数字城市建设等做出了部署，开了数字化理论创新与实践探索的先河。

之后，浙江省委、省政府一张蓝图绘到底、一任接着一任干，持续

[①] 本部分内容取材自笔者主持的浙江省软科学研究计划重点项目"科技创新数字化改革最佳应用形成机制和理论体系研究"（计划编号：2023C25038）。该研究报告获得浙江省政府领导肯定性批示。

深化"数字浙江"建设。2014年，浙江以"四张清单一张网"为抓手，深化全省统一构架、五级联动的政务服务网建设，通过对政府权力的"减法"换取市场活力的"加法"。2017年，浙江正式启动了"最多跑一次"改革，推动政务服务"一张网""一窗受理""一证通办"。2018年，推进政府履职的核心业务数字化转型，启动推动全方位政府数字化转型。2021年2月，浙江省委部署推进数字化改革。这是政府数字化转型的全方位拓展和升级，是浙江高质量发展推进"两个先行"的重大战略举措。

贯彻落实省委、省政府决策部署，浙江省科技管理部门着力推动数字化改革、全面深化改革，聚焦"315"国家战略科技力量体系构建，统筹推动改革落地和应用开发，提升科技创新治理效能。

2. 科技创新数字化改革的初步成效

（1）科技创新数字化改革跑道架构升级打造，持续激发改革"化学反应"。对照数字化改革的重大意义、丰富内涵和本质要求，对标全省"1612"架构，聚焦"315"国家战略科技力量体系构建，坚持以数字化改革为牵引，全面深化科技体制机制改革，系统重塑科技治理和创新服务体系。系统梳理项目攻关、成果转化、战略科技力量培育、科技企业培育、科技人才评价等科技创新领域的核心业务，构建了"战略项目＋战略力量＋支撑产业＋区域创新＋人才团队"数字化改革跑道架构，坚持"小切口、大牵引"，加快构建跨领域大协作高强度的创新机制，助力实现体系化创新能力和整体效能全面提升。

（2）多跨协同数字化场景应用加快谋划建设，实战实效能力快速提升。聚焦科技治理体系和治理能力现代化，围绕"战略项目＋战略力量＋支撑产业＋区域创新＋人才团队"省域创新要点，以数字化改革为驱动，高水平打造"科技攻关在线""大仪共享""科技成果转化在线""科技企业成长在线""未来实验室"等多部门协同、多层级联动、全环节覆盖、全过程闭环的数字化场景应用，持续赋能推动科技治理流程再造、制度重塑,整体智治、高效协同的科技创新治理体系初步构建。其中,"科技攻关在线"应用围绕党中央提出的"坚决打赢关键核心技术攻坚战"要求,以创新链技术路线图和科技攻关认知计算引擎为主要技术支撑,通过攻关过程智能管和创新资源高效配,有力推动了浙江项目组织实施方式实现重塑性变革。该应用两次荣获全省数字化改革"最佳应用"称号,并被中央电视台《新闻联播》头条报道。"大仪共享"应用大幅提升了在浙大型科技仪器的使用率,进一步释放了仪器设备潜能。"科技成果转化在线"应用积极推动职务科技成果赋权改革,大幅提升了科技生产力。"科技企业成长在线"应用高效赋能市场主体集群化发展。"未来实验室"应用持续撬动战略科技力量培育和科研范式变革。

(3)"科技大脑"数字化改革基础底座持续夯实,模型算法要素加快配置。围绕数据全量归集、应用多维集成、决策赋能跃升,科技大脑"一仓三库一箱一模块"(数据仓、知识库、算法库、模型库、工具箱、智能模块)高质量建成,有力支撑了科技创新核心业务的监测分析、预测预警、实时响应与战略目标管理,强化数据流综合集成,推动科技创新领域业务流、决策流、执行流流程再造,全方位系统性重塑组织机构和运行机制,努力实现科技治理整体智治。截至2012年年底,注册用户67万,2022年总访问量1078.87万次。通过内聚外联,多跨13个省级部门融合科技业务数据,形成6大科技创新主题库,数据总量达到19.11亿条;面向各类主体提供创新治理、创新服务、科研管理、科学研究4类组件,已形成289个组件,组件调用196124次。上线科技概念词典知识库18836条,梳理各类科技业务规则154个,开发和集成智能算法213个,上线科技业务模型105个。[①]

(4)数字化改革理论制度成果体系初步构建,科技创新改革"路线图"初步明晰。经过两年多的数字化改革实践,一批科技创新领域的数

---

① 数据来源:浙江省科学技术厅—浙江科技大脑(zj.gov.cn).

字化改革理论成果和制度成果涌现,一套关于科技创新领域的数字化改革定义内涵、思路方法、推进机制的理论体系有效构建,全省统一、标准规范的话语体系加快形成。在理论成果方面,"科技攻关在线"改革经验被《领跑者》刊发,《打造科技人员创富新样板探索共富"扩中"新路径》相关做法入选首批共同富裕示范区最佳实践。在制度成果方面,研究制定了"关键核心技术攻关""科技成果转移转化""大型仪器开放共享"等应用工作指南和服务规范等,出台实施了《浙江省科技小巨人企业管理办法(试行)》《浙江省科技领军企业管理办法》《关于推动创新链产业链融合发展的若干意见》《关于进一步完善省级科技计划体系创新资源一体化配置机制的改革方案(试行)》等系列重大政策,构建了科学规范的制度规则体系。总结提炼形成了科技创新资源"十联动"模式、智能化项目攻关组织模式、大型仪器管理开放共享新模式、科技成果技术要素市场化模式等协同创新模式。

(二)科技创新数字化改革最佳应用形成机制

围绕改革目标,浙江省科技创新最佳应用形成机制初步成型。

1. 最佳应用形成机制的建构

(1)核心业务聚焦牵引机制。启动数字化改革以来,浙江省科技管理部门立足"三定"职能、立足中央和省委与省政府部署的重大任务、立足重大需求开展核心业务梳理,按照"高频次、高权重""好用、管用、实用""小切口、大牵引、跨部门、场景化"要求,积极协同各处室、各单位开展了核心业务梳理工作,反复迭代并形成了核心业务目录,按照核心业务目录体系,分类讨论、逐个突破。

(2)一链到底闭环管理机制。在"浙里办"上架问计于企、问计于科研人员的场景应用,通过"科技大脑"智能算法和模型,充分调动公共数据和市县数据资源。在"浙政钉"开发部署智能辅助决策的分析工具,实现项目、基地、人才、资金、数据一体化高效配置,实现从企业群众办事到政府智能决策再到科学评价的数据流、信息流全贯通,数字赋能科技创新领域工作闭环。

（3）横纵统筹协同联动机制。浙江省科技管理部门谋划的"科技攻关在线"等数字化场景应用切口小、牵引大、带动强，其成功的关键在于在更大的场景中去梳理谋划能够体现横向联动和纵向贯通的核心业务，搞清楚核心业务的协同关系，找到改革的切入点和突破口。因此，必须坚持把"横向到边、纵向到底"的业务流及数据流和信息流，运用到省市县三级科技主管部门联动、横向部门协同协作的具体工作中，厘清业务环节，找准改革突破口，避免改革碎片化，避免就应用场景而论应用场景。做好科技创新领域数字化改革场景应用落地，需要加强与科技部的对接汇报、与长三角创新资源的开放共享、与省直部门的协同配合，全省科技系统上下联动，群策群力，凝聚合力，集中攻坚突破，打造有全国影响力的科技创新数字化改革成果。

（4）层层突破迭代升级机制。场景应用开发是数字化改革标志性落地成果，与流程再造、制度变革、机制创新密不可分。科技创新领域数字化改革跑道框架体系的构建是螺旋式上升的过程，持续释放形成"滚雪球"改革效应。科技创新领域的数字化应用聚焦充分激发各类创新主体的创新活力目标，坚持把数据驱动的治理能力逐步转化为浙江科技创新领域转变政府职能和促进政府治理创新的重要动力，持续迭代升级科技创新领域目标体系、工作体系、政策体系和评价体系，加快打造"整体智治、唯实惟先"的科技治理体系，持续赋能科技主管部门高分履职。

2. 科技创新应用建设面临的挑战和问题

（1）应用建设的"改革味"有待进一步提升。尽管浙江科技创新领域数字化改革场景应用推陈出新，多次获省委、省政府和科技部通报表扬，但在工作中仍存在对数字化改革的重大丰富内涵和本质要求理解不够透彻，对"数字化改革的本质是改革"领会不够深刻，仍存在用"工作过程数字化和工作结果数字化"的数字系统代替数字化改革的惰性思路和做法。在场景谋划中存在"流程再造和制度重塑"关键抓不准、对"治理体系和治理能力现代化"理解不够深刻等问题，同时还存在未能协同其他部门共同参与改革工作，未能有效联动其他领域撬动更大的改革等问题。此外，与数字化改革相配套的变革型组织建设，以及整体智治的工作体系构造也有待进一步破题深化。

(2) 用户"黏合度"有待进一步强化。自"科技攻关在线"等数字化应用上线"浙里办""浙政钉"以来，各科技创新领域数字化多跨协同场景应用用户数和活跃率较快增长。但与数字政府和数字社会系统领域的惠民办事类应用相比，受制于服务对象高尖端、服务面偏窄、多跨协同性还不够等原因，场景应用仍存在用户数偏少、活跃率偏低等短板，亟须通过"深化梳理核心业务、谋划大场景、撬动大改革"的思路来进一步提升用户黏性和好评度。

(3) 对标"高标准"还存在一定的差距。虽然浙江科技管理部门以数字化改革为牵引，以重大需求、多跨场景、改革任务"三张清单"为抓手，开发了一批管用好用应用场景；但与系统重塑省域创新体系，以超常规举措培育打造创新平台优势、技术领先优势、创新生态优势，加快建设具有全球影响力的科创高地的要求相比，改革仍存在一定差距。尤其是在未来战略科技力量培育、科研创新范式变革，以及创新链、产业链双链融合赋能高质量发展方面，仍有待进一步强化。

(三) 深化科技创新数字化改革的路径与对策

浙江以党的二十大精神为指引，按照"重大任务＋重大改革＋重大应用"一体推进的要求，聚焦"加快构建科技强省"等重大任务，创新制胜和塑造变革协同发力，加快"三改融合"，提升多跨协同、高效联动、开放合作的创新组织能力，系统推进项目攻关、成果转化、战略科技力量培育、科技企业培育、大仪开放共享等重大改革，聚焦"315"国家战略科技力量体系构建，统筹推动改革落地和应用开发，提升科技创新治理效能，助力"两个先行"。

1. 健全战略领域关键核心技术攻关机制

（1）构建战略领域技术节点清单化智能化管理模式。聚焦"315"领域，通过"人脑＋机脑"的方式加快构建创新链技术路线图，采用大数据挖掘加专家校验方式，建立完善技术节点清单体系，逐一评估"卡脖子"程度并标以"五色图"，以实现对"315"领域科技攻关的系统谋划、整体推进、精准组织，形成以重大攻关任务为牵引的资源一体化配置机制。

（2）改革攻关榜单形成机制。变"年度征集、专家辅助"为"直达一线、动态征集、智能辅助"，提高攻关任务凝练实战性和时效性。

（3）改革攻关团队组建机制。通过智能遴选优势攻关力量，主动协调组配团队，变"科研人员跑项目、拼团队"为"精准推送榜单、智能组配团队"，提升组队的精准性和便捷性。

（4）改革攻关资源配置服务机制。整合"十联动"创新资源并主动推送，变"攻关团队找资源"为"精准高效配送资源"，提高服务攻关的主动性和高效性。

（5）改革攻关成果评价机制。变"专家验收评价"为"智能评价＋用户评价"，实现结果导向的多维评价，提升公平性和精准性。

与上述改革相配套的重大应用："科技攻关在线"。尽快实现技术路线图在15个战略领域全覆盖，支撑榜单凝练更加精准、团队组建更加合理、资源配置更加高效、成果评价更加科学。强化应用的实战实效，完善"揭榜挂帅""军令状"、创新联合体等攻关机制，依托该应用每年部署400项以上"双尖双领"重大项目，支撑浙江省项目组织实施方式实现重塑性变革。

2. 完善大型科研仪器开放共享机制

（1）推进多部门跨系统协同数据融合。建设浙江省大仪开放共享平台，与省财政厅资产云平台、省市场监管局食品检测智控平台、海关进口仪器在线备案管理平台、部分高校仪器共享管理平台等系统实现互通，实现大仪"购置评议、仪器入网、开放共享、运行监测、绩效评价、政策支持"的全周期管理"一网办"和"智能搜索、实时预约、费用支付、结果反馈、服务评价"的全流程服务"一指办"。

（2）构建鼓励开放共享的制度保障。加强部门联动，实施系列突破性政策，印发《关于加快推进大型科研仪器开放共享"一网办""一指办"的实施意见》。联动省教育厅推进高校大仪使用情况督察，并将大仪使用、共享情况作为高校评价的重要内容。联动省人力社保厅，明确将一定比例的大仪开放共享服务收入用于奖励工作人员，且不纳入单位核定的绩效工资总量。

与上述改革相配套的重大应用："浙里大仪共享在线"。按照"五个一批"的要求，加快"浙里大仪共享在线"的实战落地。与省教育厅、省财政厅等部门加强协同，构建评议管理、绩效管理、预警管理、共享服务等场景，完善大仪闭环管理，提升开放共享率。

3. 构建战略科技力量培育机制

（1）推动创新资源开放共享。针对不同创新主体资源重复购置、创新资源利用率低、数据重复填报等问题，打通科技大脑"十联动"创新资源，为创新主体和科研人员提供"两共享、两服务"，变"创新资源共享难"为"创新资源吸纳承载和输出共享并举联动"，夯实创新范式的基础。

（2）建立科研辅助工具、算法、模型等组件的共建共享机制。引导重大创新平台自主开发应用组件，提供通用和专用数据集、算法模型库和科研辅助工具，并整合全省优质创新资源，打造科研创新组件能力中心。

（3）重塑科研协同合作流程。在科研资源和科研组件等科技大脑创新资源的支撑下，通过科研协同的项目策划提供创新资源智能一体化配置建议，实现项目从策划、团队组建、资源配置到过程实施的全过程多跨协同与闭环管理，变"传统的线下科研组织和攻关模式"为"基于数据分析、资源匹配、多机构高效协同的新范式"。

与上述改革相配套的重大应用："未来实验室在线"。按照"五个一批"的要求，加快"未来实验室在线"的迭代升级。持续与科技大脑中更多的能力打通，实现一个平台、一个账号，多系统互通互联。

4. 深化科技成果转化集成改革

（1）完善知识价值导向分配机制。深化科研人员职务科技成果赋权改革，提升高校院所科研人员科技成果转化现金和股权奖励，加快科研人员"扩中"。

（2）推进职务成果单列管理改革。开发推广职务成果"安心屋"应用场景，构建职务科技成果"内控管理—转化审批—公开交易"全流程电子化通道，推动职务科技成果转化不纳入国有资产保值增值范畴。

（3）推进科技成果"转移支付"体系建设。建立科技成果转化的风险补偿机制、收益保障机制和信用支付方式，促进科技成果以"先免费试用、后付费转化"的方式优先向山区26县落地转化，实现科技成果、人才、资金等要素流动，助力不断缩小地区差距。

与上述改革相配套的重大应用："科技成果转化在线"。按照"五个一批"的要求，迭代升级"科技成果转化在线"，完善"供需荟""安心屋""用后转"等场景，做亮"浙江拍"品牌，为实施科技成果转化集成改革提供数字化支撑。

5. 打造科技创新体集群

以科技领军企业、科技"小巨人"企业等科技型骨干企业为主体，以技术创新中心、创新联合体等平台为支撑，形成产业链上下游大中小企业融通创新，高水平研究型大学、重大战略性实验室等协同创新的科技创新体集群。健全企业主导的产学研深度融合机制。推动科技企业与高水平研究型大学等共建研发机构和联合实验室，构建产教融合、科教融合培养人才新机制，推动高校院所各类科技成果转化项目向企业开放。

与上述改革相配套的重大应用："科技企业成长在线"。迭代升级"科技企业成长在线"，建立基于区域企业创新能力、"315"战略领域企业创新能力、产业集群企业创新能力、重点企业创新能力等维度的评价指标体系，建立企业创新能力监测分析和预警预测机制。

四、科技特派员制度

2002年，习近平同志到浙江工作不久，就明确提出要尝试用科技特派员的形式，向欠发达地区提供科技和智力支持。2003年，习近平同志带领省委、省政府做出决定，正式建立科技特派员制度，从省级农业科研单位、大专院校等单位选派科技人员到贫困地区担任科技特派员。2016年5月19日，国务院办公厅出台《关于深入推行科技特派员制度的若干意见》，首次在国家层面对科技特派员工作进行了顶层设计和谋篇布局。科技特派员制度是扶贫开发与科技服务工作的重大创新，是有效解决"三农"问题、促进农业增效、农民增收，实现共同富裕的重要途径。

（一）科技特派员制度的非凡意义

2005年，浙江向全省1279个乡镇全部派遣科技特派员，在全国率先实现"乡乡都有科技特派员"。2008年，浙江逐步构建形成"个人科技特派员围绕项目、团队科技特派员围绕产业、法人科技特派员全面合作"的"个人＋法人＋团队"的科技特派员创新服务体系。2017年，浙江面向26个省级产业创新服务综合体试点工业团队科技特派员选派工作。2023年年初，科技特派团工作正式启动，3支科技特派团队伍分赴缙云、平阳、仙居3个试点县。

20年来，浙江锲而不舍、久久为功推进实施，推动科技特派员把论文写在田野上、把技术送到农民家，逐步形成了"1333"的工作体系，即聚焦"服务脱贫攻坚、乡村振兴和共同富裕"这一递进式战略使命，组建了"个人、团队、法人"3支科技特派员队伍，形成了"1人＋1乡"

"1团＋1业""1家＋1县"3种服务模式，实现了"服务方式从线下到线下线上结合、服务区域从山区26县到全省域、服务领域从农业到全产业"3个转变，科技特派员制度成为浙江具有强大生命力和广泛影响力的一张"金名片"。

1. 科技特派员制度是农业现代化道路在浙江省域的成功实践和典型样板

"强国必先强农，农强方能国强。没有农业强国就没有整个现代化强国。"当前，农业发展大而不强、多而不优的问题仍然十分突出，正处于动能转化、质量提升、农民增收的关键时期。习近平同志指出："创新是乡村全面振兴的重要支撑。""农业出路在现代化，农业现代化关键在科技进步。"科技特派员"要扎根基层，传播先进技术，培育富民产业，为全面推进乡村振兴、建设农业强国积极贡献力量。"科技特派员制度是科技助力共同富裕，实现农业农村现代化的重要途径。浙江省科技特派员始终把"三农"建设作为重点，以市场为导向，以项目为依托，以培育发展企业、组建专业协会、创建示范基地和扶持种养大户为重点，通过示范带动，将技术推广辐射到广大农户，积极开展多种形式的科技创新服务活动，实现浙江传统农业三个转变：一是从分散粗放低效的农业生产模式向规模化、标准化的高效生态农业生产模式转变；二是从自产自销为主的小农经济向品牌化、产业化经营的现代农业产业发展转变；三是从种养业为主的传统农业向产后加工、一二三产融合发展转变。科技特派员制度推动了农业高质量发展，具有强大的生命力和广泛的影响力，已经成为浙江的一张"金名片"。

2. 科技特派员制度为高质量发展建设共同富裕示范区探索示范了成功路子

浙江建设共同富裕示范区，最大的难点在农村。乡村人才引不进、留不住、用不上的现象广泛存在，农业科技和乡村文化薄弱，农村空心化明显。科技特派员制度为乡村振兴点燃了人才引擎，特派员成为党的

"三农"政策的宣传队、农业科技的传播者、科技创新创业的领头羊、乡村脱贫致富的带头人。科技特派员通过现场讲解、示范指导、面授交流、集中培训等方式，激发了广大农民学科技、信科技、用科技、依靠科技致富的热情，培养了一批涉农企业家、新型职业农民、乡土人才，提升了农民素质。与此同时，特派员以科技持续赋能浙江农业农村现代化，通过帮助乡镇制定发展规划，引进科研项目和资金，推广农业新品种、新技术，增加了农民收入，改善了生活条件，改变了农村的面貌，得到了乡镇党委、政府的信任和支持，赢得了人民群众的赞誉和好评。

3. 科技特派员制度为科技体制改革探索示范了新路径

传统上，我国的农业大学、农业科研机构和农业技术推广机构分属各自独立的行政系统，相互间要形成有效的协作机制存在巨大的交易成本，制度改革的路径依赖性很强，实现紧密结合的难度很大。农业科技特派员制度恰恰打破了行政系统的机构藩篱，把原来归属不同系统的农业技术人才变成统一身份的农业科技特派员，为实现教育、科研、推广"三位一体"的农技推广体系打下了基础。广大科技特派员充分发挥上联高校、科研院所，下接乡镇和广大农户的桥梁和纽带作用，从而使高校和科研院所的研究内容更加贴近生产、贴近实际，提高了高校、科研院所服务基层的能力，也为高校、科研院所自身的发展开辟了新渠道。

（二）科技特派员制度蕴含的实践特色

科技特派员制度是深入实施"八八战略"、以"两个先行"打造"重要窗口"的具体实践，是激活"三农"的动力之源，是践行绿水青山就是金山银山理念的特色载体。截至 2022 年年底，浙江累计派遣科技特派员 3.9 万人次，投入财政经费 15.36 亿元，助力农民增收 63.5 亿元、企业增效 45.1 亿元，为推动乡村振兴和共同富裕做出了独特的贡献。要深挖科技特派员制度蕴含的实践特色，以理念真谛、真经实招指引新时代新征程中的科技富民工作。

1. 顶层设计与基层创新相结合

科技特派员制度是针对原有的农技推广体系存在的弊端而提出的，因此，如何克服这些弊端进行顶层设计是关键。科技特派员制度既依靠顶层设计"领航指路"，也依赖基层实践"摸索探路"，把加强顶层设计和坚持问计于民统一起来，是自上而下的系统集成与自下而上的探索创新相结合的产物，是马克思主义唯物辩证法在浙江全面深化改革实践中的体现和运用。在顶层设计方面，立足服务"三农"，不断深化改革，通过完善科技特派员选派政策、壮大科技特派员队伍、健全科技特派员支持机制，引导各类科技创新创业人才和单位整合科技、信息、资金、管理等现代生产要素，深入农村基层一线开展科技创业和服务，与农民建立"风险共担、利益共享"的共同体，推动农村创新创业深入开展。在基层创新方面，许多县（市、区）加强对科技特派员的管理与指导，组织派驻在各乡镇的科技特派员，形成科技服务团队，围绕主导产业开展联合科技攻关服务，开展互助合作和乡镇间交叉服务。科技特派员本身，积极投身到农村广阔的创业天地中，其以资金入股、技术参股、技术承包、有偿服务等形式，与派驻地企业、专业大户联合创办企业，结成利益共同体，实行风险共担、利益共享。派出单位也不断探索服务与合作新路径。例如，浙江大学成立"科技特派员农业科技服务中心"，开展团队式的科技创新服务，并与湖州、丽水、嘉兴、台州、金华等地合作建立了11个农业技术推广分中心和科技特派员创业产业园。浙江省农业科学院总结形成了组织领导、片区管理、组团服务、院地合作四大机制，为浙江科技特派员制度走深走实提供了农科元素、农科素材。

2. 突出重点与拓展服务相结合

最初，科技特派员的服务领域以单纯的农业种养技术为重点，围绕乡村振兴特色产业发展中的技术难题，开展技术攻关，推动农民增收、农业发展。广大科技特派员针对派驻地农村产业发展特色和农民的实际需求，以培育发展企业、组建专业协会、创建示范基地和扶持种养大户为重点，通过抓点带面的服务方式,将技术推广辐射到广大农户,形成了"科技特派员+企业+农户""科技特派员+协会+农户""科技特派员+示范基地+农户""科技特派员+种养大户+农户"4种科技服务模式。进入新时代后,科技特派员制度为适应发展新格局、新需求而加速转型。制度的着力点转向产业链延伸和产业融合,由服务产业向多领域、全区域综合性服务转变,着力培育新产业、新模式、新业态。科技特派员专业和服务领域向二、三产业延伸。科技特派员的服务内容除了推动农业发展,也涉及农村公共服务、城乡规划与建设等领域,由服务生产向服务生活、生态拓展,以推动农业融合发展、绿色发展为主要目标,以推进供给侧结构性改革为重要途径,把科技特派员派在产业链上。科技特派员的服务方式呈现多样化、团队化、信息化的新特点,积极探索跨界、跨区域选任科技特派员,并引入线上服务形式,形成上下连通、点面结合的科技服务网络体系。由此,实现了服务方式从线下到线下线上结合、服务区域从山区26县到全省域、服务领域从农业到全产业3个转变。

3. 政府有为和市场有效相结合

农业技术推广体系的改革,首先是政府自身的改革。自2003年以来,浙江先后出台《关于进一步推进法人和团队科技特派员制度建设的指导意见》《关于深入推行科技特派员制度的实施意见》等一系列文件,解除科技人员的后顾之忧,开启了市场经济条件下改进农业科技服务、促进农业科技成果转化的新探索,为科技特派员制度的实施提供了制度保障。其次是科技特派员制度之所以取得成功、之所以受到广大农民欢迎,是因为始终坚持把"三农"建设服务作为根本出发点和落脚点,引入市场机制并鼓励科技人员取得合法兼职收入实现市场激励。科技特派员以"科学家""带头人""公司高管"等身份角色参与脱贫攻坚,对接当地小农户的发展需求,多元化提供科技服务,形成共同发展机制,促进欠发达土地产出率和生产效率的提升。

4. 组织领导与健全制度相结合

一项新制度的成功,组织领导是保障。浙江省委、省政府成立了科技特派员工作领导小组,由省委副书记任组长,由省委组织部部长和分管副省长任副组长,领导小组办公室设在省科技厅。科技、组织、农业和农村工作、教育、财政、人力社保、水利、农业、林业、海洋与渔业等部门同农业科研院所、高校等相关单位密切沟通与协作,形成协同推行科技特派员制度的组织体系。科技特派员工作列入省委、省政府对各市、县(市、区)社会主义新农村建设目标责任制考核主要指标。在制度安排上,科技人员到农村,离开了原有的高校院所,如何保障其利益?习近平同志在当年就明确提出:"我们要有好的机制,让下乡的科技人员能够名利双收。"为此,浙江省、市财政和大部分县(市、区)设立了科技特派员专项资金,大力支持科技特派员深入基层一线开展科技服务。省委、省政府每年表彰一批优秀科技特派员和特派员工作先进集体。各市、县(市、区)和派出单位,也都制定了相应的鼓励政策,磐安、青田县还设立了科技特派员奖励基金,对业绩突出的科技特派员进行重奖。各地、各单位优先推荐科技特派员申报省农业科技成果转化推广奖,获奖者在专业技术职务评聘、绩效考评中视同省科技进步奖三等奖主要完成者。

5. 主体自愿与协调对接相结合

科技特派员制度以科技人才为主体、以科技成果为纽带,坚持"高位嫁接、重心下移",推动各类要素综合集成,着力解决农民生产经营中的科技难题,着力提升农民运用适用技能脱贫增收的能力,积极动员科研人员和各方面力量投身农业农村主战场,探索了一条人才强、科技强促进农业强、助力农民增收和脱贫攻坚的农业科技社会化服务新路径。科技人员和基层需求的有效精准对接是科技特派员工作成功与否的前提。为此,要突出重点做好供需对接。一是挑选优秀人员。派出单位在组织发动的基础上,实行个人报名、部门推荐,提出专业特点和拟去县乡的意向,供组织挑选。二是乡镇提出要求。各乡镇根据当地产业特点和发展高效生态农业的需要,提出急需选派的科技人才要求。三是实行双向选择。科技特派员办公室根据派出单位和乡镇的意见,经过反复联系协

第二篇 路径研究
第四章 高水平创新型省份建设

商,确定科技特派员下派计划。同时,实施动态管理,根据基层需求及时调整科技特派员。在实际工作中,始终围绕基层科技需求,建立"省级科技管理部门搭台,派驻地、派出单位、科技特派员三方唱戏"的选派工作机制,真正形成派驻地、派出单位和特派员"三赢"的良好局面。

(三)继续做好新时代科技特派员

站在新的更高起点上,浙江将深入学习贯彻习近平总书记重要回信精神,切实把回信精神转化为推动科技特派员制度做深做实的强大动力,持续擦亮科技特派员制度"金名片",为"两个先行"提供有力的科技和人才支撑。

1. 完善机制、凝聚合力

充分认识推动科技特派员制度走深走实面临的新情况、新形势、新特点,进一步完善合力协同、政策激励、典型引路等机制,努力实现制度优势"放大"、治理效能"提升"。完善合力协同机制。建立多部门共同参与的省科技特派员联席会议机制,加强科技特派员工作的领导统筹和组织协调,进一步健全上下联动、部门协同的组织体系和长效机制。完善政策激励机制。在落实落地国家和省级科技特派员激励政策的基础上,加大省级科技特派员工作投入力度,鼓励和引导市、县设立专项资金,形成省市县联动投入机制。完善典型引路机制。让更多具有硬核科技研发和创新能力的科技特派员(团)成为旗帜式人物、典型性案例,总结推广可复制的经验做法,打造"把论文写在田野大地上、把成果转化到农民笑脸上"的价值标杆。[①]

2. 拓展内涵、创新模式

紧紧围绕乡村振兴和共同富裕重大战略使命,不断强化制度创新,推动科技特派员服务模式、服务领域、服务区域、选派模式再拓展。在服务模式上再拓展。聚焦缩小"三大差距",以科技特派团为重要载体,

---

① 佟桂莉.科技特派员制度的时代价值和实践意义[J].今日科技,2003(7):10-12.

推动服务模式从个人服务向组团式服务拓展，推动人才、技术、资本、服务向山区 26 县和海岛县下沉，实现科技特派团全覆盖，提高县域内生发展动能。在服务领域上再拓展。顺应农业供给侧结构性改革和农业农村一二三产融合发展的趋势，充分发挥科技特派员在创新能力、创新资源等方面的优势，推动科技特派员专业领域从农业领域向全产业领域拓展。在服务区域上再拓展。加快推动科技特派员服务区域由加快发展地区向全省域拓展，让科技特派员制度红利惠及更多群众，为地方高质量发展提供科技动能。在选派模式上再拓展。加强社会和市场资源选派科技特派员的实践探索，构建完善"政府派""社会派""市场派"多元化选派模式，引导激励大学生、更多专业人士"上山下乡"。

3. 宣传赋能，提升影响力

（1）引导科技特派员精准服务乡村全产业演进。立足当前成就，通过基层产业调研，集中把脉问诊，依靠科技力量为涉农企业和农户出谋支招，瞄准新兴市场需求热点，开拓技术升级，做优基础产品、做精高端产品，推动乡村产业特色转型。

（2）各级政府、科技、农村农业部门要拓宽宣传渠道。发动宣传部门有针对性地点对点地对涉农院校、技术研究类人才等中青人群提供职业引导，向抖音、快手、微博、小红书等高流量、青年人聚集的线上平台投放和推送新闻，同时可结合直播、短视频等形式录制科技特派员的工作场景，提高职业知名度与影响力。把握好宣传的时序、节奏和步骤。推动宣传科技研发和创新能力突出的科技特派员成为旗帜式人物、典型性案例，主动打造有利于开展科技特派员工作的舆论氛围。借助"农业强国""共同富裕示范区"等"金名片"的宣传快道，平稳有序推进，使浙江科技特派员制度成为代表中国农村科技创新驱动发展的方向指引。①

---

① 徐达，魏玲玲. 全面总结、推广与提升"浙江科技特派员制度实施 20 周年"经验与模式的对策建议［EB/OL］. 之江策，2023-12-29.

第五章　新型工业化与制造强省

为贯彻落实习近平总书记关于新型工业化的重要指示精神，深入实施"八八战略"，浙江将坚定不移地走新型工业化道路，打造一批创新要素高度集聚、网络协作紧密高效、产业生态体系完善、占据价值链中高端的世界级先进制造业集群，加快建设制造强省，为奋力谱写中国式现代化浙江新篇章奠定坚实的物质技术基础。

一、先进制造业集群

高度发达的先进制造业集群，是现代化经济体系的重要特征，也是经济高质量发展的大趋势。浙江制造业发展经过20世纪80年代的乡村工业化，块状经济快速发展，进入21世纪后，先进制造业集群逐渐成为产业组织形态的主流。

（一）从块状经济到产业集群

改革开放初期，浙江市场经济起步，以家庭作坊为代表的个体商户等经济体大量涌现，乡镇企业异军突起，自发形成块状经济。1992年邓小平同志南方谈话之后，束缚市场经济发展的大石被搬开，以民营企业为主体的块状经济进入快速发展的10年。浙江制造业在长期的发展过程中形成了自己的产业特点和产业优势，主要包括以下三方面。

（1）产业结构以轻型为主。轻纺工业一直是浙江工业的支柱。进入21世纪以来，通过有重点地发展临港重化工业，重工业的比重逐年增加，2004年规模以上工业企业中轻、重工业占比分别为49.8%和50.2%。但由于规模以下工业基本上属于轻工业，加之相当部分重工业也为轻型加工业。因而，轻型工业的特点非常明显。

(2) 所有制结构以个体私营经济为主。目前，浙江非公有制经济已经占到全部工业总量的 69%，其中个体私营经济占全部工业总量的 58.5%。2004 年，规模以上工业中，国有及国有控股企业增加值占 16.7%。面广量大的规模以下企业基本上为个体私营企业。

(3) 区域特色产业与块状经济发达。改革开放以来，浙江制造业在发展中积累和形成了一些比较优势，其中最主要的是产业集群与专业市场互为依托、低成本劳动力与先进适用技术有效结合的区域特色经济。2022 年，浙江产值超亿元的各类特色产业区块有 519 个，涉及 175 个大小行业和 23.7 万余家企业，年产值近 6000 亿元，约占全省工业总产值的 49%；其中产值在 10 亿～50 亿元的、50 亿～100 亿元的有 26 个，100 亿元以上的有 3 个。例如，宁波服装、温州鞋革、台州汽摩配件、乐清低压电器、海宁皮革、永康五金、嵊州领带、诸暨袜子等特色产业在国内外的市场占有率都很高，已经成为全国乃至世界重要的加工制造基地。一批县（市）依托区域块状特色产业而成为经济强县（市）。在国家统计局公布的 2001 年全国最发达的 100 个县（市）中，浙江占 26 席，总数居全国第一。[①]

以制造业为主的块状经济，在强化专业化分工协作、优化资源要素配置、吸纳劳动力就业、提高产业竞争力等方面发挥了重要作用。但是，块状经济在长期发展过程中累积的一些素质性、结构性矛盾，尤其是产业层次低下、创新能力不强、规划引导缺失、平台支撑不力、转型升级缓慢等问题也逐渐显现。

面对块状经济的发展遇到的瓶颈，2003 年，习近平同志提出了"八八战略"，为浙江制造业发展指明方向："要进一步发挥块状特色产业优势，加快先进制造业基地建设，走新型工业化道路"。

---

① 习近平. 干在实处走在前列——推进浙江新发展的思考与实践[M]. 北京：中共中央党校出版社，2006：116.

第二篇　路径研究

第五章　新型工业化与制造强省

2008年12月，浙江省出台《关于加快工业转型升级的实施意见》（浙政发〔2008〕80号），着力推动块状经济向现代产业集群转型升级，增强工业综合实力和国际竞争力。2009年7月，浙江省出台了《关于加快块状经济向现代产业集群转型升级的指导意见》，并从全省范围内确定了杭州装备制造业、宁波服装、绍兴纺织、嵊州领带等21个块状经济作为转型升级示范区试点单位。

为形成集群发展的有利要素条件，浙江深入实施新一轮制造业"腾笼换鸟、凤凰涅槃"攻坚行动，打造高能级产业平台，腾出集群集聚发展空间。2013年开始实施的"四换三名"[①]，为浙江创新发展提供了路径选择，高度契合培育现代产业集群的目标与任务。

(二)"415X"先进制造业集群

作为制造大省，浙江正积极推动产业发展格局重构、工作体系重塑、竞争优势再造，加快形成一批创新要素高度集聚、网络协作紧密高效、产业生态体系完善、主导产业占据价值链中高端的先进制造业集群，构建完善"415X"先进制造业集群培育体系[②]，成为浙江全球先进制造业基地建设的关键立柱。2021年，浙江"415X"先进制造业集群规模达7.5万亿元，占全省规上工业的比重约为77%，超百亿元企业70多家，投资10亿元以上制造业重大项目数量超500项。

浙江将继续聚焦绿色石化、新能源汽车及零部件、智能物联、现代纺织与服装4个兼具领先优势和规模效应的万亿级产业集群，集成电路、高端新材料、智能光伏、生物医药与医疗器械4个兼具高成长性和辐射效应的5000亿级产业集群，更加精准、更大力度推进先进制造业集群建设，走出一条科技含量高、经济效益好、资源消耗低、环境污染少、人力资源优势得到充分发挥的新型工业化道路。根据《浙江省

---

① "四换三名"是浙江经济转型的一项政策。"四换"，腾笼换鸟、机器换人、空间换地、电商换市；"三名"，大力培育名企、名品、名家。

② "415X"先进制造业集群，是指浙江省拟打造的由4个世界级先进产业群、15个"浙江制造"省级特色产业集群和一批高成长性"新星"产业群等构成的"415X"先进制造业集群体系。

"415X"先进制造业集群建设行动方案（2023—2027年）》，集群建设的主要目标与任务如下。

1. 主要思路和主要目标

以高端化、智能化、绿色化、国际化为主攻方向，以"腾笼换鸟、凤凰涅槃"为主要抓手，统筹推进空间腾换、招大做强、企业优强、品质提升、数字赋能、创新强工六大行动，加快构建以"415X"先进制造业集群为主体的现代化产业体系，夯实"两个先行"物质基础。明确到2027年，浙江制造在全球价值链、创新链、产业链的位势明显提升，制造业增加值占全球的比重稳步提升，"415X"先进制造业集群规上企业营业收入突破12万亿元。[①]

2. 主要任务

（1）实施空间腾换行动，优化制造业发展空间。重点是着力整治低效工业用地、建设高能级产业平台、推动产业协同布局。

（2）实施招大做强行动，夯实制造业发展根基。重点是着力谋划招引重大项目、实施千亿技术改造投资工程、加快重大项目建设落地、营造最优营商环境。

（3）实施企业优强行动，提升制造业效率效益。重点是着力打造世界一流企业、放大"专精特新"企业队伍优势、深化"链长＋链主＋专精特新"协同、加快发展服务型制造、推动企业国际化发展。

（4）实施品质提升行动，打响"浙江制造"品牌。重点是着力提高制造业质量水平、强化"浙江制造"品牌建设、加快企业标准创新发展、加强知识产权保护。

（5）实施数字赋能行动，引领制造业变革重塑。重点是着力加快细分行业产业大脑建设应用、推进企业数字化转型、加快发展工业互联网。

---

① 浙江省人民政府.关于印发浙江省"415X"先进制造业集群建设行动方案（2023—2027年）的通知［EB/OL］.浙江省人民政府网，2023-01-21.

(6) 实施创新强工行动，增强制造业发展动能。重点是着力强化关键核心技术攻关、实施产业基础再造工程、推动重大科技成果转化、建设重大创新载体。

3. 政策措施

在重塑先进制造业发展的政策体系上，聚焦先进制造业集群建设的重点领域和关键环节，进行政策重塑，形成"4+2"财政支持体系（"4"是产业升级需重点支持的4个方面，即产业基础再造和产业链提升、先进制造转型升级、优质企业竞争力提升、集群服务体系构建；"2"是指人才引育、科技创新等两大支撑）。2027年年底前，各地在符合国家有关规定的前提下，每年从土地出让收入中提取0.5%以上的资金作为"腾笼换鸟"专项经费。

在基金支持上，设立新一代信息技术、高端装备、现代消费与健康、绿色石化与新材料4支产业集群专项基金和1支"专精特新"母基金。围绕"4+1"专项基金群，浙江省金融控股有限公司在实操过程中，将其进一步细化为10支集群基金和3支母基金。其中，围绕新一代信息技术产业集群，有3支专项基金，分别是湖州的新一代信息技术创新产业基金，绍兴集成电路产业基金和丽水半导体材料产业基金，前两者规模50亿元，后者20亿元；围绕高端装备产业集群，有3支专项基金，分别是嘉兴新能源装备产业基金、台州精密制造装备产业基金和宁波智能制造产业基金，规模均为50亿元；围绕现代消费与健康产业集群，有2支专项基金，分别是杭州钱塘区的生物医疗基金和绍兴市柯桥区的消费与医疗基金，规模也是各50亿元；围绕绿色石化与新材料产业集群，也有2支专项基金，分别是舟山绿色石化基金和衢州高端新材料基金，规模分别为80亿元和50亿元。3支母基金分别是嘉兴科创母基金和温州、金华的专精特新母基金，前者规模50亿元，后两者分别为30亿元和20亿元。

在金融服务上，鼓励金融机构加大贷款规模，保持制造业中长期贷款平稳快速增长势头，支持制造业企业股改上市、发债融资和并购重组等，提高制造业直接融资比重。

在用地保障上，全省每年出让的国有建设用地中工业用地比例不低于30%，确保省级特色产业集群核心区、协同区所在地的工业用地总量稳中有升，支持"415X"先进制造业集群重大项目申报省重大产业项目。

在用能保障上，将"415X"先进制造业集群重大项目能耗指标纳入设区市盘子进行统筹平衡，对通过淘汰落后产能腾出的规模以下企业存量用能空间，经第三方机构确权后，可用于平衡当年制造业重大项目用能需求。

在人才支撑上，各级各类人才计划向"415X"先进制造业集群倾斜，海外高层次人才引进计划支持比例达到60%以上，省高层次人才特殊支持计划支持比例达到40%以上，设区市人才计划支持比例达到80%以上。

在工作体系上，提出开展集群竞赛，建立赛马机制，强化省级特色产业集群核心区、协同区考核评估和动态调整。建立统计监测体系，加强"415X"先进制造业集群运行监测。

（三）杭州数字安防产业集群案例

"全球安防看中国，中国安防看杭州"。杭州是浙江数字经济发展的核心区域、全国数字安防产业的重要集聚地。近年来，集群一直保持中高速增长，已初步形成从算法到系统集成的全产业链体系，整体规模超过6000亿元。

1. 杭州安防产业的兴起历程

2001年，迎着国有经济体制改革的变奏曲，中国电子科技集团公司第五十二研究所的一个28人创业小团队在杭州高新区（滨江）"安家落户"，海康威视诞生了。凭借科研院所深厚的技术积累，海康视威成立不久就推出了基于MPEG4标准的板卡产品，当年即占领了我国60%

的市场份额。

同年，大华股份、大立科技相继落地高新区（滨江），三大领军企业掀起了一场数字信号技术取代模拟信号技术的行业变革。从此，杭州安防开启了从0到1的新纪元，成为中国安防业强势杀出的一匹"黑马"。之后，越来越多的数字安防企业涌入杭州这片人杰地灵的创业创新热土。这群先行者在竞争中相互促进，渐渐形成了产业集群的雏形。

期间，杭州市通过不断添加政策、土地、人才、市场等"催化剂"，扶持弱者升级、支持强者愈强，引导形成既有竞争又有合作的市场协作机制。目前，杭州数字安防产业集群已有规上企业574家（其中上市和挂牌企业205家）。集群中有2家单项冠军企业、13家专精特新"小巨人"企业、9家绿色制造企业。

集群拥有国家级创新载体43个，省级技术创新载体186个。其中北大信息技术高等研究院是浙江采用校地共建的形式与北京大学组建的民办非企业单位。该研究院作为杭州数字安防产业集群发展促进机构，以"技术研发孵化组织、产业集群枢纽组织、集群治理核心组织"为促进机构发展定位，在"开展关键共性技术研发、搭建多方沟通协作平台、助力集群发展整体智治"等重点层面全面发力，高质量建设具有国际竞争力的世界级数字安防产业集群。

杭州数字安防产业集群"以数字安防产业为基点，向视觉智能产业跃升"为发展主线，聚焦高端数字安防制造领域，全力突破高端芯片制造，发展关键器件，进一步延伸产业链条，积极培育新产品新业态，推广先进制造模式，增强集群可持续发展竞争力，将集群打造成以视频监控、工业视觉、虚拟现实、自动驾驶等七大领域为核心的"中国视谷"。

2. 杭州数字安防产业集群发展经验

（1）政府引导，规划先行。杭州市政府高度重视数字安防产业发展，2021年，杭州市发布了《杭州市人工智能产业发展"十四五"规划》《"中国视谷"建设方案》等重要文件，针对视觉智能（数字安防）

产业编制了"一链一团一方案"和"五图五清单",全面推动视觉智能相关产业战略布局和规划实施,在视觉智能(数字安防)产业链提升、标准体系建设、实体项目攻关、产业大脑建设、融媒体宣传等方面取得了显著成效。2023年,杭州市发布《杭州市视觉智能(数字安防)产业集群培育提升三年行动方案(2023—2025年)》,以打造万亿级智能物联产业生态圈为核心,以视觉智能产业高质量发展为主线,以建设"中国视谷"标志性产业名片为重点,将杭州建设成为国内领先、全球重要的视觉智能技术创新策源地、成果转化首选地、高端产业集聚地、产业生态最优地,高标准建成"中国视谷",打造视觉智能第一城。

(2)品牌打造,集群创建。杭州市积极申报先进制造业集群,2020年杭州数字安防产业集群成功入选工业和信息化部(以下简称工信部)先进制造业集群。杭州数字安防产业集群以数字安防产业为基点,以向视觉智能产业跃升为发展主线,围绕视频监控、工业视觉、自动驾驶、医学影像、虚拟现实、新一代视频会议终端和数字文娱七大领域,积极攻关高端芯片、算法等关键核心技术,突破图像传感器等关键零部件制造环节,推动数字安防产业向高端化、智能化迈进。此外,集群逐步延伸产业链条,推广先进制造模式,不断增强竞争优势,打造"中国视谷",打响"视觉智能第一城"的城市品牌。

(3)政产学研合力,促进创新。为促进杭州数字安防产业集群发展壮大,浙江采用校院企地共建模式,联合高等院校建立了多所集群促进机构。其中北大信息技术高等研究院在2020年牵头组织集群内10家产业链关键环节重点企业(机构)实施4个公共服务平台项目和14个实体项目。平台项目包含AI算法训练、视频数据共享、安全攻防演练、视觉系统信息安全检测等内容,实体项目覆盖芯片元器件、物联网、5G、超高清等领域,已成功刷新上游科技新高度。集群攻克了一批关键技术,打通了部分核心环节,推动形成从算法、核心元器件、生产制造、系统集成到运营业务的全产业链自主可控体系,探索出产业链公共服务新模式,有力驱动视觉智能产业硬核升级。

（4）载体建设，强力支撑。杭州市抢抓人工智能发展的重大战略机遇，积极建设国家新一代人工智能创新发展试验区。在视觉智能方面，加快建设智能视觉研究室（之江实验室）、智慧视觉省级制造业创新中心（北大信息技术高等研究院）、智能光学感知省级制造业创新中心（浙江大学计算机学院）、北京航空航天大学杭州创新研究院等研发机构，同时推动高校、科研机构、企业等机构创建人工智能方向的国家重点实验室，承担重大创新载体建设，为杭州数字安防产业发展提供强力载体支撑。

二、十大产业链

2020年7月，习近平总书记在企业家座谈会上强调提升产业链、供应链现代化水平，大力推动科技创新，加快关键核心技术攻关，打造未来发展新优势。提升产业基础能力和产业链现代化水平成为支撑我国经济高质量发展的必要条件。为推动浙江产业链高质量发展，浙江在2019年8月提出全国首创的"链长制"工作制度。

（一）提升产业链是完善产业生态的需要

所谓完整的产业链生态就是指在一定的区域内，以主导产业为核心，通过协同合作和共同发展，将上下游产业环节的企业和机构有机地连接起来，形成的一个完整的产业链条和生态系统。这个系统中的企业和机构涵盖了整个产业链上下游的环节，从原材料供应到产品销售的全过程，以及相关的技术支持、市场推广、金融支持等服务。通过这样的方式，可以最大限度地发挥各个企业和机构的优势，实现资源共享和协同创新，从而提高整个产业的竞争力和创新能力。提升产业链是完善产业生态的需要，也是应对地缘政治化影响、保障产业安全的需要。

1. 分工专业化程度加深，需要完善产业链生态

世界正经历百年未有之大变局。根据联合国贸易和发展会议发布的《2022年世界投资报告》，受新冠疫情叠加地缘政治影响，全球跨境投资出现明显分化，南北发展不平衡加剧。发达国家制造业增长快，发展中经济体增长慢，在产业政策的引导下，跨国企业供应链布局由传统的成本效率导向，转向更加重视安全和专业化，全球产业链、价值链分化加剧。例如，2020年以来，英特尔、三星、台积电、海力士等巨头纷纷宣布在美建设生产基地。以跨国公司为代表的大企业凭借多年布局积累和全产业链优势，推动全球产业链、供应链专业化和多元化布局的作用依然较强。"隐形冠军""专精特新"等中小企业深耕核心业务，成为细分行业领导者。要应对分工专业化，对于地方而言，提升产业链，完善产业生态是必然选择。

2. 应对地缘政治化影响，需要提升产业链安全性

全球经济竞争日益受地缘政治风险浸染。随着全球进入新的动荡变革期，区域冲突、主权债务危机等各种"黑天鹅""灰犀牛"事件风险上升，逆全球化思潮持续酝酿，各国纷纷将推动产业发展和政策安全并举作为重要考量，地缘政治对产业布局和结构调整的影响越来越深，尤其是俄乌战争升级，以及美国等西方国家对俄罗斯实施制裁，这都对世界格局产生重大影响。美国自持其霸主地位，将中国列为"最重要的地缘政治挑战"，对我国产业的遏制打压不断升级。如何应对这些挑战？提升产业链、供应链高效协同发展水平，是预防产业链、供应链断供断链风险的必由之路。

（二）浙江重点打造的十大产业链

早在2019年，浙江省委、省政府就部署实施应对中美贸易摩擦、稳企业防风险、增强产业链自主可控能力等相关工作。2020年新冠疫情突袭后，及时建立省市县三级联动、省际联动、部省联动的产业链协同复工复产机制，有效促进浙江省经济企稳回升。之后，又提出建设全球先进制造业基地、实施产业基础再造和产业链提升工程等举措，完善提升浙江产业链。根据《关于印发浙江省实施制造业产业基础再造和产业链提升工程行动方案（2020—2025年）的通知》（浙政发〔2020〕22

号），要重点做好以下十大产业链的提升工作。

1. 数字安防产业链

突破图像传感器、中控设备等关键零部件技术瓶颈，补齐芯片、智能算法等技术短板，加快人工智能、虚拟/增强现实等技术融合应用，打造全球数字安防产业中心。形成以杭州为核心，宁波、温州、嘉兴、绍兴等地协同发展的产业布局。

2. 集成电路产业链

突破第三代半导体芯片、专用设计软件（电子设计自动化工具等）、专用设备与材料等技术难题，前瞻布局毫米波芯片、太赫兹芯片、云端一体芯片，打造国内重要的集成电路产业基地。形成以杭州、宁波、绍兴为核心，湖州、嘉兴、金华、衢州等地协同发展的产业布局。

3. 网络通信产业链

补齐通信芯片、关键射频器件、高端光器件等领域的技术短板，做强新型网络通信设备制造、系统集成服务，打造世界先进的网络通信产业集聚区、创新应用引领区。形成以杭州、嘉兴为核心，宁波、湖州、绍兴、金华等地协同发展的产业布局。

4. 智能计算产业链

做强芯片、存储设备、服务器等关键产品，补齐操作系统短板，推动高性能智能计算架构体系、智能算力等取得突破，构建智能计算产业生态。形成以杭州为核心，宁波、温州、湖州、嘉兴、金华等地协同发展的产业布局。

5. 生物医药产业链

突破发展生物技术药、化学创新药、现代中药和创新医疗器械等技术，打造具有国际竞争力的生物医药创新制造高地、全国重要的医疗器械产业集聚区。形成以杭州为核心，宁波、湖州、嘉兴、绍兴、金华、台州、丽水等地协同发展的产业布局。

6. 炼化一体化与新材料产业链

提升发展高性能纤维等先进高分子材料产业，加快发展高性能氟硅新材料、高端电子专用材料产业，打造世界一流的绿色石化先进制造业集群、国内领先的高分子新材料产业基地。形成以宁波、舟山为核心，嘉兴、绍兴、衢州等地协同发展的产业布局。

7. 节能与新能源汽车产业链

突破动力电池、电驱、电控关键技术，创新发展汽车电子和关键零部件产业，完善充电设施布局，打造全球先进的新能源汽车产业集群。形成以杭州、宁波、台州为核心，温州、湖州、绍兴、金华等地协同发展的产业布局。

8. 智能装备产业链

聚焦工业机器人、数控机床等重点领域，突破关键核心部件和系统等的断链断供技术，打造国内知名的智能装备产业高地。形成杭州、宁波、湖州、嘉兴、绍兴、台州、丽水等地协同发展的产业布局。

9. 智能家居产业链

做强智能家电、智能照明、智能厨卫等领域关键技术产品，推进智能家居云平台建设应用，打造国内中高端智能家居产业基地。形成以杭州、宁波为核心，温州、湖州、嘉兴、金华、台州等地协同发展的产业布局。

10. 现代纺织产业链

推进纺织印染智能化改造，促进化学纤维差异化功能化、纺织面料高端化绿色化、服饰家纺品牌化时尚化发展，打造国际一流的纺织先进制造业集群。形成以杭州、宁波、温州、嘉兴、绍兴为重点，湖州、金华、台州等地协同发展的产业布局。

（三）完善产业链的主要途径

为了完善上述十大产业链，浙江省提出了强链、补链、联链的举措。

1. 制造业基础再造强链

实施工业强基2.0版，建设项目储备库，争取国家工业强基工程持续领先。推动之江实验室、西湖实验室纳入国家实验室体系，重组实验室体系。实施质量提升行动，优化质量检验、认证认可等基础服务体系。补齐信息工程、工业设计等基础服务短板，每年培育100家左右专业机构。实施新时代工匠培育工程，推进金蓝领职业技能提升行动。到2025年新增高技能人才100万名。

2. 可替代技术产品供应链重组补链

实施断链断供替代行动，推动龙头企业建立同准备份、降准备份机制。建立长三角产业链安全协调机制，共建共享安全可控产业链。深化与日韩等邻近国家和地区产业合作，支持企业开展海外并购和国际合作。到2025年，十大标志性产业链重点领域基本建立安全可控的技术体系。

3. 产业链协同创新强链

实施产业链协同创新工程，滚动实施产业链协同创新和急用先行项目，推动一批关键核心技术产品的产业化及应用。实施产品升级改造计划，打造一批战略性技术产品。强化"军民融合"协同创新，实施一批军转民、民参军重点项目。到2025年，实施产业链协同创新项目500项以上。

4. 制造业首台（套）产品应用补链

实施制造业首台（套）提升工程，完善认定评价标准与机制，认定培育一批解决"卡脖子"难题的首台套产品。制定关键领域核心技术产品推广应用清单，省市县联动组织推广。创新遴选激励、应用奖励、尽职免责等机制，落实招投标和政府采购支持政策。到2025年，新增首台（套）产品1200项以上、国际首台（套）产品15项以上。

5. 全球精准合作补链

聚焦标志性产业链,精准招引一批产业带动强、科技含量高、经济效益好的重大项目。强化靶向招引,绘制重点产业链精准合作图,建立地方产业链补链、延链项目库,深挖智慧招商红利。到2025年,招引亿元以上项目3500个,储备5亿元以上重点项目500个以上。

6. 关键核心技术与断链断供技术攻关补链

实施"尖峰、尖兵、领雁、领航"四大科研计划,迭代实施省重大科技攻关专项。滚动编制科技攻关清单,引入赛马机制,组织实施科技应急攻关项目。完善关键核心技术攻坚机制,推动形成一批高价值专利组合。到2025年,研发经费支出中基础研究支出比重达到8%。

7. 产业链上下游企业共同体带动护链

实施"雄鹰行动",强化专项扶持,做大做强世界一流企业和"单项冠军"企业。依托龙头企业,分类组建产业链上下游企业共同体,优化产业链分工协作体系。2020年建设100家左右企业共同体,加快提质扩面,到2025年达到300家左右。

8. 工业互联网建链

完善"1+N"工业互联网平台体系,深化工业互联网标识解析体系建设。推动构建智慧互联的企业"内链",推广智能制造新模式,加快工业技术软件化,到2025年,上云企业达到55万家以上。打通智慧协作的"外链",深入开展浙江制造拓市场行动,实施"百网万品"行动和"春雷计划""严选计划"。

9. 涉企服务平台畅链

强化供需对接,集成专业供求平台,为企业提供产业链对接服务。迭代升级政府涉企服务平台,加快"企业码"推广应用,推动涉企部门业务协同、公共数据开放,实现企业有需求、服务到身边。完善惠企政策兑现系统,推动惠企政策网上直办、掌上快办。

三、专精特新"小巨人"企业

国家制造业单项冠军是世界一流企业的重要后备队,也是浙江现代化先行省和制造强省建设的重要支撑。2016年以来,工信部已累计认定6批国家制造业专精特新"小巨人"企业,共计848家,浙江有149家企业入选,排名全国第一,其中单项冠军示范企业91家,排在山东(109家)之后,位于全国第二,领先于江苏(57家)、广东(37家)、北京(17家)、上海(10家)。通过与兄弟省市的比较发现,浙江省单项冠军示范企业虽然具有高创新能力企业数量领先等优势,但仍存在总体创新能力待提升、研发投入占比待提高、攻关主力军作用待发挥、国际创新布局待加速、智能化标准输出待加强、质量奖待突破等短板。以做大增量、做优存量为基本思路,建议实施单项冠军梯队培育、创新能力提升、国际创新布局、标准领跑、质量提升五大专项行动。[①]

(一)浙江省专精特新"小巨人"企业的优势和短板

1. 高创新能力企业数量领先,但总体创新能力待提升

在全国有效发明专利数量排前50位的单项冠军企业中,浙江有8家,稍落后于广东(9家),与山东持平,领先于江苏(6家)、北京(4家)。在全国国家标准数量排前50位的单项冠军企业中,浙江有11家,领先于广东(7家)、山东(7家)、江苏(4家)。但是,浙江单项冠军企业有效发明专利中位数为29件,显著落后于广东(79件)、上海(60.5件)、北京(45件)、江苏(33件)。来自产学研合作的专利,浙江有198件,仅为北京的1/7、山东的1/2。浙江单项冠军企业企平均国家标准为6.8项,落后于广东(13.6项)、北京(8.5项)。除新华三、大华、海康威视外,浙江其他冠军企业未参与国际标准起草。此

---

① 本部分内容引自《推动我省专精特新"小巨人"企业发展的对策建议》,发表在《决策参阅》2021年第94期,获得省政府主要领导肯定性批示,感谢课题合作者浙江省科技信息研究院谌凯副研究员。

外，对标山东（潍柴动力，国家燃料电池技术创新中心）、广东（金发科技，国家先进高分子材料产业创新中心），浙江单项冠军企业尚未实现国家重大创新载体零的突破。

2. 上市企业数量领先，但研发投入占比待提高

单项冠军中上市企业数量，浙江为48家，领先于山东（33家）、江苏（22家）、广东（20家）、北京（7家）、上海（3家）。但上市冠军企业企平均研发投入占比，浙江为4.8%，显著落后于上海（13.0%）、北京（12.1%）、江苏（7.1%）、广东（7.0%）、山东（4.9%）。

3. 国家科技进步奖数量领先，但攻关主力军作用待发挥

近5年，浙江11家单项冠军企业获得国家科技进步奖11次，领先于山东（9次）、广东（4次）、江苏（4次）。但是，浙江的91家单项冠军企业中，近5年只有30家牵头承担了省级重点研发计划项目，另有7家作为成员单位参与。单项冠军企业尚未成为浙江关键核心技术攻关的"主力军"，其技术先进性优势尚未完全发挥。

4. 全球市场布局靠前，但创新布局待加速

从全球参控股企业等全球（海外）关联企业来看，浙江单项冠军企业企均全球关联企业为6.5家，落后于江苏（9.3家）、北京（7.4家），领先于广东（5.9家）、上海（5.7家）、山东（4.2家）。但是，企均PCT专利，浙江仅为18.6件，大幅落后于北京（807.9件）、广东（215.5件）、上海（33.2件）、山东（30.5件），且尚有39家无PCT专利。同时，目前仅有天能电池、卧龙电气、诺力智能装备、久立特材、巨石集团5家单项冠军企业布局了省级国际科技合作载体。

5. 智能化走在全国前列，但标准输出待加强

全国有14家单项冠军企业成功揭榜2021年国家智能制造示范工厂（首度评选），其中，浙江有4家，领先于山东（3家）、江苏（3家）、广东（1家）、北京（1家）。但是，国家智能制造标准体系建设指南（2021版）涵盖的智能制造基础共性和关键技术标准，浙江单项冠军企业参与起草 14 项，落后于广东（27 项）、北京（25 项）、山东（21 项）。

6. 质量奖提名奖数量领先，但质量奖待实现零的突破

浙江累计有 6 家单项冠军企业获得中国质量奖提名奖，分别是新华三、杭州汽轮机、杭氧、万丰奥特、海康威视、万向钱潮，领先于山东（3 家）、广东（2 家）、北京（1 家）。但浙江单项冠军企业尚未实现中国质量奖零的突破，目前省外已有格力（广东）、潍柴动力（山东）、中铁工程装备（河南）、福耀玻璃（福建）、京东方（北京）等企业荣获中国质量奖。

（二）提升专精特新"小巨人"企业竞争力的对策建议

1. 实施单项冠军企业梯队培育行动

（1）围绕标志性产业链，重点聚焦省级隐形冠军企业、省级专精特新企业、国家专精特新"小巨人"企业、国家高新技术企业等，每个产业链梳理 30～50 个综合规模、发展潜力、科技创新能力强的重点企业，建立单项冠军企业培育库。

（2）利用"产业一链通""科技企业成长在线"等数字化应用，滚动摸排梳理入库企业的创新需求，协同科技、经信、发改、人才、财政、金融等省级部门和市县力量，加强项目、平台、土地、人才、资金等资源的一体化配置，促进各类创新要素向企业集聚，激励入库企业加强产品创新，引导其成长为国际市场领先的单项冠军企业，保持浙江的领先优势。

2. 实施单项冠军企业创新能力提升行动

（1）将单项冠军企业重点研发方向纳入省级项目重点支持领域，支持单项冠军企业承担省"尖兵""领雁"计划项目。支持单项冠军企业联合上下游企业、产学研力量组建创新联合体，围绕关键核心技术、战略性储备性技术组织"项目群"攻关，打造创新微系统。

（2）推广浙江大学工程师学院模式，支持大专院校、职业院校、技工学校与单项冠军企业合作培养高技能人才，建设学生实训基地。对承担国家和省重大项目的单项冠军企业，探索择优赋予急需紧缺高层次人才"揭榜挂帅"或自主举荐名额。

（3）引导省技术（制造业/产业）创新中心将单项冠军企业纳入成员或会员单位，为企业提供按需定制的技术创新服务和整体化解决方案，落实开放课题、研发合同项目择优视同省级重点研发计划项目的政策。

（4）加强与科技部、工信部的对接，指导海康威视、正泰电器、天能电池、杭汽轮机、万丰奥特等冠军企业在现有省技术创新中心、制造业创新中心的基础上，争创国家中心。优先支持单项冠军企业建设省重点企业研究院、省企业研究院等省级研发机构。

3. 实施单项冠军企业国际创新布局行动

（1）对全省高校、院所、企业在欧美发达国家和共建"一带一路"国家建立的国际创新载体进行摸底和梳理，建立国际科技合作资源数字化平台。由省外事办公室牵头，根据单项冠军企业关键核心技术攻关、重大创新成果转化、高层次人才引育等方面的国际合作需求，依托数字化平台，充分整合利用现有国际科技合作资源，帮助省内主体借船出海，借梯登高。

（2）拓展浙江产业基金使用范围，允许用于支持企业以获取新技术、知识产权、研发机构、高端人才和团队为目标的境外投资并购活动。

（3）实施专利导航工程，对单项冠军企业提供"菜单式"政策支持和个性化服务指导，加快提升单项冠军企业发明专利、PCT专利拥有量，加速知识产权海外布局。

（4）针对浙江重点出口产品和主要出口国（地区），支持省知识产权保护中心等专业机构和行业协会、商会等社会组织加强技术性贸易措施的跟踪、翻译和评议，开展出口产品境外被召回、通报、退运等相关信息监测，为企业产品出口提供预警信息和解决方案，降低遭遇技术性贸易壁垒的风险。

4. 实施单项冠军企业标准领跑行动

（1）推动单项冠军企业建立完善标准体系，转化应用国际标准，制定实施高于国际标准、国家标准、行业标准和地方标准的企业标准、团体标准，提升产品标准水平。

（2）鼓励企业实质性参与标准研制和国际标准化活动，在物联网、工业互联网、装备制造等领域培育一批企业标准"领跑者"，有条件的市县对主导或参与国际标准、国家标准制定的给予奖励。

（3）争取更多国际标准化专业技术委员会、分技术委员会和工作组落户浙江，在重点领域创新设立以国际标准化专家命名的国际标准化工作室，推动浙江在行业规则"无人区"具有国际化优势的企业联合产业链上下游组建国际标准组织机构。

（4）支持产业链关键技术标准联合研发攻关，鼓励企业制定共同使用的企业联合标准，加快相关行业、企业共同推进先进技术的研发和应用。

5. 实施单项冠军企业质量提升行动

（1）建立全面质量管理协同机制，支持单项冠军企业与上游龙头企业纳入共同质量管理、标准管理，对获得国家、省、市各级政府质量奖的企业给予奖励。

（2）引导单项冠军企业推广应用卓越绩效、精益生产等先进管理方法，积极参评各级政府质量奖。

（3）以产业集群为基础，依托检测机构、行业协会和产业联盟，选取重点产品开展与国内外标杆产品的执行标准和质量指标比对研究，深入分析产品质量、品牌、知识产权和技术性贸易措施等状况，找准比较优势、产业通病和差距短板，指导完善产业链标准体系、质量管理体系和知识产权管理体系，提升行业产品质量整体水平。

第六章　数字经济与培育未来产业

浙江是数字经济发展先行省,历届省委、省政府沿着"八八战略"指引的道路,大力推动"数字浙江"建设,数字经济增加值占GDP的比重居全国第一,产业数字化指数居全国第一,数字化综合发展水平居全国第一。面向中国式现代化,浙江省委提出更大力度实施数字经济创新提质"一号发展工程",这是巩固基础、立足当下、决胜未来的重大战略。

一、数字经济创新提质"一号发展工程"

20世纪80~90年代,当美国、日本等发达国家在全球市场围绕计算机、半导体产业开展激烈竞争时,浙江经济还处于农村工业化大发展,以及由工业化初期向中期逐步过渡的阶段。凭借改革开放的不断深化,以及民营企业的市场敏锐性,浙江电子信息产业实现了从无到有、从小到大的飞跃。随着20世纪90年代中期美国实施"信息高速公路"计划,全球数字经济发展开启以互联网应用为主要特征的网络化阶段。浙江通过牢牢抓住电子商务发展机遇,在商业化运营及信息技术创新上有了质的飞跃,成为全国数字经济,特别是消费互联网领域发展的佼佼者与领跑者。[1]

(一)浙江数字经济发展过程

回顾浙江数字经济发展历程,大致包括以下4个阶段。

---

[1] 徐梦周,吕铁. 数字经济的浙江实践:发展历程、模式特征与经验启示[J]. 中国发展观察,2019(24):67-71.

第二篇　路径研究
第六章　数字经济与培育未来产业

1. 起步期

建设数字浙江在这一阶段初步进行顶层设计。浙江电子信息产业发展初显成效。据统计，1986—1995 年，浙江电子信息产业年均增长 28% 左右，明显快于其他产业。1997 年，浙江省政府将电子信息产业列为全省重点培育的四大主导产业之一。2002 年，浙江省第十一次党代会做出了建设"数字浙江"，全面推进现代化建设的重大决策。2003 年 7 月 10 日，在浙江省委十一届四次全会上，习近平同志首次系统提出，要进一步"发挥八个方面优势，推进八个方面举措"的"八八战略"，其中一条就是"进一步发挥块状特色产业优势，加快先进制造业基地建设，走新型工业化道路"。2003 年 9 月，浙江省政府出台《数字浙江建设规划纲要》，其中明确提出要以信息化带动工业化，以工业化促进信息化，实施走新型工业化道路的发展战略，使信息化、工业化、城市化、市场化和国际化的进程有机结合，这为浙江数字经济发展提供了系统性指导。

2. 突破期

在这一时期，浙江电子商务发展迅猛，引领全国。2002 年，作为浙江数字经济发展先行地的杭州高新区与滨江区在管理体制上合而为一，区域范围从文三路电子信息一条街扩展到钱塘江沿岸 70 多平方千米区域。2003—2005 年，习近平同志 4 次到杭州高新区调研，并在其中一次调研中强调，要把信息产业作为浙江省结构调整和增长方式转变的一个重要突破口。为此，杭州高新区认准"高"和"新"的产业发展方向，逐步构建以信息经济为核心的现代产业体系。"十一五"期间，浙江电子信息产业以年均 27% 以上的速度持续快速增长。2016 年，习近平总书记在 G20 杭州峰会上说："在杭州点击鼠标，联通的是整个世界。"浙江是中国电子商务起步最早、发展最快的地区之一，也正是电子商务的发展让浙江数字经济跨入了新阶段。2006 年，浙江省政府出台全国首个省级层面的电子商务产业政策，把电子商务发展正式摆上浙江经济工作的议事日程。2008年5月29日,中国电子商务协会正式批复了杭州市政府有关申请,决定授予杭州市"中国电子商务之都"称号。2012年,浙江电子商务交易首次突破万亿元,居全国首位。

3. 示范建设期

2013年8月,工信部正式批复浙江省建设全国唯一的"信息化和工业化深度融合国家示范区"。在此背景下,浙江将"两化"深度融合作为促进工业经济转型升级的主要路径,提出十项专项行动,以企业为主体,深化信息技术集成应用,加快"机器换人",推动产品与装备制造向智能、绿色、服务、安全方向发展,增强企业核心竞争力。各市、县也纷纷出台政策,大力推进两化深度融合,形成了省、市、县三级联动推进的局面。2014年4月,浙江省政府召开全省信息经济发展大会,将发展信息经济列为七大万亿产业之首;同年5月出台《关于加快发展信息经济的指导意见》,提出"七中心一示范区"建设,这是全国省级层面首个加快发展信息经济的政策文件。2014年11月,首届世界互联网大会在嘉兴乌镇召开,互联网大会成为浙江信息经济发展开始具备全球影响力的一个重要标志。2016年11月,国家正式批复浙江成为全国唯一的国家信息经济示范区。

4. 深化发展期

2017年,浙江省委提出实施数字经济"一号工程",加快构建以数字经济为核心的现代化经济体系;2021年,全省启动实施数字化改革,提出加快推进以"产业大脑+未来工厂"为核心的数字经济系统建设;2022年,浙江省第十五次党代会提出打造数字经济"一号工程"升级版,聚焦"三区三中心"[①]发展定位,全力推动产业能级、创新模式、数字赋能、数据价值、普惠共享"五个跃升",全面建设数字经济强省,打造引领支撑"两个先行"关键力量。通过全省上下的共同努力,"三

---

① 全国数字产业化发展引领区、产业数字化转型示范区、数字经济体制机制创新先导区和具有全球影响力的数字科技创新中心、新型贸易中心、新兴金融中心。

区三中心"及城市大脑、数字大湾区、移动支付之省等标志性工程建设取得重要进展，各项指标均居全国前列，数字经济已日益成为推动浙江高质量发展的一张"金名片"。

（二）浙江数字经济发展成效

2022年8月发布的《浙江省数字经济发展白皮书（2022年）》[1]显示，浙江数字经济发展取得显著成效。

1. 综合实力稳居全国前列

浙江全面深化国家数字经济创新发展试验区建设，数字经济发展速度快、势头好。2021年，浙江数字经济增加值达到3.57万亿元，居全国第四，较"十三五"初期实现翻番；占GDP的比重达到48.6%，居全国第一。数字经济核心产业增加值达到8348.3亿元，居全国第四；5年年均增长13.3%，两倍于GDP年均增速，数字经济在地区经济中的支柱地位凸显，稳定基本盘、引领增长的作用更加明显。

2. 数字基础设施优化升级

锚定数字基础设施标杆省目标，浙江推进以5G和双千兆为代表的网络基础设施、以数据中心为代表的算力基础设施、以工业互联网等为代表的新技术基础设施建设，加快推进5G网络建设和融合应用，率先实现乡镇以上地区全覆盖、行政村5G网络"村村通"，数字基础设施能力不断优化升级。从网络基础设施来看，截至2021年年底，浙江城域网出口带宽达74.6Tbps，比上年增长19.3%。固定宽带端口平均速率达259.8Mbps，比上年增长29.1%。固定互联网普及率为47.4户/百人，比上年上升2.0户/百人；5G套餐用户数普及率为47.8户/百人，比上年上升24.0户/百人。截至2021年年底，3家电信运营商的固定互联网宽带接入用户达3117.0万户，比上年增加169.8万户，其中，光纤接入（FTTH/O）用户2838.6万户，比上年增加156.4万户，占固定互联网宽带接入用户总数的91.1%。

---

[1] 浙江省人民政府. 浙江省数字经济发展白皮书（2022年）[R]. 2022-08-18.

3. 数字科创动能更加强劲

截至 2021 年，浙江有数字经济高新技术企业 1.1 万家、科技型中小企业 1.8 万家，均为 2017 年的 3.4 倍；规模以上数字经济核心产业研发强度达到 7.3%，是全社会研发投入强度的 2.5 倍；实施 215 项数字经济重大科技攻关项目，突破形成 138 项进口替代成果。杭州城西科创大走廊成为数字经济创新策源地，国家实验室、大科学装置实现零的突破，数字科技创新战略力量培育成效突出，部分数字技术实现从跟跑向并跑的跨越。

4. 数字产业集群做大做强

2021 年，浙江规模以上电子信息制造业营业收入达到 15916 亿元，软件业务收入达到 8303 亿元，稳居全国第三、第四位；数字安防和网络通信、集成电路、高端软件、智能计算、智能光伏、数字内容六大千亿级数字产业集群在数字经济核心产业中主导地位明显。截至 2021 年，拥有年营收超千亿级数字经济企业 2 家、超百亿企业 45 家，头部企业引领数字经济创新发展态势明显。浙江打造省级数字经济特色小镇 33 家、数字经济"万亩千亿"产业新平台 13 家，成为数字产业集聚发展主阵地。

5. 数实融合新范式初步形成

浙江深化数字技术与实体经济融合发展，实施制造业数字化改造行动，加大数字化改造投入，探索"产业大脑＋未来工厂"融合发展新模式，赋能制造业提质增效、促进产业升级。从浙江 11.5 万家"四上"企业[①]信息化调查情况来看，2021 年，企业信息化投入 599.6 亿元，相当于企业营业收入的 0.223%，比上年下降 0.061 个百分点。2021 年，数字经济核心产业人才占比为 44.2%，比上年提高 2.8 个百分点；数字经济投资占全部固定资产投资的比例达到 5.3%，比上年提高 0.8 个百分点。

---

① "四上"企业：规模以上工业，有资质的建筑业、限额以上批发和零售业，限额以上住宿和餐饮业，有开发经营活动的全部房地产开发经营业、规模以上服务业法人单位。

2021年，浙江规模以上工业企业使用信息化进行购销存管理、生产制造管理和物流配送管理的普及率分别为 62.3%、46.3% 和 16.7%，产业数字化应用程度提升较慢。制造业提质增效明显，2021年，浙江规模以上工业劳动生产率由上年的 25.0 万元/人提高到 26.3 万元/人。

6. 数字治理能力显著提升

浙江以数字化改革为引领，省域数字治理能力和治理现代化水平走在全国前列。"掌上办事""掌上办公""掌上治理"之省建设成效显著，"浙里办""浙政钉"成为标志性成果，全省依申请政务服务事项"一网通办"率达到 85%。数字抗疫贡献浙江智慧，首创"健康码"并面向全国推广。率先出台数字经济促进条例、公共数据条例、电子商务条例；率先设立杭州互联网法院；率先制定平台经济监管 20 条；率先制定数字经济核心产业统计体系，浙江在推动数字经济治理体系变革、构建数字经济新型生产关系中正在加快形成"浙江模式"。

7. 数字经济系统建设破题见效

浙江率先探索"产业大脑＋未来工厂"融合发展新路径，数字经济系统架构基本成型，打造了智造荟、关键核心技术攻关在线、对外贸易应用、金融综合服务应用等一批重大应用，获评省级最佳应用 8 个，"企业码""知识产权在线"等应用得到中央部委肯定，"政采云"等应用走出浙江、走向全国。加快推进 30 个细分行业产业大脑建设，化工、电机、数控机床等 10 个行业大脑上线运行，形成理论成果 122 项、制度成果 181 项，有力推动经济领域数字化改革逐步深化。

（三）数字经济未来发展方向

按照省委、省政府的统一部署，2023年，浙江省成立数字经济创新提质"一号发展工程"专班，并制定出台《浙江省数字经济创新提质"一号发展工程"实施方案》，省发展改革委、省经济和信息化厅、省科技厅、省商务厅、省市场监管局已分别制定八大攻坚行动子方案，11 个地市也迅速行动，结合实际加快制定各地实施方案，初步构建"1＋8＋11"

省市一体顶层架构。浙江将坚持"一把手"主抓、"一盘棋"推进，定期开展晾晒比拼，每年发布评价报告，政策抓集成、项目抓投产、部门抓协同、省地抓联动，推动数字经济创新提质"一号发展工程"取得实质性突破，全力构建以数字经济为核心的现代化产业体系。

1. 一套实施方案

根据《浙江省数字经济创新提质"一号发展工程"实施方案》，未来5年，浙江省将围绕建成世界级新一代信息技术产业群总目标，实施先进制造业集群培育工程，做优做强高端软件、集成电路、数字安防与网络通信、智能光伏、智能计算、数字内容六大特色优势产业，培育壮大人工智能、光芯片、未来网络、区块链、第三代半导体、网络安全等新兴产业和未来产业，力争到2027年，数字经济核心产业增加值达到1.6万亿元，培育形成2个以上万亿元级产业集群，培育"新星"产业群30个、千亿元级数字企业7家、百亿元级数字企业50家。

2. 八大攻坚行动

（1）数字关键核心技术。围绕云计算与未来网络、智能计算与人工智能、大数据与信息安全、智能控制与先进技术、微电子与光电子、脑科学与脑机融合、新药创制与高端医疗器械、现代农机装备与数字农业技术八大主要任务，瞄准全球数字科技发展前沿，突破一批具有标志性的重大核心技术，抢占关键技术制高点和数字新赛道，打造具有全球影响力的数字科技创新中心。

（2）数据要素价值释放。推进产业数据价值化、加快公共数据有序开发利用、强化个人数据合理利用、促进数据合规高效流通交易、提升数据安全治理能力、推进数据要素市场化配置改革六大任务，激发数据要素价值，促进全体人民共享数字经济发展红利，打造具有浙江特色的数据要素活跃市场，全面赋能经济高质量发展。

（3）数字产业竞争优势提升。做大做强高端软件、集成电路、数字安防与网络通信、智能光伏、智能计算、数字内容等六大特色优势产业，谋划布局人工智能、未来网络、元宇宙、空天信息、第三代半导体、柔性电子、区块链、量子信息等一批未来产业，培育无人驾驶、智能机器人、智能家居、智能可穿戴设备、智慧健康等一批融合型新产业，重点实施提升全产业链竞争力、产业平台集聚力、重大项目攻坚力、优质企业发展活力、数字科技创新力、产业生态吸引力六大任务，全力建设全国数字产业化发展引领区。

（4）"产业大脑＋未来工厂"赋能。推进制造业数字化转型、推进服务业数字化转型、推进农业数字化转型、推动一二三产融合发展、培育产业数字化生态、强化数字基础设施建设六大主要任务，聚焦"415X"先进制造业集群，以"产业大脑＋未来工厂"赋能生产方式转变、产业链组织重构、商业模式创新和产业生态重塑，提升制造业高端化、智能化、绿色化发展水平，加快全球先进制造业基地和全球数字变革高地建设。

（5）数字消费创新引领。通过提升数字内容供给能力、丰富数字消费场景与载体、深化数字生活新服务行动三大主要任务，统筹线上和线下、城市和农村，丰富消费供给内容，培育消费新载体，深化数字生活新服务，加快推进现代消费体系，提振消费意愿，更好满足人民对美好生活的向往，推动浙江数字经济高质量发展。

（6）新型基础设施强基。围绕加速建设网络基础设施、优化布局算力基础设施、培育壮大新技术基础设施、谋划培育创新基础设施、迭代提升融合基础设施五大主要任务，以建设国内领先、国际一流的新型基础设施为总目标，实施新型基础设施攻坚行动，全面优化投资结构、以高质量供给创造新的需求，努力打造新型基础设施标杆省，为浙江数字经济创新提质提供有力支撑。

（7）平台经济创新发展。围绕着力打造重点领域互联网平台、全力支持平台企业集成创新、全面优化平台经济发展环境、持续推进平台经济治理创新四大重点任务，建立健全规则制度，优化平台经济发展环境，提升常态化监管水平。

(8) 数字生态活力激发。紧抓引进培育多层次数字经济人才、强化金融要素高效集聚合理流动、挖掘开放多层次应用场景、加快完善创业创新生态、强化数字经济国内交流国际合作五大任务，优化创新资源配置，激发创新主体活力，全力打造数字生态最优省，推动数字经济高质量发展强省建设。

3. 三大工作重点

(1) 加快提升创新力竞争力。焦一个"高"字，在数字关键核心技术、数字产业竞争实力上再突破。到 2027 年，力争数字经济增加值和核心产业增加值突破 7 万亿元和 1.6 万亿元，实现"双倍增"。技术走向高水平，推动科技创新大突破。开展数字关键核心技术攻关，每年组织实施 200 项"双尖双领"攻关项目，力争每年突破形成 30 项硬核科技成果；加强数字经济领域实验室体系建设，积极争创国家实验室、国家重点实验室、国家技术创新中心、国家制造业创新中心。产业走向高能级，推动数字产业大跃升。实施数字经济千亿元投资工程，每年完成数字经济投资 1000 亿元、招引落地 1 亿美元以上外资项目 50 个。大力培育世界一流企业，到 2027 年，力争培育千亿级数字企业 7 家、百亿级数字企业 50 家。实施数字经济产业平台提升行动，到 2027 年，打造"万亩千亿"新产业平台 15 个左右、省级数字经济产业园 20 个。实施"415X"先进制造业集群培育工程，做优做强数字安防、集成电路等 6 个特色优势产业集群，到 2027 年，培育"新星"产业群 30 个、未来产业先导区 20 个。

(2) 加快重塑新优势新动能。聚焦一个"新"字，在平台经济健康发展、优化数字经济生态上再突破，驱动数字变革。围绕平台经济创新发展，坚持促进发展和监管规范并重。支持龙头企业实施数字化平台化战略，鼓励平台企业加强前沿技术研发和应用推广，支持消费互联网向产业互联网拓展。优化平台经济治理，审慎出台平台经济新业态准入限制政策。到 2027 年，培育具有全国影响力的产业互联网平台 30 家，平

第二篇　路径研究

第六章　数字经济与培育未来产业

台经济网络交易额达 10 万亿元。围绕数字生态活力激发，坚持要素汇聚与体系构建齐抓。实施数字经济引才专项计划、"浙商青蓝接力工程"，积极培育首席数据官、卓越工程师，到 2027 年，力争新增领军型创新创业团队 50 个左右。设立新一代信息技术产业基金，引导社会资本支持数字经济创业创新。优化数字经济领域创业创新服务体系，建设开源开放的数据资源共享平台，建成科技企业孵化器 65 家。加快布局超算等新技术设施，大力建设网络基础设施，到 2027 年，建成 5G 基站 30 万个以上。积极发展数字内容产业，加快打造数字消费场景，到 2027 年，培育数字生活新服务标杆城市 2 个、数字生活先行市 6 个以上、样板县（市、区）40 个，浙江网络零售额突破 3.5 万亿元。

（3）加快推动数字化智能化。聚焦一个"融"字，在数实深度融合、数据要素价值持续释放上再突破，全面赋能产业转型升级。深化数实融合，实现"三个全覆盖"。大力推广"产业大脑＋未来工厂"新范式，到 2027 年，建成行业产业大脑 50 个、未来工厂 100 家、智能工厂（数字化车间）1200 家，实现规上工业企业数字化改造全覆盖、重点细分行业中小企业数字化改造全覆盖、百亿元以上产业集群工业互联网平台全覆盖。大力推进服务业、农业数字化转型，到 2027 年，建成未来市场 50 家、未来农场 100 个。强化数据赋能，推进"两项改革"。深化数据要素市场化配置改革，优化浙江统一数据交易体系，开展数据要素市场化配置流通场景试点；建立浙江公共数据资源授权运营管理机制，探索构建数据可信流通体系。深化产业数据价值化改革，持续推动产业大脑能力中心市场化运营，打造数字化改造和数字化管理解决方案的集成供应平台。

二、浙江集成电路产业发展研究[①]

揭开浙江集成电路产业发展序幕的是 1980 年电子工业部直属甘肃

---

① 本部分内容取材于笔者主持的浙江省社会科学规划课题"推进我省集成电路产业创新链与产业链深度融合的对策建议"（21NDYD084YB），本研究获浙江省委、省政府领导的肯定性批示。

高质量发展推进浙江"两个先行"的路径研究

天光集成电路厂在绍兴筹建分厂（871厂）。近年来，在市场和政府的双重推动下，浙江集成电路产业得到较快发展。

（一）浙江集成电路产业发展特点

1. 产业规模位居全国前列

从产业销售规模角度来看，2020年，浙江集成电路产业销售规模1168亿元，居全国第6位，前5位分别是江苏2820亿元、上海2071亿元、广东2000亿元、四川1400亿元、陕西1236亿元。从产业产量角度来看，2020年，浙江集成电路产量174亿块，较上年增长21.4%；产量首次超过北京（171亿块），跃居全国第5位（前4位是江苏835亿块、甘肃457亿块、广东374亿块、上海289亿块）。从技术角度看，浙江的射频芯片设计和制造技术水平居全国前列，但数字芯片与国外还有较大差距。从应用角度看，浙江消费领域的芯片研发生产较多且技术水平较高，如浙江中控在工业控制领域的芯片已经实现了自主研发和生产，但是企业级芯片或系统级芯片基本依靠进口，与先进水平差距大。

2. 区域空间布局集中趋势明显

浙江各地正抓紧建设一批补产业短板的百亿级集成电路产业重大项目，形成以杭州为核心，杭州、宁波、绍兴为主体，湖州、嘉兴、金华、衢州等地协同发展的布局。特别是在杭州湾地区（除舟山外），已形成了集成电路产业的初步集聚，拥有绍兴集成电路"万亩千亿"产业平台、青山湖微纳智造小镇等园区。

3. 创新链有一定基础

在基础研究领域，拥有浙江大学、杭州电子科技大学、之江实验室等高校和研发机构。在园区和孵化器方面，拥有国家"芯火"双创平台（基地）、杭州国家集成电路设计产业化基地（产业园）和国家集成电路设计企业孵化器。2021年初，在滨江又建立了杭州集成电路测试公共服务中心。

4. 产业布局基本形成

浙江目前约有相关产业企业 500 家，其中规上企业 208 家，基本覆盖集成电路（IC）设计、IC 制造、设备制造、半导体材料和化学品、封装测试、整机厂商等完整产业链。从产业链角度分析，目前浙江的射频芯片设计和制造技术水平处于世界前列，在半导体材料和 IC 设计领域具有一定优势。

（二）当前浙江集成电路产业发展存在的主要问题

在国际上，以美国为代表的国家，对我国集成电路等关键技术"卡脖子"封锁事件时有发生。在国内，由于前些年各地盲目投资，出现了成都格芯、武汉弘芯、济南泉芯等半导体项目频发烂尾事件。就浙江而言，集成电路产业发展存在的主要问题有以下 5 个方面。

1. 缺乏核心技术和产品

浙江集成电路产业的产品以消费级芯片为主，高端产品竞争力缺乏。在数字芯片领域，嵌入式 Flash 工艺、IP 及模拟技术等受制于人。在系统级芯片方向，进口依赖度相对较高。近两年来，尽管浙江集成电路产业的进出口增幅已经逆转，出口增速远远快于进口额增速，但进出口额的贸易逆差仍然非常大，出口额仅为进口额的 11.8%。终端用户对国内高性能集成电路产品的信心仍然需要提振和加强。

2. 人才基础仍然较弱

相较其他因素而言，人才因素是制约产业集聚发展的最大阻碍。集成电路产业，特别是浙江较为薄弱的晶圆制造业、设备业需要大量创新能力突出的领军人才和掌握特殊技术的生产工艺专业技术人才。受中美贸易摩擦影响，人才引进困难，集成电路人才市场供不应求。虽然杭州市近年来利用其省会城市的优势吸引了一些人才，但是集成电路领军人才和一流人才仍然缺乏。另外，浙江集成电路产业人才培育能力相对偏弱，在全国 28 所国家示范性微电子学院中，浙江仅浙江大学 1 所，少于上海（3 所）、北京（6 所）、陕西（3 所）等省市。

3. 投资强度不足与重复分散投资并存

发展集成电路产业需要长期大额投资。尽管浙江在 2019 年已设立了集成电路产业投资基金，但设立时间晚且规模较小（仅为 150 亿元），远不及兄弟省市（如北京 300 亿元、湖北 300 亿元、广东 350 亿元、上海 500 亿元、福建 500 亿元、江苏超过 1000 亿元）。而且浙江国家大基金投资项目少，针对集成电路的产业资金尚未充分发挥作用。

从浙江省域产业基础和产业发展的政策环境、经济环境、地理区位等综合条件考量，杭州和宁波无疑是发展集成电路产业最理想的基地。但从各地的集成电路产业重大投资项目来看，周边其他地市的集成电路"硬产业"投资的项目数量和投资总额都超过杭州或宁波的规模，甚至还有经济欠发达和人才匮缺的地市也跃跃欲试，拟大上集成电路产业项目。杭州、宁波两地集成电路产业发展布局的核心区投资强度相对不足，以及其他地区发展热度过于高涨，"一冷一热"的情况，直接导致了产业集聚的分散。

4. 企业多而不强，产业布局缺乏合理规划

浙江现有相关企业仍以中小企业为主，缺少能够带动整个行业的大企业，企业间缺乏合作互动，缺少凝聚力。集成电路产业链虽然相对完整，但各地市间各自为政现象严重，基于产业链上下游的合作较少，各环节企业缺乏对接与合作。产业链各环节要素、资源缺乏协同整合，优势资源、优势企业难以集中聚集。在集成电路应用的智能汽车、数字安防领域，产业链梗阻和断链风险仍存在。在各环节中，制造与设备环节十分薄弱，影响整体产业链的协调与完善。浙江集成电路产业规模虽然位于全国前列，但与排名靠前的北京、上海、深圳相比，仍存在较大差距。

5. 政策引导、公共平台与其他省市存在差距

浙江直到 2017 年才由省人民政府办公厅发布《关于加快集成电路产业发展的实施意见》。在此之前，其他兄弟省市早于浙江开始大力布

局发展集成电路产业。相较之下,浙江省、市两级的扶持力度远远不够,投入机制也还不够完备。

公共平台(包括科研平台、服务平台、产业平台等)的完备与否直接关系到集成电路产业的发展环境。好的公共平台可以弥补市场失灵和政府失灵,促进产业集聚,引领产业健康发展。完善的产业生态系统离不开好的公共平台,集成电路产业集群式发展也离不开好的产业生态系统。然而,浙江集成电路产业公共平台少,长期存在产业公共平台缺位现象,近几年各地市才开始大力筹建相关平台,筹建时间短、经验不足、相关人才短缺问题不容忽视。

(三)集成电路产业发展的对策建议

集成电路产业是数字经济的先导性、基础性、战略性产业,建设数字经济强省,必须高度重视集成电路产业的发展。

1. 将集成电路产业作为打造三大科创高地的重中之重

集成电路产业是数字经济的基础性、战略性产业,建议成立主管副省长挂帅的集成电路产业领导小组,副组长由省经济和信息化厅、省发展改革委、省科技厅、省财政厅等部门领导担任。领导小组工作职责为:审定集成电路产业发展规划和年度工作计划,审定促进集成电路产业发展指导目录、空间布局规划及各项政策措施,审议集成电路产业重大项目、重大专项资金安排等重大事项,协调解决集成电路产业发展中遇到的重大问题。

领导小组原则上每半年召开一次例会,研究年度工作计划、重大政策措施、重大专项资金使用等;根据招商项目需要,不定期召开专题会议。领导小组办公室原则上每月召开一次例会,研究推进各成员单位牵头负责的工作任务落实情况。

2. 积极部署创新链助力产业链提升

建议省政府牵头,围绕芯片设计、芯片制造、设备材料、封装测试等领域部署创新链,编制"浙江集成电路技术路线图"。在省级层面进行部署谋划，支持之江实验室等新型研发机构与龙头企业合作，建设芯片设计制造大科学装置，打造具有世界领先水平的集成电路创新中心，找准创新引擎，为浙江探索更多"弯道超车"发展途径。

3. 为集成电路企业提供精准服务

建议针对集成电路产业，搭建政府对接企业、服务企业的互动平台。为省内集成电路企业做好增值税、所得税等优惠政策的宣传与指导，帮助申请国家和省集成电路产业投资基金投资，促成授信审批等，解决企业难题。重点支持集成电路领域的高新技术企业、创新型领军企业、单项冠军企业和隐形冠军企业发展，打造浙江"芯"企业集群，形成产业链和生态圈。

4. 加快集成电路人才队伍建设

（1）加快集成电路顶尖人才引进。实施集成电路人才集聚计划；对集成电路重点领域的全球顶尖人才和团队，实行一事一议、特事特办，资助额度上不封顶；集成电路领域人才在浙江申报人才工程的，给予加分支持；完善社会化、市场化人才认定机制。拓宽领军人才引进渠道。积极发挥校友会、行业协会等社会组织的作用，推荐集成电路领域领军人才到浙江创新创业的，每名领军人才给予社会组织5万元的奖励，每家社会组织每年最高奖励50万元。

（2）学习上海市经验，出台《浙江省集成电路企业核心团队专项奖励办法》。对集成电路企业核心团队进行专项奖励，经核定营业收入首次达到10亿元、50亿元、100亿元、200亿元的企业，分别奖励其核心团队累计不超过500万元、1000万元、2000万元、3000万元。集成电路企业核心团队主要包括企业董事长、副董事长、总经理、副总经理等高级管理人员，以及领军型人才、关键岗位骨干人员等核心团队成员。对核心团队成员，依据其对社会及所在企业发展所做的贡献、所在岗位的重要性，由省级评审工作小组审核确定奖励金额；核心团队个人奖励金额最高不超过50万元。

（3）支持宁波东方理工大学建设。东方理工大学作为新型大学，注重集成电路人才培养。建议省政府和宁波市政府参照对西湖大学的支持力度，使其尽早开学招生。

5. 布局发展集成电路产业发展基地

（1）设立集成电路产业高新区等高能级平台。围绕集成电路、人工智能等重点领域，重点在杭州、宁波和绍兴等区域，根据当地现有优势，通过新布局或整合提升，设立集成电路产业高新区。

（2）建设青山湖（集成电路）实验室。杭州城西科创大走廊的青山湖区块的微纳智造小镇，是浙江首批重点建设的特色小镇之一，2017年成为浙江省高新技术小镇。该小镇聚焦以集成电路为核心的微纳智造领域，以特色工艺晶圆制造、芯片设计封装测试、半导体关键装备制造和智能终端与物联网应用集成为主要产业方向。目前该区块集中了杭州电子科技大学微电子研究院和一批集成电路企业，有较好的研发和产业化能力。建议以杭州电子科技大学微电子研究院和中电海康、启尔机电等相关企业为核心，建设青山湖实验室，以集成电路为重点研究方向，提升研发与创新能力。

（3）部署集成电路专业化公共服务平台。发挥天堂镓谷、芯火平台和智能硬件平台的作用，重点面向以集成电路为主导产业的高新区，部署构建公共EDA服务平台、IP应用服务平台、MPW服务平台、验证与测试服务平台、人才培训及孵化平台等专业化公共服务平台，围绕企业研发设计、人才培训、创业孵化、科技成果转化开展专业化服务。

6. 以数字经济为核心拓展应用市场

建议面向所有数字经济领域的企业，研究编制省内集成电路重点产品需求目录，仅定向发放给省内集成电路企业。建议省级层面每年开展一场以上的集成电路专项交易会展活动，邀请国内外有关企业参加，实现产品供需方的高效对接。建议组织开展集成电路产业专项情报研究，及时跟踪掌握国内外进展。建议政府协助拓展应用市场，如将"国产芯片应用"情况纳入首台（套）政策评价体系，对应用国产芯片的首台（套）重大装备优先给予支持等。

三、未来产业培育

未来产业是基于前沿技术、颠覆性技术突破和产业化，融合交叉应用新技术，催生新产品、新模式、新业态，支撑引领未来经济社会发展的前瞻性产业。培育未来产业也是浙江形成新质生产力的关键。

（一）未来产业是培育区域竞争力的关键

1. 未来产业是对经济社会发展具有全局带动和重大引领作用的先导产业

未来产业是科技创新范式变革下，依托重大科技突破和产业化、引领新应用场景和新消费需求的产物，是牵引性很强的先导产业。其以原创性前沿技术、颠覆性技术的突破和重大社会发展需求为基础，目前尚处于爆发增长前期或孕育阶段，深受科学家、企业家、投资家的关注和认可，未来发展潜力巨大，10~15年后可能实现爆发成长并改变世界，对经济社会发展具有全局带动和重大引领作用。

未来产业具备前沿科技引领和颠覆性创新等特点。未来产业通常具有以下特点：①科技含量高。未来产业聚焦原始创新和引领式创新，具有较高的科技门槛和壁垒。②牵引带动性强。前沿科技和未来产业由于具有多学科交叉特点，对各行业、各领域具有很强的渗透性和牵引性，能够显著带动生产力发展、改善人们的生活质量、引领经济社会发展。③颠覆性强。未来产业能够重新配置价值体系，将在产品形态、业务流程、产业业态、商业模式、生产方式、组织方式、治理机制和劳资关系等方面发生颠覆性变革，需要全新的组织方式和制度供给。④不确定性高。未来产业通常呈现复杂性、综合性的特征，发展方向和路径难以把握，预测与探索均存在较高的不确定性。⑤长期性投入高。未来产业从基础研究、应用基础研究、产业萌芽期到产业化，需要大量资金长周期持续性投入，需要企业家、科学家、风险投资家协同互动，建立高效畅通的投入产出机制。生态属性强。未来产业往往发生在科技创新资源密集、人才资本数据等要素能够自由流动、专业化服务和创业者集聚且活跃、创新创业生态整体优良的地区。

2. 未来产业是形成新质生产力的关键

解放和发展社会生产力，需要用改革的办法推进结构调整，减少无效和低端供给，扩大有效供给和中高端供给，增强供给结构对需求变化的适应性和灵活性，提高全要素生产率。以新产业、新业态、新模式为代表的"三新"经济展现出蓬勃向上的力量，通过深入实施创新驱动发展等战略，我国经济结构在持续优化，经济活力在进一步释放。新质生产力是指大量运用大数据、人工智能、互联网、云计算等新技术与高素质劳动者、现代金融等要素紧密结合而催生的新产业、新技术、新产品和新业态。新质生产力的本质是创新驱动，是充分运用科技第一要素、人才第一资源、创新第一动力的生产力。2023年9月9日，在新时代推动东北全面振兴座谈会上，习近平总书记指出，要积极培育新能源、新材料、先进制造、电子信息等战略性新兴产业，积极培育未来产业，加快形成新质生产力，增强发展新动能。战略性新兴产业渗透性、融合性强，通过与传统产业交叉、渗透、融合等，能够推动传统产业升级，促进先进技术产业化、提升产业层次，更加合理地利用资源建设现代化产业体系，也为战略性新兴产业发展提供了巨大的市场需求。虽然目前学界对未来产业没有一个统一的概念，但可以肯定的是，未来产业是重大前沿科技创新成果产业化的产物，富有发展活力和市场潜力。

（二）各地未来产业布局

1. 北京市未来产业布局

2023年9月，北京市人民政府办公厅发布《北京市促进未来产业创新发展实施方案》，提出北京市锚定六大领域，布局20个未来产业。

（1）未来信息。面向未来信息通信和先进计算需求，在海淀、朝阳、石景山、通州、北京经济技术开发区（以下简称经开区）等区域，重点发展通用人工智能、第六代移动通信（6G）、元宇宙、量子信息、光电子等细分产业。

（2）未来健康。面向未来生命健康和医疗需求，在海淀、石景山、通州、昌平、大兴、平谷、密云、经开区等区域，重点发展基因技术、细胞治疗与再生医学、脑科学与脑机接口、合成生物等细分产业。

（3）未来制造。面向未来制造高端化、智能化、绿色化和融合化需求，在石景山、房山、顺义、昌平、经开区等区域，重点发展类人机器人、智慧出行等细分产业。

（4）未来能源。围绕新型能源系统建设需求，在房山、通州、昌平、大兴、怀柔、延庆、经开区等区域，重点发展氢能、新型储能、碳捕集封存利用等细分产业。

（5）未来材料。面向前沿新材料需求，在海淀、房山、顺义、大兴、经开区等区域，重点发展石墨烯材料、超导材料、超宽禁带半导体材料、新一代生物医用材料等细分产业。

（6）未来空间。面向未来太空探索需求，在海淀、丰台、石景山、大兴、经开区等区域，重点发展商业航天、卫星网络等细分产业。

北京市将实施原创成果突破行动、中试孵化加速行动、产业梯度共进行动、创新伙伴协同行动、应用场景建设行动、科技金融赋能行动、创新人才聚集行动、国际交流合作行动八大行动，构建未来产业创新发展生态。

2. 上海市未来产业布局

2022年9月，上海市人民政府发布《上海打造未来产业创新高地发展壮大未来产业集群行动方案》（沪府发〔2022〕11号），提出打造5个未来产业：一是未来健康产业。在浦东、宝山、闵行、金山、奉贤等区域，提升"张江研发＋上海制造"承载能力，打造未来健康产业集群。二是未来智能产业。在浦东、徐汇、杨浦、宝山、闵行、嘉定、青浦等区域，以场景示范带动产业发展，打造未来智能产业集群。三是未来能源产业。在浦东、闵行、嘉定等区域，打造未来能源产业集群。四是未来空间产业。在浦东、杨浦、闵行、金山、松江、青浦、崇明等区域，打造未来空间产业集群。五是未来材料产业。在浦东、宝山、金山等区域，提升产业转化承载能力，打造未来材料产业集群。

同时，上海将实施未来技术"筑基计划"、未来布局"领跑计划"、未来伙伴"携手计划"、未来场景"开源计划"、未来人才"雁阵计划"和未来生态"雨林计划"六大计划，保障未来产业发展。

3. 江苏省未来产业布局

2023年11月，江苏省人民政府正式印发《省政府关于加快培育发展未来产业的指导意见》（苏政发〔2023〕104号，以下简称《指导意见》），旨在加快培育发展未来产业，开辟新领域新赛道，塑造新动能新优势，构筑江苏新型工业化竞争新优势。

《指导意见》提出，江苏省要优先发展三代半导体、未来网络、氢能、新型储能、细胞和基因技术、合成生物、通用智能、虚拟现实、前沿新材料、零碳负碳（碳捕集利用及封存）10个成长型未来产业。其中，在氢能方面提出，围绕推进氢能"制储运加用"全链条发展，充分发挥江苏沿海风电资源集聚优势，着力突破海水制氢等可再生能源制氢关键技术，推动液氢制储运关键技术研发及应用，积极发展石墨烯、高活性轻金属等固态储氢材料及关键技术，大力发展制储氢装备及关键零部件，推动氢燃料电池汽车、氢冶金等场景示范应用，实现多能互补。

在新型储能方面提出，稳妥推进钠镍/钠硫电池、固液混合/全固态锂离子电池及关键材料的低成本、规模化应用，加快提升压缩空气、氢（氨）储能、热（冷）储能等储能技术产业化，探索熔盐储热、飞轮储能、重力储能等前沿技术，加快高比能、高安全、长循环新一代储能电池技术研发，持续提升储能系统集成能力和智慧可控水平，拓展新型储能商业模式。

《指导意见》提出突出产业创新策源、推动强企育链集群、强化场景应用牵引、加大关键要素支撑、深化产业开放合作、创新未来产业治理六大关键举措，保障未来产业发展。

4. 深圳市未来产业布局

2022年6月，深圳市出台了《深圳市培育发展未来产业行动计划（2022—2025年）》，提出了其未来产业发展愿景。

（1）5～10年内有望成长为战略性新兴产业。围绕合成生物、区块链、细胞与基因、空天技术4个未来产业，强化前沿技术研究和技术应用，突破一批关键核心技术、前沿引领技术和颠覆性技术，推动一批重大科技成果产业化，培育壮大产业新增长点。合成生物产业重点发展合成生物底层技术、定量合成生物技术、生物创制等。区块链产业重点发展底层平台技术、区块链＋金融、区块链＋智能制造、区块链＋供应链等。细胞与基因产业重点发展细胞技术、基因技术、细胞与基因治疗技术、生物育种技术等。空天技术产业重点发展空天信息技术、先进遥感技术、导航定位技术、空天装备制造等。

（2）10～15年内有望成长为战略性新兴产业。围绕脑科学与类脑智能、深地深海、可见光通信与光计算、量子信息4个未来产业，加强基础研究和应用基础研究，开展重大科学问题研究和前沿技术研发，取得一批重大科技成果，为产业发展集聚创新能量。脑科学与类脑智能产业重点发展脑图谱技术、脑诊治技术、类脑智能等。深地深海产业重点发展深地矿产和地热资源开发利用、城市地下空间开发利用、深海高端装备、深海智能感知、深海信息技术等。可见光通信与光计算产业重点发展可见光通信技术、光计算技术等。量子信息产业重点发展量子计算、量子通信、量子测量等。

（三）浙江未来产业发展面临的挑战

受制于一流高校、大院强所、大国重器偏少，浙江基础研究能力较为薄弱，科技与产业"两张皮"等问题长期客观存在。浙江未来产业发

第二篇 路径研究
第六章 数字经济与培育未来产业

展还面临以下挑战。

（1）战略谋划有待加强，各地对未来产业的认识各不相同，需抓紧研究制定具体指导性、统筹性方案，凝聚发展共识、引导资源投向。

（2）发展思路有待转变，创新资源过于集中杭甬，传统"造平台"的发展模式和路径难以支撑未来产业发展，亟待探索创新资源跨越"物理空间"的流动共享。

（3）支持政策有待创新，现有产业政策偏向于投入产出比较高、发展路径比较明确、法律法规比较健全的产业，对处于长期探索阶段的未来产业布局发展的制度创新供给和要素资源支持力度不足。

（四）浙江未来产业发展方向

围绕三大科创高地建设，优先发展未来网络等9个创新基础良好、成长较快的未来产业；培育发展量子信息等6个力量尚在集聚、远期潜力巨大的未来产业。10年时间，培育一批有影响力的未来技术、创新应用、头部企业和领军人才，形成有竞争力的未来产业体系。

1. 优先发展9个方向

（1）未来网络。加快智能计算理论技术和创新产品突破，探索超高速光电太赫兹通信、高速全光通信、第六代移动通信等前沿技术，推动窄带物联网增强系统与终端设备、新一代网络通信芯片及系统集成等研发及产业化，构建多模态智慧网络。

（2）元宇宙。加强高性能计算芯片研发，突破人机交互、数字孪生技术，推进区块链、交互终端、系统软件、原创内容集成应用。

（3）空天信息。深化低轨卫星互联网、高精度导航定位、高分辨率遥感技术等研究，带动卫星火箭研发设计、空天装备制造、信息终端生产、空天信息应用全产业链发展。

（4）仿生机器人。开展仿生感知认知、生机电融合、人工智能、视觉导航等技术研究突破与系统集成，强化商用场景和个人、家庭应用场景探索。

（5）合成生物。加快发展定量合成、基因编辑、蛋白质设计、细胞设计、高通量筛选等前沿技术，推动合成生物技术在生物智造、生物育种等领域的颠覆性创新与工程化应用。

（6）未来医疗。重点发展细胞与基因治疗、干细胞、核医疗、影像诊断、多组学数据分析、医学人工智能等先进诊疗技术，人造组织与器官、数字药物等医用器械与装备。

（7）氢能与储能。突破超高压或深冷氢能储运、高效催化剂、氢燃料电池、电化学储能等前沿技术，发展高效制氢、储氢、用氢产品，加快在智慧交通、绿色化工等领域应用，推动多能互补。

（8）前沿新材料。重点发展石墨烯、超导材料、生物可降解材料、碳纤维复合材料、新一代 3D 打印材料等领域，加快碳化硅、氮化镓等第三代半导体材料和晶圆制造工艺发展，以新一代材料形成新一代技术装备。

（9）柔性电子。突破柔性电子材料、绿色照明、传感与传感器件技术，支持柔性信息显示、柔性电子器件、柔性电路、柔性穿戴设备等研究及产业化。

2. 探索发展的潜力方向

围绕量子信息、脑科学与类脑智能、深地深海、可控核聚变及核技术应用、低成本碳捕集利用与封存、智能仿生与超材料等 6 个领域的未来产业，加强基础研究和应用研究，取得一批重大科技成果，集聚产业发展创新能量。前瞻布局重点领域未来化发展，积极应对人口老龄化、气候变化、能源危机等挑战，多方向、多路径开展不确定性未来技术预研。

3. 重点培育的创新与产业平台

（1）着力构筑未来技术创新平台。加快推进国家重大科技基础设施建设，围绕三大科创高地重点领域自主谋划建设一批重大科技基础设施，推动源于重大科技基础设施的基础理论发现和原始创新。强化以国

第二篇　路径研究

第六章　数字经济与培育未来产业

家实验室、全国重点实验室为龙头的新型实验室体系建设,加快打造十大省实验室。以杭州城西科创大走廊为主平台,联动推进科创走廊建设,积极争创杭州综合性国家科学中心。建立健全技术(产业或制造业)创新中心体系,建设面向未来产业的新型研发机构,培育一批未来产业技术研究院(学院),加快技术创新和产业孵化。

(2) 提升发展"万亩千亿"新产业平台。按照1个平台聚焦1~2个未来产业的原则,以"万亩千亿"新产业平台为主阵地,大力发展重量级未来产业,积极招引标杆企业和重大项目,加快未来技术创新、未来场景培育、未来生态构建,打造未来产业发展引领高地。推动现有产业链向前沿领域延伸,围绕产业链部署创新链,建设创新服务支撑平台,利用市场机制协调和整合科研、投资、技术转移,构建一批未来实验室、未来工厂、未来社区等典型应用场景,打造一批产业未来化基地。

(3) 争创国家未来产业先导区。支持在科教资源优势突出、产业基础雄厚的高新区、特色小镇等布局建设未来产业先导区,加快构建"源头创新—成果转化—产品开发—场景应用"未来产业培育链,积极争创国家未来产业先导区。加强高水平创新创业综合载体建设,通过"平台＋赋能＋开发者"的组织方式,为未来技术研发、转化提供专业服务支持。强化与山区26县在未来产业领域的产业链优势互补、核心技术协同创新、应用市场开发合作,建设一批未来技术应用平台。

第七章 "地瓜经济"与开放新格局

浙江地处东南沿海开放前沿，开放发展是浙江经济的鲜明标识。以"地瓜经济"来概括浙江开放型经济发展特色，不仅体现了"立足浙江发展浙江""跳出浙江发展浙江"的立意，也蕴含着浙江经济发展的成功经验和实践智慧。在中国式现代化新征程上，通过"地瓜经济"提升能级"一号开放工程"，浙江将实施更大范围、更宽领域、更深层次的对外开放。

一、"地瓜经济"的由来

20世纪七八十年代，改革开放之初，浙江农民洗脚上岸兴办乡镇企业，有成千上万的"采购员"到省外找原材料，找国有企业淘汰的旧机器、找产品市场、找技术指导，可谓"走遍千山万水，想尽千方百计，说尽千言万语，吃尽千辛万苦"。经过十几年的发展，以乡镇企业为"小地瓜"、链接全国市场的初级"地瓜经济"在浙江形成规模。那时的"地瓜经济"带有依托大城市经济的特征，即为大城市制造业做零配件，或者承接国有制造业更新升级后所转移出来的产业，如绍兴的轻纺工业、永康的小五金产业等。

习近平同志主政浙江期间，就这一现象形象地提出了"地瓜理论"：地瓜的藤蔓向四面八方延伸，为的是汲取更多的阳光、雨露和养分，但它的块茎始终是在根基部，藤蔓的延伸扩张最终为的是块茎能长得更加粗壮硕大。针对当时社会各界对于浙商"走出去"是否形成产业转移、会不会带来"空心化"等的疑虑，习近平同志用"地瓜经济"这一形象

第二篇　路径研究
第七章　"地瓜经济"与开放新格局

的比喻揭示了要"在更大的空间内实现更大发展",要"跳出浙江发展浙江、立足全国发展浙江"的战略谋划。

(一)"地瓜经济"与"跳出浙江发展浙江"

浙江经济开放发展以民间自发为主,以民营企业、经营者为主体,在市场机制的基础上,根据比较优势原则推进。但在浙江的开放进程中,政府也起着非常重要的作用。改革开放以来,浙江的区际贸易、国际贸易、区际投资与吸收外资,基本上是按市场经济的发展而进行的。浙江民营经济占主体地位的特点,也使得浙江经济开放更容易按市场规则进行。[1] 经过十几年的发展,以乡镇企业为"小地瓜"、链接全国市场的初级"地瓜经济"在浙江形成规模。

20世纪90年代中期,国内经济软着陆与亚洲金融危机,使得国内消费需求较为低迷,浙商开始由内转外,大力开拓海外市场。尽管民营企业在参与国际市场竞争方面取得了显著的进展,但从总体上看,民营企业开拓国际市场无论是实际规模,还是相对比例都非常小,民营企业普遍感到"国门难出",有的私营企业还在参与国际市场竞争中应声而倒。[2] 关键时期,需要地方政府的有力支持。

与此同时,随着中西部的崛起、长三角一体化的进展,浙江资源瓶颈初现,企业加大了对区外投资,兴起了区际投资热潮。

如何看待浙江资本的走出去,到底是外逃还是外扩?习近平同志对此做出了深入分析:"其一,资本输出是最高层次的输出,是有利可图的。其二,经济为什么出现局部过热?其重要因素就在于钱太多了要寻求投资的出路。其三,我省环境和要素的承载能力要求我们为产业高度化腾出空间。产业高度化必然要求建立企业退出市场的机制,这种机制无非三条路:第一条路是破产淘汰,宣告死刑,这成本太高;第二条路

---

[1] 徐剑锋.浙江开放型经济的若干特点[J].浙江经济,2018(14):15-17.
[2] 王立军,吴美春.我国私营企业开拓国际市场的现实困难分析[J].国际贸易问题,2001(5):9-15.

是凤凰涅槃，死去活来，这要有很高的境界；第三条路就是资本输出，产业转移，低成本扩张，这条路是最简明可行的。其四，民营企业要扩张，要'走出去'，是市场经济规律使然，拦是拦不住的。一方面要乐观其成，为我所用；另一方面要改善我们自身的环境，做到环境留人、政策留人、感情留人、事业留人，留不住也要设法提高'浙江人经济'与浙江经济的关联度。"① 习近平同志的讲话为"跳出浙江发展浙江"，发展开放经济指明了方向。

（二）"八八战略"有关扩大对外开放的重要论述

进入21世纪，随着浙江经济的不断发展和规模的日益扩大，在发展中又遇到许多困难，既有"先天的不足"，又有"成长的烦恼"，原有的一些优势正在减弱，新的矛盾又在产生。浙江的发展正进入一个关键时期，在这个关键时期，结构需要优化、产业需要升级、企业需要扩张、要素需要保障、环境需要保护、市场需要更大的空间、经济增长方式需要从根本上转变。面对产业升级的动力、企业发展的张力、要素制约和资源环境的压力，必须寻找新的出路，拓展新的空间。浙江要在新的起点上实现更快更好的发展，既需要"立足浙江发展浙江"，又必须"跳出浙江发展浙江"。

1. 处理好几个关系

在新的形势下，如何进一步扩大对外开放？必须注意把握以下四个方面。

（1）坚持对外和对内开放相结合，全面提高开放水平。统筹国内发展和对外开放，这是党中央从国内外发展大局出发，针对我国发展的新形势、新任务向全党提出的一个重要要求。我们必须遵循市场经济规律，接轨世界贸易组织规则，充分利用国内外两种资源，努力开拓国内外两个市场，加快内外贸一体化进程，把浙江的开放提高到一个新的

---

① 习近平. 干在实处走在前列——推进浙江新发展的思考与实践 [M]. 北京：中共中央党校出版社，2006：110-111.

第二篇 路径研究
第七章 "地瓜经济"与开放新格局

水平。

（2）坚持扩大开放与深化改革相结合，以开放促改革促发展。改革开放是强国之路，不改革开放，就不能实现经济社会更快更好发展，以开放促改革促发展，是经济发展的必然要求。适应经济全球化和科技进步的新形势，引进世界先进技术和管理理念，必须扩大开放，深化改革。我们要加快涉外经济体制改革，推动开放体制创新，形成稳定、透明的涉外经济管理体制，创造公平和可预见的法治环境。以扩大开放推动改革深化，以大开放促进大发展。

（3）坚持利用外资与结构调整相结合，不断优化经济结构和布局。提高利用外资水平，更好地发挥外资的作用，是浙江优化经济结构的客观要求，要引导外资投向高新技术产业、基础产业和新兴服务业，引进更多的先进技术、管理经验和高素质人才，注重引进技术的消化吸收和创新提高，把引进技术密集型企业与发展劳动密集型企业紧密结合起来，把引进大企业和引进中小企业紧密结合起来，促进经济结构调整，提升产业层次，增强综合竞争力。

（4）坚持"引进来"和"走出去"相结合，积极参与国际竞争与合作。"引进来"与"走出去"是对外开放相辅相成的两个方面，加快引进国外的资金、技术和管理，是为了尽快增强我们的综合实力和国际竞争力，积极"走出去"是为了更广泛地开拓国际市场。我们要在继续做好"引进来"的同时，支持企业"走出去"，鼓励扩大外贸出口，加强国际经济技术合作，让企业到世界经济舞台上去施展身手，到国际市场上去参与竞争。[1]

2. 如何扩大对外开放

2004年3月19日，在浙江省对外开放工作会议上，习近平同志为

---

[1] 习近平. 干在实处走在前列——推进浙江新发展的思考与实践[M]. 北京：中共中央党校出版社，2006：105-106.

— 139 —

全省对外开放指明了方向[①]。

（1）努力增强"走出去"的竞争能力。充分发挥浙江中小企业和区块特色经济的特点和优势，加强专业化分工协作，提高企业组织化程度，连接跨国公司国际营销体系，增强企业开拓国际市场的能力。充分发挥浙江专业市场的优势，鼓励省内大型专业市场到境外兴办分市场，扩大市场辐射能力，支持多种所有制企业"走出去"，重点支持有一定规模实力的大业集团、行业龙头企业、名牌产品企业、高新技术企业、出口创汇企业向境外拓展，发挥示范效应和带头作用。注重市场竞争主体的培育，支持有较强竞争优势的大企业集团，通过兼并、联合、上市等形式，尽快成长为具有较强国际竞争力的跨国公司。

（2）积极探索"走出去"的多种方式。遵循市场规律，借鉴外地和国际成功经验，探索"走出去"的有效方式。鼓励外贸企业到境外设立外贸公司，构筑国际营销网络和采购体系。支持生产企业到境外建立生产基地，收购国外企业，开拓当地的市场。鼓励企业到国外去开发自然资源，缓解资源供给矛盾。鼓励企业到境外设立科研机构和研发中心，利用国外的人才、技术和信息，增强产品开发和科技创新能力。根据国际服务贸易加快发展形势，积极开展对外工程承包、劳务合作、远洋运输、国际旅游，以及境外设计咨询、广告策划、软件开发等服务项目，拓宽"走出去"的渠道，带动设备、技术、产品和劳务出口。

（3）不断创造"走出去"的发展优势。从浙江产业和产品结构实际出发，充分发挥比较优势，支持纺织、服装、丝绸、轻工、食品等劳动密集型产业发展境外投资。鼓励电子通信、计算机软件、精细化工、生物医药等技术密集型产业同跨国公司合作。支持企业到境外开发农业、林业、渔业、矿产等资源。强化企业"走出去"的主体地位，赋予企业更大的境外经营管理自主权，进一步完善对外投资的保函、融资、保险

---

① 习近平. 干在实处走在前列——推进浙江新发展的思考与实践[M]. 北京：中共中央党校出版社，2006：113-114.

第二篇　路径研究
第七章　"地瓜经济"与开放新格局

等政策扶持体系，健全境外投资监管机制，推动浙江企业"走出去"健康发展。①

（4）调整优化外资结构。要充分认识到利用外资的作用，而不能将内生机制与外生机制分割开，不重视用外力来推动发展。用地指标紧张，要求我们变"招商引资"为"选商引资"，从追求数量向追求质量转变，但这并不是说不要数量，特别是 1000 万美元以上、有利于推进结构调整的大项目，一旦选准了，就要提供好一条龙服务。②

（三）"地瓜经济"新发展

2012 年之后的 10 年，受中美贸易摩擦和新冠疫情影响，在曲折中升级。对外非金融类直接投资存量方面，浙商企业在 2017 年达到历史最高值 983.9 亿美元，2018—2020 年，这个存量有所下降，但是在 2021 年回升至 823 亿美元。总的看来，在 2012—2021 年，浙商对外投资的存量增长了 7 倍。

这一阶段浙江的"地瓜经济"具有一些重要特点：①"地瓜"做大了。与 2010 年前相比，浙商对外直接投资存量从不到 60 亿美元增长到 2010 年的近千亿美元。②布局更自觉。过去，浙商企业走出浙江时，往往是遵从"bottom-up"（自下而上）的模式，即企业到省外、国外发展，遇到什么机会就抓住什么机会。而现在，企业向外发展开始有"top-down"（自上而下）模式了，即企业选择什么产业、在什么地区投资，也要同时考虑公司的发展使命和战略定位。③产业结构有提升。浙商对外直接投资更靠近世界技术与产业价值链高端前沿，重视在东南亚、中美洲的布局。③ ④民营企业是主力军。2023 年，浙江省投资项目遍布六大洲的 153 个国家和地区，其中 95% 以上由民营企业投资。④

---

① 习近平. 干在实处走在前列——推进浙江新发展的思考与实践 [M]. 北京：中共中央党校出版社，2006：113-114.
② 同①，引自 115 页.
③ 平新乔. "地瓜经济"的进化和实践启示 [N]. 浙江日报，2023-05-08 (7).
④ 朱承. 浙江民营企业出海蹄疾步稳 [N]. 浙江日报，2024-03-17 (1).

二、高水平对外开放

改革开放以来，浙江整体布局不断向外拓展，主动融入国家战略与世界经济大舞台，取得了不凡的成就，成功实现了对内对外开放、深度融入全球的转变，实现了从外贸大省到开放大省、开放强省的跨越，形成了内外联动、全方位对外开放新格局，为全国高质量发展、高水平开放提供了浙江样本。

（一）浙江开放的历史沿革

浙江对外开放布局从改革开放初期的小规模、特定领域、区域型开放加快向沿海内陆全面协调、国内国际双向开放的格局方向不断优化。

1. 改革开放初期至21世纪初：沿海开放引领

十一届三中全会后，浙江立足省情，发挥优势，抓住机遇，率先推进改革开放，在开放发展的道路上不断开拓进取，以沿海地区为重点部署对外开放重点区域。1978年，国务院批准浙江为对外贸易口岸。1979年6月，宁波港正式对外开放。1980年起全面自营出口，由出口供货省向口岸省转变。1984年，宁波和温州成为全国首批对外开放沿海城市，同年宁波经济技术开发区正式设立，成为全国建区最早的国家级经济开发区之一。1994年，外贸经营权由审批制改为登记和核准制，当年批准设立52个省级经济开发区。1996年，浙江率先在全国形成了"县县有外贸"的外贸发展格局。2001年12月，随着我国成功加入世界贸易组织（WTO），浙江紧紧抓住机遇，时任省委书记习近平同志在2003年提出"八八战略"，浙江对外开放进入新阶段。至21世纪初，浙江已基本形成以杭州、宁波、温州为中心，国家级、省级开发区为先导，由沿海开放地区向全省其他地区梯度推进的全方位对外开放格局。

2. "九五"至"十三五"时期：全面协调开放

"九五"计划纲要中浙江首次提出要逐步建立以中心城市和沿海港口为依托，形成沪杭甬和杭宁高速公路沿线、温台沿海、浙赣和金温铁

第二篇 路径研究
第七章 "地瓜经济"与开放新格局

路沿线"三区三带"区域经济开放布局。"十五"计划纲要提出要充分发挥浙江的区位优势和深水港优势，呼应浦东开发开放，主动融入长三角地区经济的协调发展。"十一五"规划提出以杭州、宁波为战略支点，充分发挥嘉兴、湖州近沪经济走廊、绍兴吴越文化、舟山深水港资源、台州民营经济等比较优势，进一步融入以上海为龙头的长三角世界级城市群。"十二五"规划首次提出优化海洋空间开发格局，构建"一核两翼三圈九区多岛"总体布局，构建浙江海洋经济发展方式转变和城市新区培育的主要载体。2016年编制的《浙江省开放型经济发展"十三五"规划》描绘了"十三五"时期开放型经济的发展蓝图，提出建设"两通道、四高地、长三角区域协同发展"的综合格局。其中"两通道"即建设义甬舟开放大通道和构建沿海开放大通道；"四高地"即打造以宁波—舟山为核心、面向环太平洋经济圈的海上门户，构筑以杭州为龙头的"网上丝绸之路"战略枢纽，打造以金华—义乌为重点、连接"一带一路"的战略支点，创建以温台为龙头的民企民资参与"一带一路"建设先行区。至此，浙江开始向全面协调开放的布局转变。

3. "十四五"以来，围绕"地瓜经济"提能升级的双向循环开放

《浙江省商务高质量发展"十四五"规划》（以下简称《规划》）提出，要"建设国际'一带一路'重要枢纽，大力开拓以长江经济带和长三角一体化为主的国内市场，并以'四大建设'优化省内布局"。该《规划》立足新发展阶段，贯彻新发展理念，构建了新的省内外开放发展格局，并以"一带一路"建设为统领，提出要深化高水平开放，打造国内大循环战略支点和国内国际双循环的战略枢纽，为争创社会主义现代化先行省提供强大动力和战略支撑，为一个时期内浙江高水平开放布局进行了合理谋划。2023年新春第一会上，浙江省委、省政府提出要打造"地瓜经济"提能升级"一号开放工程"，《浙江省"地瓜经济"提能升级"一号开放工程"实施方案》中提出要完善省域开放布局，建设"一带一路"重要枢纽，纵深推进义甬舟、金丽温两大开放通道建设，着力建设杭州、宁波、金义、温台四大开放高地,并积极参与国内区域合作与发展,这对新时期浙江优化区域开放布局提出了新的谋篇设想。

(二)开放发展主要成绩

党的十八大以来,浙江深入贯彻稳外贸、稳外资、优结构、稳增长、提质量的政策措施,加快传统产业转型升级,加大对外贸主体的支持力度,积极拓展对外贸易,培育对外贸易新业态、新模式,坚定不移稳产业链、供应链、资金链,实现货物贸易高质量增长,对外贸易迈上新台阶。

1. 对外贸易迈上新台阶,领头羊地位更加稳固

一般贸易发展迅速。浙江一般贸易进出口从2012年的1.53万亿元发展到2021年的3.25万亿元,增长了1.1倍,年均增长8.8%。其中,出口从2012年的1.13万亿元发展到2021年的2.37万亿元,年均增长8.5%;进口从2012年的3942亿元发展到2021年的8863亿元,年均增长9.4%。

贸易模式创新优化。跨境电子商务由浙江最早提出,2013年,全国首个跨境电子商务产业园在杭州开园运行,2015年3月,全国首个跨境电子商务综合试验区获批,2021年,在全国率先实现跨境电子商务综合试验区全省域覆盖,跨境电子商务规模稳居全国前列。据浙江省商务厅统计,浙江跨境电子商务进出口从2015年的85亿元发展到2021年的3303亿元,规模约占全国的1/6,居全国第2位,年均增长83.9%;市场采购贸易方式自2014年正式落户义乌以来,取得快速发展,市场采购出口从2015年的1766亿元发展到2021年的3612亿元,年均增长12.7%,占比从2015年的10.3%提升至12.0%。

民营企业"稳定器"地位进一步增强。民营企业进出口总额从2012年的1.13万亿元发展到2021年的3.14万亿元,年均增长12.0%,比全省进出口年均增速高3.4个百分点,占全省进出口总额的75.8%,比2012年提高18.4个百分点。其中,出口从2012年的8894

亿元发展到 2021 年的 2.46 万亿元，年均增长 12.0%，占比比 2012 年提高 18.9 个百分点。

国有企业"加速器"作用进一步显现。国有企业进出口总额从 2012 年的 1871 亿元发展到 2021 年的 3365 亿元，增长 79.9%，年均增长 6.7%。其中，进口从 2012 年的 571 亿元发展到 2021 年的 1938 亿元，年均增长 14.5%，高于全省进口年均增速 6.3 个百分点、高于民营企业进口年均增速 2.4 个百分点，占全省进口的比重由 10.3% 提升到 17.2%。

2. 利用外资实现新提升，投资合作迈出新步伐

利用外资实现新提升。新批外商直接投资项目从 2012 年的 1597 个增加到 2021 年的 3547 个，增长 1.2 倍，年均增长 9.3%；实际使用外资从 2012 年的 83.3 亿美元发展到 2021 年的 183.4 亿美元，居全国第 5 位，年均增长 9.1%。2013—2021 年实际使用外资累计 1143 亿美元。其中，第三产业实际使用外资持续保持良好势头，从 2012 年的 44.8 亿美元发展到 2021 年的 131.5 亿美元，年均增长 12.7%，占全省实际使用外资的比重由 53.7% 提升至 71.7%。

对外投资合作迈出新步伐。2013—2021 年，浙江经备案、核准的境外企业和机构共 6039 家。境外直接投资备案额由 2012 年的 38.9 亿美元发展到 2021 年的 89.9 亿美元，增长 1.3 倍，年均增长 9.7%，2013—2021 年累计境外直接投资备案额 1022 亿美元；国外经济合作营业额由 2012 年的 38.3 亿美元发展到 2021 年的 79.95 亿美元，年均增长 8.5%，2013—2021 年累计国外经济合作营业额 594 亿美元。

3. 自贸试验区激发新动能，开放平台助力畅通双循环

自贸试验区发展成绩斐然。浙江自贸试验区 2017 年 4 月正式在舟山挂牌，至 2021 年，舟山自贸试验区共新增注册企业 34818 家，实际使用外资 9.9 亿美元，外贸货物进出口 4923 亿元，其中油品进出口 3480 亿元。2020 年，浙江自贸试验区实现历史性突破，在全国率先实现赋权扩区，扩区后的自贸试验区 2021 年新增注册企业 4.3 万家，实际使用外资 25.3 亿美元，外贸货物进出口总额 7726 亿元。其中，舟山自贸试验区新增注册企业 8954 家、实际使用外资 2.6 亿美元、外贸货物进出口 1951 亿元、油品进出口 1445 亿元，分别比 2017 年增长 1.1 倍、1.7 倍、7.4 倍和 8.2 倍。

陆海内外联动，全面开放格局取得新拓展。宁波舟山港年吞吐量再创新高。2021 年，宁波舟山港完成货物吞吐量 12.24 亿吨，比上年增长 4.4%，连续 13 年居全球第一；完成集装箱吞吐量 3108 万标箱，比上年增长 8.2%，成为继上海港、新加坡港后全球第三个 3000 万级集装箱大港。"义新欧"中欧班列自 2014 年 11 月开出第 1 列班列后发展迅速，截至 2021 年，运行线路增加至 19 条，覆盖欧亚 120 多个城市，共开行班列 4455 列，发运 36.5 万标箱，其中，2021 年开行 1904 列，发运 15.7 万标箱，分别比 2015 年增长 53.4 倍和 72.7 倍。[1]

（三）打造高能级开放强省

浙江将深入实施"地瓜经济"提能升级"一号开放工程"，深度服务共建"一带一路"大格局，全面融入长三角一体化发展和长江经济带高质量发展，提升制度型开放和贸易投资便利化水平，着力打造高能级开放强省。

1. 聚焦制度型开放，抢占未来话语权的制高点

（1）创新发展跨境电子商务。加快杭州、宁波、义乌跨境电子商务综合试验区建设，推动 1210 和 9610 出口模式运邮常态化，探索将 C 类快件纳入货物的一体化通关管理，推进邮件和 A 类、B 类快件通关整合。鼓励跨境电子商务企业建设国际转口配送基地，依法与结算银行、支付机构开展人民币计价、结算。试点开展寄递渠道进口个人物品数字清关模式，推进药品及医疗器械跨境零售进口。完善跨境电子商务进口

---

[1] 何伟平. 持续扩大高水平对外开放全面开放新格局加快形成——党的十八大以来浙江经济社会发展成就系列分析之九［EB/OL］. 浙江省统计局网，2022-10-04.

退货处理机制，开展海关特殊监管区跨境电子商务出口商品退货试点。探索开展全球库存同仓存储、自由调配，实现内外贸货物、退换货商品一仓调配。建设具有国际影响力的进口商品展销平台，打造进口商品"世界超市"。

（2）大力发展数字贸易。深化杭州服务贸易创新发展试点，构建"互联网＋服务贸易"新体系，逐步推进服务贸易数字化。鼓励以市场化方式推进世界电子贸易平台（eWTP）全球化布局，推进 eWTP 进口"数字清关"项目。加快数字贸易平台和载体建设，举办全球数字贸易博览会。加快数字服务出口，将杭州高新区物联网产业园打造为国家数字服务出口基地。建设数字贸易综合服务平台，打通支付、关汇税通道。探索在跨境数字贸易中应用区块链技术。推进服务外包转型升级，创新发展信息通信、软件、金融、物联网服务外包，开拓"一带一路"沿线市场。

（3）加快数字经济领域规则制定。加快建设国家科技标准创新基地，做大做强浙江（义乌）国家标准技术审评中心，加强数字贸易研究和数字贸易标准化建设，加强产业间知识和技术要素共享。加强数字贸易规则研究和国际合作，探索数字确权。

（4）深化市场采购贸易。加快义乌国际贸易综合改革试验区建设，创新市场采购进出口贸易机制。提升市场采购贸易通关便利水平，创新多种贸易拼箱货物运输单证签发、流转机制。开辟外国人来华采购快捷通道，便利有常驻记录的外商入境。完善市场采购贸易方式监管机制，规范组货人管理。支持义乌依托小商品城等建设国家级进口贸易促进创新示范区，健全海关税款担保机制。

2. 聚焦双向开放，打造国内国际双循环的新"黄金甬道"

（1）强化"四港"联动。对标国际，构建设施水平、国际化水平、航运水平、服务水平四大指标体系。争取宁波舟山港建设口岸型国家物流枢纽，推动义乌国际陆港一体化发展，在义乌建设"第六港区"。在有效监管、风险可控的前提下实施启运港退税政策,争取金华、义乌等海铁联运机场站成为启运港、宁波舟山港为离境港。建立多式联运转场机制,促进海港功能和口岸功能向义乌港、浙中多式联运枢纽港等延伸。推动简化开辟至共建"一带一路"国家和地区国际航线的经营许可审批程序,落实开通第五航权航线。探索航空中转集拼业务。争取在海关特殊监管区外开展全球航空维修业务。

(2) 推进中欧班列民营化高质量运营。推进中欧班列(义新欧)的常态化运营,积极扩大进口,依托进口肉类、冰鲜水产品指定监管场地,开通"义新欧"定制冷藏班列。推进中欧班列(义新欧)便利化,依托国际贸易"单一窗口"铁路运输国家试点项目,推进信息共享和电子数据传输交换,推动班列向数字化、信息化转型。加速创新班列经营模式和经营业务,提高班列附加值和盈利能力。构建复合型多式联运通道,向西畅通欧洲、俄罗斯、中亚等贸易通道,向南开辟通达越南等东盟国家,进而辐射澳新、中东等区域的多式联运线路,向东对接义甬舟开放大通道,发展日韩等亚太国家与共建"一带一路"国家间的国际中转业务。

(3) 构建国际物流运输体系。建设全球快递智能骨干网络,搭建快递智控服务平台。推动快递物流指数成为全球航运物流风向标。建立浙江省国际快递物流出海网络联盟,整合平台型快递物流企业及现有海外仓和境外分拨中心。实施快递出海计划,在境外关键节点组建境外自主分拨体系。支持物流企业在RCEP区域市场和中亚、欧洲、北美等重点国家开展本地网络建设。

3. 聚焦国际竞争力,支持浙江企业积极参与高水平国际竞争与合作

(1) 建立动态梯度培育体系。重点围绕绿色经济、数字经济、生命健康高端制造和尖端技术领域,建立动态培育库管理机制;进一步完善指标体系和数据收集监测平台,建立梯度培育机制,加大服务的针对性和精准度；支持和引导企业开展全球链式布局，鼓励"领航企业"率先布局重点国别区域产业链、供应链关键节点，带动中小民营企业拓展海外发展空间。

（2）加大总部集群培育力度。支持企业做大做强浙江总部，将省内总部打造成为全球运营中心、管理中心和研发中心；引导企业将境外利润、优质并购项目、优质资源要素等引进来；支持"领航企业"联合建立面向全球的新型研发机构，组建高水平的创新基地和创新联合体。

（3）引导跨国经营创新发展。鼓励企业发挥优势开展对外投资，获取境外企业的优质品牌、高端技术和海外市场及战略资源；支持企业探索国际合作新模式，与投资目的国龙头企业合作，和发达国家跨国公司开展第三方市场合作，贯彻落实合作共赢理念。

（4）引导推进合规体系建设。指导企业加强全球合规体系建设，组织合规培训，引导完善合规管理机制；把合规建设作为本土民营跨国公司评价的重要内容，树立浙江企业积极履行社会责任的良好形象。[1]

三、内外贸一体化

内外贸一体化是指国内贸易和国际贸易互相融合、协调发展，随着时间推移其内涵不断得到丰富。在计划经济时期，我国内贸和外贸的管理相对割裂，政府管理部门对国有企业经营采取行政干预式管理。改革开放之后，市场对资源配置的决定性作用逐步凸显，此时内外贸一体化主要指内贸与外贸的管理体制从分割逐步实现融合。"入世"之后，2003年组建商务部，负责内贸管理和外贸管理职能的部门实现合并，是我国内外贸管理开始走向一体化的里程碑事件。当前，我国外贸发展仍面临不确定因素，加快内外贸一体化发展是构建新发展格局、推动高质量发展的内在要求。2023年12月11日，国务院办公厅印发《关于加快内外贸一体化发展的若干措施》，明确宏观政策风向，旨在扩大内

---

[1] 袁卫, 陈益琳. 推动民营企业稳健"走出去"[J]. 今日浙江, 2022 (24): 36-37.

需、稳定企业、促进经济发展。

(一) 内外贸一体化是构建新发展格局的新机遇

1. 内外贸一体化是畅通国内国际双循环的关键一招

内贸和外贸,是连接生产消费、对接国内外市场、畅通国内国际双循环、建设强大国内市场和形成国际竞争新优势的关键环节。加快构建新发展格局,要求内外贸领域立足超大规模市场优势,顺应国内外需求,特别是国内需求变化的新要求,加快形成供求相互适配相互促进、创新驱动强劲、供应链衔接紧密、国内国际市场高效连通和一体化的强大市场功能,将规模巨大、多元创新的国内需求及其带动的相关投资需求,更加有效地转化为我国经济发展的巨大动力和国际市场吸引力,更好地促进国内大循环顺畅高效运行,实现国内国际双循环的互动发展。

2. 内外贸一体化发展将为经济高质量发展提供强大支撑

流通体系在国民经济中发挥着基础性作用,构建新发展格局,必须把建设现代流通体系作为一项重要战略任务来抓。在社会再生产过程中,流通效率和生产效率同等重要,是提高国民经济总体运行效率的重要方面。为此,内外贸领域要深入推动供给侧结构性改革,加快建设系统完备、创新引领、协同高效的现代流通体系,充分激发和调动内外贸一体化发展的活力,提升创新能力和国际竞争力,提高对国内外商品资源的配置效率。通过内外贸一体化的高质量发展,实现经济体系畅通和运行效率提升,更好地发挥促进生产和消费双升级的支撑带动作用,更好地为高质量发展提供强大支撑。

3. 内外贸一体化发展是加快建设全国统一大市场的必然要求

统一市场是发达市场经济的重要标志,是大国经济实现高质量发展的制度基础。进入新发展阶段,作为发展中大国,加快建设全国统一大市场,极为迫切和必要。内贸领域是我国统一大市场建设的先行领域,加快推动内外贸一体化,首要任务是推动内贸领域提高政策统一性、规则一致性、执行协同性,形成更加完备的标准、制度、规则、治理等体系。破除各种封闭小市场、自我小循环，有利于推动内贸领域高效畅通和规模拓展，形成供需互促、产销并进、畅通高效的国内统一大市场，也有利于更好利用统一大市场的规模优势吸引全球要素和资源，更好地对接全球市场，为内外贸一体化提供强大国内市场支撑。

4. 内外贸一体化有利于进一步加快制度型开放

随着百年变局加速演进，外部环境更趋复杂多变，全球市场规则、贸易规则进入调整变革的新阶段。推动内外贸一体化，有利于我国借助国际市场长期形成的通用国际规则改善和提升国内营商环境、加快推动内贸制度体系的完善和与国际市场规则标准的统一，实现制度型开放，增强我国在全球经贸领域的竞争优势和在国际经贸规则重塑中的话语权，更好地融入国际经济循环。[①]

（二）浙江内外贸一体化发展的基础

2023年1月，商务部等14部门联合印发关于开展内外贸一体化试点的通知，明确首批9个国家内外贸一体化试点地区名单，浙江省（含宁波市）入选。据浙江省商务厅统计，全省经营内外销业务的企业约有1万家，占外贸企业总数的12.3%；其中内销额占比20%~80%的企业约有3000家。浙江着力于服务和融入新发展格局，在完善内外贸一体化调控体系，促进内外贸法律法规、监管机制、经营资质、质量标准、检验检疫、认证认可衔接等方面积极创新、先行先试，具备了内外贸一体化发展的基础。

1. 加强顶层设计，搭建"四梁八柱"

浙江省领导领衔重点课题"推动内外贸一体化发展 打造内外贸一体化有效贯通枢纽"。在全国率先出台《关于加快推进内外贸一体化发展的若干意见》，发布《浙江省内外贸一体化发展报告（2021）》。省级16部门联合制定内外贸一体化改革试点工作方案，梳理7个方面29项

---

① 王微．创新体制机制促内外贸一体化[N]．经济日报，2022-06-20（6）．

重点任务清单，形成工作合力。

2. 突出示范引领，培育优质主体

实施"领跑者"计划，已经累计培育6批内外贸一体化领跑企业827家，内外贸一体化改革试点产业基地84家，示范带动作用明显。例如，浙江三一装备有限公司在不同的市场背景和案例需求下，实现大吨位重型设备机型国内外通用；诸暨市铜材精密制造内外贸一体化改革试点产业基地成为全国示范，铜管产量占全国的70%以上。组织实施省"尖兵""领雁"研发攻关计划，新取得262项进口替代成果。

3. 提升质量标准，丰富产品供给

推进品牌化、标准化、智能化发展，全面提升"浙江制造"国内外市场竞争力，2022年度新增"浙江制造"标准421项、"品字标"企业1272家。持续推进内外贸产品"同线同标同质"，推广"一次认证、多国证书"国际认证互认模式，已取得证书350张；搭建"三同"在线平台，已注册企业783家，上线产品1301种。联合网易严选、淘宝天猫开通省内外贸"三同"产品销售专区，产品销售量超过80万件，销售额突破1亿元。

4. 搭建平台载体，助推产业发展

实施浙货行天下"百城千企万亿销售"工程，组织开展浙江外贸优品"六进"和数字生活新服务行动。借助中国国际进口博览会、中国进出口商品交易会等重点进出口展会推动外贸进出口企业与商贸流通企业开展供需对接，2022年出口转内销金额超过1300亿元。跨境电子商务综合试验区全省域覆盖，62个省级产业集群开展跨境电子商务发展试点，新增出口活跃网店2.8万家。义乌小商品市场、柯桥轻纺城等5个市场采购试点深入推进，带动10万内贸中小微企业开拓国际市场。

5. 优化服务保障，营造最优生态

创新实施金融支持浙商境内外双循环一体化发展行动计划。例如，宁波积极发展国内贸易信用保险，助力外贸企业融入双循环，2023年上半年，中国信保宁波分公司支持内外贸一体化总保额突破 200 亿美元。[1] 全省 109 所高、中职院校开设跨境电子商务、国际商务等 9 个内外贸一体化相关专业，在校生达 4.3 万余人。出台《关于进一步加强职业技能培训工作的意见》，培训（跨境）电子商务师 2.6 万人次。贸点点等第三方专业服务机构为专注生产、研发等环节的外向型企业提供专业服务，推动外向型企业实现内外贸一体化。

6. 聚焦数字赋能，提升治理能力

以"定单＋清单"系统为底座，在玉环、德清试点建设内外贸一体化服务、治理在线两大应用，服务企业超 4000 家、销售额增速超 40%。迭代升级"科技企业成长在线"数字化场景，活跃企业数超过 8.7 万家。编制出台《浙江省公共信用信息目录（2022 版）》，常态化开展数据监测、异常预警。

（三）加快内外贸一体化发展思路

当前，在我国推进内外贸一体化的过程中，存在内外贸政府管理制度仍需优化、标准认证衔接不紧密、企业经营方式差异较大、法律环境不够协调、市场分割仍然存在等问题，[2] 未能适应内外贸一体化高质量发展的要求。浙江将以入选国家内外贸一体化试点地区为契机，对标对表试点工作方案，构建内外贸一体化发展的产品体系、产业体系、企业运营体系、生态体系、政府治理体系，畅通市场要素循环，促进内需和外需、进口和出口协调发展，推动内外贸一体化顺滑切换，打造具有浙江辨识度的标志性成果。

1. 促进内外贸规则制度衔接

推动内外贸法规制度完善。全面梳理市场主体开展内外贸经营活动时遇到的制度性障碍，提出完善内外贸一体化的问题清单和需求清单，

---

[1] 周东洋. 我国内外贸一体化试点取得初步成效［N］. 中国贸易报，2023-12-21（01）.
[2] 姜照，董超. 高质量视域下推进我国内外贸一体化发展研究［J］. 国际贸易问题，2023（2）：3-11.

推动在《浙江省国际经贸合作促进条例》立法中完善有关制度规范,为内外贸一体化工作提供法制保障。制定出台《浙江省公平竞争审查办法》配套规定,实施不当市场干预行为问题整改和典型案例约谈通报制度。

促进内外贸监管体制衔接。持续开展妨碍统一大市场和公平竞争问题专项整治,破除地方保护和市场分割,促进内外贸资源要素顺畅流动和内外资企业公平竞争。推动建立急需紧缺医药物资监测预警、信息共享和快速响应机制,允许在紧急情况下采购国外先进医疗设备和其他医疗资源。落实简化食药物质进口程序工作,做好政策宣贯和企业服务指导;争取在监管方式成熟、国内需求旺盛的中国—中东欧国家博览会、全球数字贸易博览会等展会上展出的进口展品在浙江省内销售。

高标准与国际经贸规则对接。推进自由贸易试验区、经济开发区、综合保税区等平台融合发展,加快数字贸易示范区建设,加快落地RCEP,对标对表CPTPP、DEPA等国际经贸规则,推进规则、规制、管理、标准等制度型开放,拓展企业国际发展空间。加强国际产业合作园和境外经贸合作区的对接合作,共建跨境产业链、供应链,提升国际投资便利化水平。

2. 培育内外贸并重发展的企业主体

开展"领跑者"行动。以生产、流通(大宗商品、生产资料、农产品、供应链)为重点领域,培育壮大一批具有国际竞争力、内外贸并重的内外贸一体化"领跑者"示范企业、产业基地,并探索建立总量控制、动态调整、有进有出的管理机制。鼓励有条件的大型商贸、物流企业"走出去",加强资源整合配置,优化国际营销体系。

加快内外贸品牌建设。深化"品字标"区域公共品牌建设,加强"品字标"+浙江制造、浙江农产、浙江服务等品牌培育。实施农业品牌目录制度,发展绿色、地理标志和名特优新农产品公共品牌。支持符合条件的产业园区、产业集聚区创建全国质量品牌提升示范区。依托国家外贸转型升级基地建设,加快"浙江出口名牌"创建。培育一批浙江特色品牌厂商折扣店。实施浙江新消费品牌培育三年行动计划,建设和认定一批新消费品牌孵化基地。推动老字号守正创新,打响国潮国货品牌的国内外知名度。推进知识产权管理国际标准实施国家级试点,梯度培育国家知识产权示范优势企业、省知识产权示范企业,提升品牌综合竞争力。

支持内外贸企业创新发展。加强外贸新业态、新模式及相关政策宣传和业务培训,支持内贸企业采用跨境电子商务、市场采购贸易等方式开拓国际市场。推动境外经贸合作区提质升级,鼓励内外贸企业以合作区为平台开展跨国经营。创新海外销售渠道,大力推进国际营销体系建设,鼓励企业设立批发中心、售后维修等网点,优化海外仓布局,提升浙江产品在国际市场的话语权、定价权。引导中小微商贸企业围绕提供高品质生活服务和专业化生产服务两个方向,挖掘细分市场潜力,拓展经营服务范围,提升创新能力和专业化水平,更好地实现特色化、品质化、品牌化发展。

3. 提升产品质量标准认证一致水平

促进内外贸标准衔接。推动建立国际标准提案储备机制,提高企业国际标准提案成功率,为企业参加国际标准制定提供更加便利的路径和措施。实施标准国际化跃升工程,面向数字经济、生物经济、营商环境、共同富裕、碳达峰碳中和等急需和未来领域,加强浙江特色产业技术标准与国际标准兼容,鼓励国内国际标准化协同发展。持续开展共建"一带一路"国家和地区重点出口产业的市场准入、标准及技术法规对比研究,优化国内国际标准服务。推进国家级服务业标准化试点(商贸流通专项)工作,深化典型案例应用推广。

促进内外贸检验认证衔接。落实检验检疫电子证书国际联网核查工作要求,推动与更多国家开展检验检疫电子证书国际合作。引导境内外检测认证机构深度合作,推动"品字标浙江制造"认证国际合作互认,推广"一个标准、一次检测、一次认证、多国证书"模式。推动建立政府、行业、社会等多层面认证采信机制，推进碳足迹数据库与长三角、粤港澳等区域的互认共享。积极向企业宣贯进出口商品检验采信政策，引导符合资质要求的检验检测机构参与进出口商品检验采信。加强对出口转内销产品强制性产品认证绿色通道的政策宣传。

推进内外贸产品同线同标同质。深入推进"三同百县千品万亿"行动，建立"三同"产品认定目录，制定"三同"产品认证标准，优化"三同"产品认定方式，畅通"三同"产品认定渠道。整合优化电子商务平台资源，搭建"三同"产品销售专区，为全省"三同"产品开辟优质销售渠道。支持"三同"产品进驻各类内外贸融合展会平台，加大市场推广力度。

第八章　乡村振兴与高水平城乡一体化

处理好以县城为重要载体的城镇化与乡村全面振兴战略之间的关系，对于构建新型工农城乡关系、实现我国现代化目标具有重要意义。浙江省在"八八战略"指引下，以"千万工程"为抓手，有效推进乡村全面振兴。同时以县城为重要载体的城镇化，较好地缩小了城乡差距，实现高水平城乡一体化。

一、"千万工程"与乡村振兴

2003年6月，时任浙江省委书记习近平同志亲自谋划部署了"千村示范、万村整治"（简称"千万工程"）的战略决策。实施20年来，这一战略指引浙江全面塑造宜居宜人的农村人居环境、全面激活创业创富的农村发展动能、全面理顺互动互促的城乡一体关系、全面提升和乐和美的农民生活品质、全面提升善治善成的乡村治理水平，以生态美乡村、产业强乡村、融合兴乡村、惠民暖乡村、党建引乡村的路子越走越宽，探索走出了一条加强农村人居环境整治、全面推进乡村振兴、推动美丽中国建设的科学路径。

（一）有关"千村示范、万村整治"工程的部署

浙江省委、省政府十分重视实施"千村示范、万村整治"工程，成立了协调小组和办公室。省协调小组根据省委、省政府的部署，组织省有关部门在制定年度计划、研究政策措施、编制建设规划、开展试点建设等方面，做了大量的工作。浙江省委农村工作领导小组办公室（以下简称省农办）会同有关部门研究制定了一系列政策文件；省建设厅研究

制定了《村庄规划编制导则》，并积极开展基层专业人员技术培训，为各地开展规划编制和整治建设提供支撑；原省国土资源厅专门制定支持村庄整治和新村建设的土地政策；省财政厅对资金筹措、资金管理、整合财力等问题进行了专题调研和组织落实；省委组织部、省委宣传部等部门也都结合本部门职能，积极参与工程建设工作。全省各地结合实际，在编制规划、制定政策、开展试点等方面做了积极有效的探索。总结工程实施三年来的做法，2005年8月3日，在"千村示范、万村整治"工程嘉兴现场会上，习近平同志对这一工作进行了部署。①

1. 建立健全体现群众愿望、时代特征、与时俱进要求的建设扩容机制

（1）从单个村庄的整治建设扩大到连片整乡的整治建设。发达地区和有条件的经济强县（市、区），对所有的村庄都要进行整体的规划整治建设，建设一批全面体现小康水准的农村新社区。

（2）既要抓村容村貌的改善，又要抓生态环境的长效治理，注重建立城乡联动的垃圾和污水集中处理网络体系。特别是欠发达地区和山区县要把村庄整治建设的重点放到生态环境整治上，推广衢州、丽水的经验，从花钱少、见效快的农村垃圾集中处理、村庄环境清洁卫生入手，推进村庄整治建设。

（3）把中心村集聚建设与城乡公共服务网络体系建设紧密结合起来。以中心村为重点，建设农民集中居住的农村新社区；以新农村社区为连接点，把城镇的公共交通、医疗卫生、文化教育、电信电视、信息服务等公共服务引入农村新社区。还要开展形式多样的科技文化普及和思想教育活动，提高农民群众的整体素质。

（4）因地制宜地把村庄整治建设与特色产业的开发结合起来，认真总结推广安吉、临安等地大力开展以优势产业为依托的特色村建设的经

---

① 习近平．干在实处走在前列——推进浙江新发展的思考与实践[M]．北京：中共中央党校出版社，2006：164-168.

第二篇 路径研究
第八章 乡村振兴与高水平城乡一体化

验。城郊地区要结合城中村、镇中村改造，自然村整理，中心村建设，引导村集体积极发展物业经济、休闲农业；纯农区、山区、渔区要结合生态富民家园的建设和各乡村的特色优势产业，打响绿色农业村、红色旅游村、蓝色渔乐村、古色古香的文化村等特色村的品牌。

2. 建立健全体现资源节约和城乡一体化导向的科学规划体制

"千村示范、万村整治"工程，一定要走资源节约和城乡一体化发展的建设路子。按照进一步提升城市化和推进城乡一体化发展的要求，进一步修编完善现有的城镇体系规划和村庄布局规划。土地利用总体规划的修编一定要与完善后的城镇体系规划和村庄布局规划及整治建设规划相衔接，为今后几年的城镇建设和"千村示范、万村整治"工程打下基础。在完善空间布局规划的同时，按照城乡一体化的要求，进一步完善各类基础设施建设、产业发展、生态环境保护等规划，并做好规划间的衔接工作，切实防止规划与规划的扯皮。

3. 建立健全政府主导、农民为主体、社会参与的投资建设机制

推进"千村示范、万村整治"工程既是政府的责任，也是农民自己的事情，社会各界都有参与建设的责任。为此，必须通过建立一个政府主导、农民为主体和社会参与的有效机制来推进工程建设。应该进一步强化党委、政府在工程建设中的主导作用，加大资金投入和政策支持的力度，对村庄整治所需资金，政府要采取从财政预算内安排一部分，从土地出让金中提取一部分，部门项目配套一部分和规费收取减免一部分的办法来解决。在充分发挥政府主导作用的同时，要重视调动农村基层组织和广大农民群众参与整治的积极性，使村庄整治建设成为农民群众的自觉行动，村民和集体都要为建设美好家园做出贡献。投工投劳集资要坚持"自愿、自助"原则，提倡有钱出钱、有力出力，不搞按人头摊派，鼓励先富起来的人多做贡献、鼓励社会力量参与整治建设。

4. 建立健全改革先导、城乡互动、政策配套的制度创新机制

重点是要进一步探索和推进土地制度方面的改革，包括征地补偿制度、宅基地置换流转制度、村级集体留用地制度、土地股份合作制度等方面的改革和政策的完善。要简化村庄整治建设和村庄整理项目立项审批程序，规范和减少有关规费。要积极推进社区股份合作制改革，落实好村集体留地安置政策，大力发展集体物业经营，实现集体有物业、农户有股份，探索建立农民和集体的财产增值与财富积累机制。同时，还要按照农村税费改革的总体要求，积极推进乡镇管理体制综合改革，进一步深化户籍制度、农村社会保障制度、农地流转制度等方面的改革。

5. 建立健全领导挂帅、部门协同、分级负责的工作推进机制

"千村示范、万村整治"是一项综合性系统工程，涉及城乡各个领域，需要多部门、多层次、多环节的紧密配合才能顺利实施。只有党政主要领导亲自抓，才能有效地动员各方力量、整合各种资源、协调各个部门，把工程建设搞得有声有色。一是抓好工作任务和责任落实。年初要做好工作任务部署，明确责任，分解落实到各级各部门，年中要有检查交流，年末要进行总结考核、兑现奖惩。二是抓好政策协调落实，重点解决政府投入资金和土地指标问题。三是抓好工作班子的落实。要配好配强领导小组办公室的力量，依靠这支专门队伍做好综合协调和服务工作，调动各种资源、各方力量推进工程建设。

（二）"千万工程"主要成效

浙江历届省委、省政府按照习近平总书记的战略擘画和重要指示要求，顺应形势发展和实际需要，持续深化"千万工程"。20年来，整治范围不断延伸，从最初的1万个左右行政村，推广到全省所有行政村；内涵不断丰富，从"千村示范、万村整治"引领起步，推动乡村更加整洁有序，到"千村精品、万村美丽"深化提升，推动乡村更加美丽宜居，再到"千村未来、万村共富"迭代升级，强化数字赋能，逐步形成"千村向未来、万村奔共富、城乡促融合、全域创和美"的生动局面。

（1）农村人居环境深刻重塑。规划保留村生活污水治理覆盖率100%，农村生活垃圾基本实现"零增长""零填埋"，农村卫生厕所全面

第二篇 路径研究
第八章 乡村振兴与高水平城乡一体化

覆盖,森林覆盖率超过61%,农村人居环境质量居全国前列,成为首个通过国家生态省验收的省份。调研中,不少农民群众津津乐道从"室内现代化、室外脏乱差"到"室内现代化、室外四季花"的巨大变化,从"坐在垃圾堆上数钞票"到"端稳绿水青山'金饭碗'"的华丽转身。例如,金华市浦江县向水晶产业污染"开刀","黑臭河""牛奶河"再无踪影;台州市仙居县"化工一条江"变为"最美母亲河",生态绿道串联起山水田园。

(2) 城乡融合发展深入推进。城乡基础设施加快同规同网,最低生活保障实现市域城乡同标,基本公共服务均等化水平全国领先,农村"30分钟公共服务圈""20分钟医疗卫生服务圈"基本形成,城乡居民收入比从2003年的2.43缩小到2022年的1.90。"城市有乡村更美好、乡村让城市更向往"正在成为浙江城乡融合发展的生动写照。

(3) 乡村产业蓬勃发展。休闲农业、农村电子商务、文化创意等新业态不断涌现,带动农民收入持续较快增长,全省农村居民人均可支配收入由2003年5431元提高到2022年37565元,村级集体经济年经营性收入50万元以上的行政村占比达51.2%。全省建成风景线743条、特色精品村2170个、美丽庭院300多万户,形成"一户一处景、一村一幅画、一线一风光"的发展图景。实施"十万农创客培育工程",累计培育农创客超4.7万名,打造出"衢州农播"、丽水"农三师"等一批人才培养品牌。

(4) 乡村治理效能有效提升。以农村基层党组织为核心、村民自治为基础、各类村级组织互动合作的乡村治理机制逐步健全,乡村治理体系和治理能力现代化水平显著提高,农村持续稳定安宁。

(5) 农民精神风貌持续改善。推动"物的新农村"向"人的新农村"迈进,全域构建新时代文明实践中心、新时代文明实践所、农村文化礼堂三级阵地,建成一批家风家训馆、村史馆、农民书屋等,陈规陋习得到有效遏制,文明乡风、良好家风、淳朴民风不断形成。

（三）"千万工程"经验蕴含的科学方法

浙江 20 年持之以恒、锲而不舍推进"千万工程"，造就了万千美丽乡村，造福于万千农民群众，创造了农业农村现代化的成功经验和实践范例。"千万工程"蕴含的科学方法可以概括为以下 6 个方面。

1. 人民至上、共建共享

擘画实施"千万工程"，充分彰显了习近平总书记真挚为民的情怀。在"千万工程"推进中，坚持"群众要什么、我们干什么，干得好不好、群众说了算"，把群众满意度作为工作成效的最高评判标准，引导群众自觉投入工程建设，共建共享美好家园。新时代新征程，要更加自觉站稳人民立场，强化宗旨意识，想农民所想，采取更多惠民生、暖民心举措，千方百计拓宽农民增收致富渠道，让亿万农民日子越过越红火。

2. 创新驱动、绿色发展

"千万工程"充分体现了发展理念的深化，在促进人与自然和谐共生中，挖掘乡村多种功能、多元价值，培育新产业、新业态、新模式，提升可持续内生动力，实现"美丽乡村"向"美丽经济"的精彩蝶变。新时代新征程，要坚持生态优先、节约集约、绿色低碳发展，加强乡村生态建设，用数字化赋能乡村振兴，推动"三农"工作理论创新、实践创新、制度创新，持续缩小城乡区域发展差距，实现农业强、农村美、农民富。

3. 统筹协调、突出重点

"千万工程"以人居环境整治为切入点，坚持美村与富村并进、塑形和铸魂并重，统筹推进"美丽乡村、共富乡村、人文乡村、善治乡村、数字乡村"建设，实现乡村产业、人才、文化、生态、组织全面振兴。新时代新征程，必须强化系统观念，科学把握乡村振兴阶段性重点任务和推进时序，注重多目标平衡，一体推进农业现代化和农村现代化，促进城乡深度融合，让农民就地过上现代文明生活。

第二篇 路径研究
第八章 乡村振兴与高水平城乡一体化

4. 因地制宜、分类施策

"千万工程"实施过程中坚持从实际出发，区分发达地区和欠发达地区、城郊村庄和传统农区，结合地方发展水平、财政承受能力、农民接受程度推进工作，标准有高有低、不搞整齐划一，真正把实事办好、好事落实。新时代新征程，要科学把握城乡发展不平衡、农村区域差异大的实际，根据各地乡村经济基础、自然条件、区位特征、资源优势、文化传统等客观条件，分类明确建设重点，逐步拓展建设领域，打造各具特色的现代版"富春山居图"。

5. 加强领导、完善机制

"千万工程"从实施之初就建立"一把手"亲自抓、分管领导直接抓、一级抓一级、层层抓落实的领导体制，构建科学规划、逐步扩容、投资建设、制度创新等一整套推进机制，形成领导挂帅、部门协同、分级负责的工作格局。新时代新征程，必须坚持党对"三农"工作的全面领导，健全领导体制和工作机制，以责任落实推动工作落实、政策落实，为全面推进乡村振兴提供坚强保证。

6. 锲而不舍、久久为功

"千万工程"20年来坚持一张蓝图绘到底，一件事情接着一件事情办，一年接着一年干，每5年出台一个行动计划，每阶段出台一个实施意见，针对不同时期的工作重心，制定解决方案、明确目标任务、细化政策措施，不折腾、不动摇，不断积小胜为大胜。新时代新征程，必须全面贯彻党中央决策部署，锚定农业农村现代化目标，健全规划体系、政策体系、制度体系、考核体系，循序渐进接续奋斗，推动乡村振兴不断取得新成效，夯实中国式现代化基础。

（四）深化新时代"千万工程"

党的十八大以来，习近平总书记对浙江"千万工程"多次做出重要指示批示。2024年1月，中共中央、国务院发布《关于学习运用"千村示范、万村整治"工程经验有力有效推进乡村全面振兴的意见》。为完整准确全面贯彻落实习近平总书记重要指示批示精神，浙江将持续推动"千万工程"走深走实、迈向更高水平，加快打造乡村全面振兴浙江样板，加快探索中国式农业农村现代化浙江路径，努力为推进乡村全面振兴、建设农业强国贡献更多浙江力量。

1. 加强乡村规划引领

加快推进国土空间治理现代化，建立健全以县域和美乡村建设规划为龙头，村庄布局规划、中心村建设规划、农村土地综合整治规划、历史文化（传统）村落保护利用规划为基础的"1+4"规划体系，严格保护农业生产空间和乡村生态空间。全面完成"多规合一"实用性村庄规划编制，强化规划刚性约束，严禁随意撤并村庄、违背农民意愿大拆大建。

2. 持续提升农村人居环境

开展村庄环境整治"回头看"，推进农村生活垃圾分类精准化、回收利用资源化、末端处理智慧化，深化农村生活污水治理强基增效双提标行动，加快农村公厕服务提标提质。坚持试点先行、以点带面，有序实施农房改造、管线序化、村道提升。健全农房建设管理体制机制，加强凸显浙派民居特色的现代宜居农房建设。加强农村"空中蜘蛛网"整治。推动农村公路建设项目向进村入户延伸，加强村内支路、入户道路和村庄停车场建设。广泛开展新时代爱国卫生运动。持续深化"一村万树"建设。全面推进碧水行动，全域建设幸福河湖。加快建设美丽海湾，陆海统筹推进近岸海域污染防治。[①]

3. 全域推进和美乡村建设

以满足农民群众美好生活需要为引领，围绕环境优美、产业兴旺、生活宜居、富裕富足、乡风文明等方面，建立健全和美乡村建设指标体系、工作体系、政策体系、评价体系，制定和美乡村建设导引。完善县（市、区）、风景带、乡镇、村、庭院"五美联创"机制，从点线面推进

---

① 引自中共浙江省委、浙江省人民政府《关于坚持和深化新时代"千万工程"全面打造乡村振兴浙江样板的实施意见》。

和美乡村全域建设。聚焦"一统三化九场景",加快推进未来乡村与未来社区联建联创,打造共同富裕现代化基本单元。

4. 打造整体大美乡村风貌

加强和美乡村与美丽城镇、美丽田园、美丽生态廊道、美丽公路统筹贯通,持续促进美丽生态、美丽经济、美好生活有机融合。深入实施土地综合整治,加快乡村地区生产生活生态融合。实施重要生态系统保护和修复重大工程,系统推进清洁小流域建设,科学推进国土绿化和森林质量精准提升。保留浙派风貌和村庄肌理,深入推进"微改造、精提升",以"绣花"功夫实施乡村有机更新。

5. 激活乡村人才资源

持续优化乡村营商环境,实施农村政务服务增值化改革,破除城乡人才双向流动壁垒。常态化开展农业农村"双招双引",大力推行柔性引才,每年定向培养乡村人才2000名以上、引进培育专业优秀人才6000名以上。搭建平台用才,让乡村成为创新涌动之地。提升省级现代农业园区带动能级,支持农创园建设,建强特色农业强镇、重点农业企业研究院等产业创新平台,打造大学生创业园、科技小院等科创阵地,激发乡村人才敢当"弄潮儿"、勇闯"新蓝海"。

二、强村富民乡村集成改革

2022年2月22日,浙江省委农村工作会议暨粮食安全工作会议提出,制定以集体经济为核心的强村富民乡村集成改革方案,坚决打好"标准地改革+农业'双强'""宅基地改革+乡村建设""市场化改革+集体经营""数字化改革+强村富民"组合拳,让"三农"金名片给群众带来更多获得感。理解强村富民乡村集成改革,可以从以下几个方面着手。

(一)乡村集成改革的目标和方法

1. 强村富民乡村集成改革的目标

强村富民首要目标是强村。整合利用村级集体资金、资产、资源,探索强村公司、"飞地"抱团、片区组团等模式机制,建立现代法人治理结构,推进规模化、集约化经营,提高联农、带农作用,联动推进乡村经营、乡村建设、乡村治理,加快实现美丽乡村与美丽经济共建共享。

强村富民的落脚点在富民。通过优化集体经济收益分配关系,完善收益分配方式,建立与经营效益挂钩、以股份份额为基础的分配机制,加强收益分配的监督管理,确保集体成员公平分享集体收益。推进农村产权和农民权益两项价值实现机制改革,赋予更加充分的产权产能,促进农民农村产权溢价增值。

2. 集成改革的工作方法

农村改革进入攻坚期和深水区,面临的问题更为多元,利益诉求更加复杂,各项改革举措之间的关联性、耦合性要求更高,以往单项突破或局部推进的方式已无法满足形势发展的需求。

在推进强村富民改革中,切实把握农业农村改革发展的阶段性特征和要求,坚持系统集成、协同高效,全面打出"市场化改革+集体经济""标准地改革+农业'双强'""宅基地改革+乡村建设""数字化改革+强村富民"改革组合拳。

这四套组合拳并不是对现有改革的简单叠加,而是更加注重系统集成和三改融合,更加注重生产关系和生产力协同,既发挥单项改革的最大牵引作用,又推进各项改革举措优势互补,促进改革效能发生化学反应和质的提升,全面增强改革的整体性、联动性、协调性和实效性。

(二)乡村集成改革工作体系

浙江省把农民农村共同富裕作为"三农"一号工程来抓,构建起"1234+1"的工作推进体系。

1. "1":一个专班

成立由省委副书记、副省长担任总召集人的省强村富民乡村集成改革专班。专班办公室设在省农办、省农业农村厅,办公室内设5个功能组联动市、县两级全部组建专班,构建全省协同推进农民农村共同富裕的新机制。

2. "2":两大文件

国家农业农村部、浙江省政府联合印发的《高质量创建乡村振兴示范省推进共同富裕示范区建设行动方案(2021—2025年)》和浙江省农办、省农业农村厅、省乡村振兴局联合印发的《农业农村领域高质量发展推进共同富裕行动计划(2021—2025年)》。

3. "3":三组目标

3个"万元新增":农业劳动生产率从人均4.1万元增加到5.5万元,农民人均收入从3.19万元增加到4.4万元,低收入农户人均收入从1.4万元增加到2.4万元以上。3个"持续缩小":城乡收入倍差从1.96缩小到1.9以内,全省农民与低收入农户的收入倍差从2.22缩小到1.9以内,全省农民与山区26县农民收入倍差从1.32缩小到1.2以内。3个"基本翻番":新时代美丽乡村达标创建村覆盖率由现在的57%增长到100%,村级集体经济总收入最低收入水平从10万元增加到20万元,[①] 省级善治(示范)村覆盖率从现在的29.5%增长到50%以上。

4. "4":四套组合拳

"市场化改革+集体经济""标准地改革+农业'双强'""宅基地改革+乡村建设""数字化改革+强村富民"四套组合拳。

5. "1":"浙农富裕"数字应用

聚焦重大改革、重大突破、重大任务,贯通产业促富、就业促富、赋能促富、强村促富、活权促富、帮扶促富6个"一件事",实现全省农民、村级组织、农业主体致富政策一指查询、致富信息一键共享、帮

---

① 浙江省将深入推进《村级集体经济巩固提升三年行动计划》,将村级集体经济年经营性收入50万元以上的村占比提高到50%,全面消除年集体经济总收入20万元以下、经营性收入10万元以下的相对薄弱村。

农服务一码集成、增收效果一屏统览。

(三) 乡村集成改革四大组合拳

1. "市场化改革＋集体经济"组合拳

(1) 坚持市场导向。建立符合市场经济要求的集体经济运行机制，探索建立农村集体产权制度和现代法人治理结构，形成符合市场经济要求的决策机制和激励约束机制，提高农村集体经济组织运行效率。

(2) 开展市场运营。全面推广"强村公司""飞地抱团""片区组团"等典型模式，积极探索符合当地实际的集体经济市场化运营路径。

(3) 突出市场功能。加快健全农村产权流转交易体系，突出市场的价格发现功能，进一步盘活农村资产。同步推进农民权益实现机制改革，保障好农民的财产权。

2. "标准地改革＋农业'双强'"组合拳

(1) 深化农村承包地"三权分置"。在稳定农户承包权的基础上，规范土地流转管理与服务。全面推行土地经营权流转经营权证制度，大力推广土地流转风险保障金制度，促进土地规范有序流转。

(2) 加快推进农业标准地改革。纵深推进标准地改革试点，高质量建设农业标准地，加强建设用地配套保障，招引现代集聚先进要素、扩大农业项目有效投资。组合科技攻关转化、农机农艺融合，全面提升农业综合生产能力和农民经营效益，保障粮食等主要农产品有效供给。

(3) 推进农业一二三产融合发展。加强农村一二三产业融合发展用地保障，支持现代农业园区和农产品冷链物流体系建设。充分发挥农业龙头企业的引领作用，建设一批链主型龙头企业，在全省布局建设100条产值超10亿元的高质量农业全产业链。建立健全全产业链利益共享机制，有效带动农民创业就业和收入增加。

3. "宅基地改革＋乡村建设"组合拳

(1) 加大闲置宅基地和闲置农房盘活力度。在依法维护农民宅基地合法权益和严格规范宅基地管理的基础上，进一步完善政策措施和利益分配机制，探索市场化运作方式，吸引社会资本参与盘活利用，实现互利共赢。

（2）稳妥有序推进集体经营性建设用地入市。稳妥推进集体经营性建设用地与国有建设用地同等入市，建设城乡统一的建设用地市场，科学完善入市增值收益分配机制，保障农民农村获得更多入市增值收益。

（3）推进美丽乡村与美丽经济共建共享。持续深化"千万工程"，一体推进"美丽乡村＋数字乡村＋共富乡村＋人文乡村＋善治乡村"，打造共同富裕现代化基本单元金名片。坚持以党建为统领，积极打造引领品质生活体验、呈现未来元素、彰显江南韵味的未来乡村浙江范例。在建设过程中因地制宜协同发展乡村休闲、生态旅游、绿色康养、文化创意等乡村新业态，壮大农村集体经济。

4. "数字化改革＋强村富民"组合拳

（1）推进集体经济管理数字化。优化"浙农经管"应用，加快技术升级和层级贯通，全面对接基层公权力监督平台，助推农村集体资产实时监管和保值增值。

（2）加快农业产业数字化。迭代升级"浙江乡村大脑2.0"，加快"浙农"系列应用开发，加快农业农村领域核心业务和重大任务流程再造、制度重塑，推动数字技术与农业产业融合发展。

（3）迭代建设"浙农富裕"应用。聚焦"三改融合"，加快推进"浙农富裕"应用架构重塑，不断完善"农房盘活""灵活就业""农业保险""浙农帮扶"等应用，加快建立省市县贯通的帮农促富治理和服务体系。[①]

三、以县城为重要载体的城镇化

处于"城尾乡头"的县城，在促进城乡融合发展中发挥着重要作

---

① 王通林. 全面推进强村富民乡村集成改革高质高效 促进农民农村共同富裕[EB/OL]. 中国新闻网, 2022-06-20.

用。2022年5月，中共中央办公厅、国务院办公厅印发《关于推进以县城为重要载体的城镇化建设的意见》。在2023年的浙江省政府工作报告中，实施县城承载能力提升和深化"千村示范、万村整治"工程，被列入"事关全局、牵一发而动全身"的"十项重大工程"之一。浙江共有县及县级市53个，占90个县级行政单元的近六成，具有深入推进县城城镇化建设的广阔空间与巨大潜力。2023年5月，浙江省发展改革委公布以县城为重要载体的城镇化建设试点名单，衢州市全域、桐庐、淳安、慈溪、乐清、瑞安、苍南、德清、嘉善、海盐、诸暨、新昌、义乌、仙居、云和等市县被委以重任，将在提升县城承载能力上率先探索。

（一）把握好县城城镇化建设的几个关系

如何打造以县城为重要载体的城镇化建设示范省，是浙江奋力推进"两个先行"，实现城乡一体化需要解答好的重大命题。立足浙江实际，浙江高质量推进以县城为重要载体的城镇化建设应把握好以下几大关系。

1. "城与乡的关系"：将县城作为统筹推进城乡融合的枢纽

浙江较早地部署实施了城乡统筹、城乡一体化发展战略，经过多年实践探索，城乡差距显著缩小。然而，要率先实现城乡融合发展，浙江仍受县域城乡发展差距制约。从城乡居民收入的绝对值水平看，浙江53个县市城镇和农村居民人均可支配收入的中位数均远低于全省平均水平。尤其是由于53个县市农村常住人口占全省农村常住人口的近七成，其农村居民人均可支配收入的低水平很大程度上决定了全省农村居民人均可支配收入的低水平。深刻把握"城乡关系"是浙江贯彻落实党的二十大精神、高质量推进以县城为重要载体的城镇化建设的必然要求。推进县城城镇化建设，要将县城作为统筹推进城乡融合的枢纽，加快补齐县城产业配套、市政公用、公共服务等设施短板，推动县城基础设施和公共服务向适建村延伸，畅通工业品下乡和

第二篇 路径研究
第八章 乡村振兴与高水平城乡一体化

农产品进城双向流通通道，促进农村剩余劳动力更好地到县城就业安家，同步辐射带动乡村发展和农业农村现代化，双向发力促进就近、就地城镇化。

2. "市与县的关系"：将县城建设与中心城市发展统筹起来

近年来，浙江推进新型城镇化的战略重心主要在推进大都市区建设。各地也格外重视中心城市建设，据不完全统计，嘉兴、台州、衢州、丽水等地的"十四五"规划纲要均强调要提升中心城市能级与首位度。然而，需要指出的是，县城是我国城镇体系的重要组成部分，是深入实施新型城镇化战略不可忽视的一环。推进县城城镇化建设是与促进中心城市发展相辅相成的重要举措。对浙江而言，推进县城建设要处理好"市县关系"，摒弃所谓"大小之争"，避免"顾此失彼"和"对立割裂"，把县城建设与中心城市发展统筹起来。因此，要进一步理顺市县间的财权与事权关系，探索建立跨县域项目"要素共担、收益共享"机制，引导各地畅通市县间的资源要素流通通道，对外招商引资并统筹布局大项目与大产业，推动市县交通网络互联互通与优质公共服务资源往县城下沉，协同增强县城综合承载能力与中心城市发展。

3. "县与镇的关系"：重视特大镇对县域城镇化的有益补充

县城是县域城镇化建设的核心板块，但并非所有县市都要走"县城独大"的城镇化建设道路。得益于较早开展的省级中心镇和十多年的小城市培育试点建设，浙江部分县市拥有一个甚至多个产业特色鲜明、财政实力强劲、城镇功能齐全、人口集聚明显的非县级政府驻地特大镇，这些镇为县域城镇化建设发挥重要节点作用。然而，在条块分割的体制背景下，作为县域城镇化重要节点的特大镇，普遍存在权限编制与职能职责、要素资源与发展需求、公共服务供给与常住人口规模不匹配等问题，难以进一步发挥对农业转移人口就近、就地城镇化的促进作用。因此，推进浙江县城城镇化建设有必要格外关注"县镇关系"，核心是要将特大镇建设视为县城城镇化建设以外的有益补充，坚定不移地推动强镇扩权改革，完善特大镇高质量发展长效机制，推动县级行政功能、基础设施、公共服务延伸下沉，因地制宜推动特大镇融入县城发展或建成县域副中心，还可探索特大镇"经济开发县级政府主导、社会管理属地政府承担"机制。①

（二）瑞安市以县城为重要载体的城镇化案例

瑞安地处浙江东南沿海，是浙江重要的现代工贸城市、历史文化名城和温州大都市区南翼中心城市。浙江的县级市发展十分突出，在第七次全国人口普查数据城区常住人口指标排名的中国十大强县中占据半壁江山，其中瑞安城区常住人口97.9万人，居全国县市第五位，在中等规模城市中排名第一，距离大城市门槛仅一步之遥。以瑞安为试点，发挥资源、交通等优势禀赋，大力发展城市经济，提升先进制造等专业功能实力，将有助于增强瑞安中心城区的吸引力和辐射力，在全省以县城为重要载体的城镇化建设中展现"大县大城大作为"的瑞安担当。

1. 瑞安市城镇化的特色优势

（1）综合实力创新能力走在前列。瑞安综合实力强劲，多项排名跃居全国前列。2023年，瑞安实现地区生产总值1285.1亿元，增长6.40%，一般公共预算收入75.82亿元，增长14.87%，城乡居民人均可支配收入分别增长6.80%和8.00%，收入倍差缩小至1.81；新增国家和省级改革试点39项，财政工作第四次获省政府督查激励，列全国科技创新百强县市第13位、全国新型城镇化质量百强县市第15位、全国综合实力百强县市第25位，实现企业家幸福感最强市"三连创"、中国最具幸福感城市"四连创"。②

（2）县城承载能力强。瑞安素来是浙南、闽北交通要津，商旅往来必经之地，位于中国黄金海岸线中段，也是长三角城市群和粤闽浙沿海

---

① 程振波，丁懿腾，王辰. 把握县城城镇化建设的六大核心关系［J］. 浙江经济，2023（8）：52-53.
② 黄丽云. 市十七届人大三次会议隆重开幕［N］. 瑞安日报，2024-02-05（01）.

第二篇　路径研究
第八章　乡村振兴与高水平城乡一体化

城市群重要交会点。温瑞同城化取得实质性进展,温州绕城高速已覆盖瑞安 2/5 的区域面积,所有乡镇基本实现 15 分钟上高速,获评"四好农村路"全国示范县,温瑞、市域、城区 3 个"半小时交通圈"基本形成。"一核两轴三带五区四板块"城市空间结构不断拉开,五大亮点区块加快打造,"玉海古城"忠义街、大沙堤、会文里等历史文化街区串起城市记忆线,"瑞安外滩"8.4 千米拥江发展轴加速崛起城市客厅新地标,"七铺塘河"绘出"水清、岸绿、灯辉、文盛"塘河十景,"秀丽集云"加快呈现郊野公园风貌。五大省级未来社区有序推进,曹村—马屿、滨海新城、陶山林川三大县域风貌样板区列入浙江城乡风貌样板区名单。

(3) 文脉润城服务优。瑞安是一座拥有千年历史积淀和深厚人文底蕴的文化大城,素有"理学名邦""东南小邹鲁"之美称,中国重商文化和南戏文化发祥于此,拥有玉海楼、利济医学堂等 6 个国家级重点文保单位,瑞安鼓词、藤牌舞、蓝夹缬等入选国家级非物质文化遗产名录,建有中国县级最大的图书馆和全国首家国旗教育馆。瑞安也是一座服务配套高标准、人民生活高质量的幸福名城,先后创成全国文明城市、国家卫生城市、国家园林城市、全国文化先进市等 47 张城市"金名片"。获评省教育基本现代化市,教育现代化监测水平居温州各县(市、区)首位,有序推进城乡义务教育共同体建设,全面实现农村学校全覆盖和公办幼儿园乡镇全覆盖,新居民子女入读公办义务教育学校实现同城待遇。医疗资源位居全省前列,作为全省首批、温州首个试点县(市、区)启动"医共体"建设,公立医院综合改革评价居全省第三位,拥有两家县(市)级三级医院,其中瑞安市人民医院作为浙江首批县级三甲医院,综合实力连续六年居全国县级医院第一位。医养结合全省领先,建有全省首家基层公立医疗机构康养中心和温州首家失智失能老人护理中心。

2. 瑞安推进城镇化八大行动

瑞安将以高质量发展为导向,聚焦"青春都市·幸福瑞安"建设指引,全面提升县城综合承载能力,促进与周边大城市和乡镇协调发展,努力探索以县城为重要载体的城镇化发展新思路、新方法和新路径,勇闯新路打造中国式现代化瑞安样板。瑞安城镇化重点实施以下八大行动。

(1) 以"人口集聚"促发展,畅通人口市民化转换通道。着力消除农业转移人口市民化的体制障碍、融入障碍,促进城乡一体化发展,拓宽农业转移人口市民化实现通道,吸引各类人口落户城镇。

(2) 以"产业兴城"促增长,打造千亿级都市产业集群。立足瑞安现有产业基础和比较优势,以平台为重要载体、以数字化为重要手段、以创新为根本动力、以企业为第一主体,激发传统产业新活力,培育新兴产业新引擎,推动瑞安实现跨越式发展。

(3) 以"城市更新"促蝶变,建设全国现代化品质县城。以产业所需、民生所享、城市所用为导向,贯彻综合、智慧、绿色、平安理念,加快建设综合交通网络,完善公共市政配套、谋划新型基础设施布局,推进全域基础设施体系提档升级,为瑞安经济高质量跨越式发展提供有力支撑。

(4) 以"服务保障"促民生,开创人民安居乐业新时代。围绕全龄友好型城市建设,坚定走好民生服务现代化之路,持续做好社会就业、医疗卫生、养老托育、先进教育、专项帮扶等民生大事,擦亮幸福城市品牌,推动经济社会与民生改善融合发展,打造更高质量的"中国最具幸福感城市"。

(5) 以"美丽瑞安"促融合,绘就绿色低碳生态新图景。以瑞安中心城区为重点,聚焦风貌品质提档升级,着力提升城市生态环境,将生态示范引领贯穿始终,砥砺奋进建设滨海山水花园城市,持续绘好全域美丽图,谱好绿色转型曲,打造浙江南部美丽城镇新高地。

(6) 以"文城融合"促品牌,打造千年书香看瑞安新典范。围绕"打造新时代文化高地,丰富人民精神文化生活"的总体要求,以文化建设与服务试点为抓手,持续深化开展文化研究与保护工作,守住瑞安文化根脉,守护瑞安"城市记忆",讲好瑞安故事,延续瑞安文脉。

(7)以"数智赋能"促服务,打造县城高效治理先行地。聚焦提升社会治理现代化水平,完善现代治理体系,以数字化平台为基础,构建多跨协同的检测、预警、处置、反馈闭环管控社会大治理机制,推动瑞安整体智治实现新跨越。

(8)以"强镇扩权"促协同,建设大县大城特色标杆地。发挥塘下镇特大镇温瑞一体化"桥头堡"和马屿镇县域副中心型省级样板镇的辐射带动作用,创新片区综合开发新模式,加快建成与瑞安中心城区、温州市区无缝衔接的交通走廊、互补融合的经济走廊和同城均等的民生走廊,实现温瑞一体化发展,打造大都市开放协同重要节点。

第九章 山区县高质量发展与区域协调

浙江山区 26 县面积约占全省总面积的 44.5%，根据第七次人口普查数据，2020 年年底人口总数为 1016.9 万人，约占全省总人口的 15.8%。从空间分布上看，主要集中在浙西南地区，属于地广人少地区。山区县高质量发展是浙江区域协调发展的关键。

一、"八八战略"与统筹区域协调发展

浙江七山一水两分田的地理特征造就了浙江多样化的区域发展条件，也造成了浙江区域之间发展的不平衡。21 世纪初，浙江正处于转型发展的关键期。习近平同志来浙江工作后，敏锐地观察到区域发展不平衡的诸多问题，适时提出了一系列区域协调发展的思想。正是基于对区域发展规律的深刻认识和对浙江区域发展现实的准确把握，2003 年 7 月，浙江省委十一届四次全会提出的"八八战略"突出体现了区域协调发展的思想，也绘就了浙江长期协调繁荣发展的蓝图。

（一）欠发达地区跨越式发展是统筹区域发展的核心

浙江省缩小地区发展差距，实现区域协调发展，根本途径还是要促进发达地区加快发展、欠发达地区跨越式发展，这是统筹区域发展的核心。2005 年 11 月 6 日，习近平同志在浙江省委十一届九次全会上指出："发达地区经济总量大，占全省经济比重高，是我省综合实力和区域竞争力的主要体现。发达地区加快发展，可以更好地发挥带动和引领全省经济发展的重要作用，更好地支持欠发达地区发展。欠发达地区虽然经济总量小，占全省比重低，但发展的潜力大。推进欠发达地区跨越

第二篇　路径研究
第九章　山区县高质量发展与区域协调

式发展，可以形成新的经济增长点，从而为全省经济加快发展做出贡献。加快发达地区发展是支持区域协调发展的重要基础，促进欠发达地区跨越式发展是实现区域协调发展的重要环节，两者是互相促进的。"①

（二）探索形成了有浙江特色的区域协调发展机制

区域协调发展需要有效的载体和抓手。习近平同志在实践中创造性地探索出了深入实施"百亿帮扶工程""欠发达乡镇奔小康工程"和"山海协作工程"三大工程，形成了有浙江特色的区域协调发展机制。②其中，"山海协作工程"发挥核心带动作用。2003年1月，习近平同志在丽水调研时就要求实施好"山海协作工程"。同年7月，他在衢州调研时更是强调要大力实施"山海协作工程"，要在发展来料加工的基础上，把实施"山海协作工程"作为借力发展的重要载体，大力开展招商引资，主动接受发达地区的辐射。

2004年11月，习近平同志在"山海协作工程"情况汇报会上的讲话，强调按照科学发展观的要求推进"山海协作工程"，围绕全面建设小康社会、提前基本实现现代化的目标推进"山海协作工程"，着眼于全省经济布局优化推进"山海协作工程"，以求真务实的精神推进"山海协作工程"，走出一条具有浙江特色的统筹区域发展路子。③

二、新时期山区县高质量发展思路

2021年8月，浙江省委、省政府正式印发了《浙江省山区26县跨越式高质量发展实施方案（2021—2025年）》，统筹资源加大"输血"力度，推动26县加快形成自我"造血"机制、提升内生发展动力，努力把推进26县跨越式高质量发展打造成为建设共同富裕示范区的标志性工程。根据这一方案，以及省政府各部门的相关政策，新时期山区县

---

① 习近平.干在实处走在前列——推进浙江新发展的思考与实践[M].北京：中共中央党校出版社，2006：203.

②③同①，分别引自215页、211-214页。

— 177 —

跨越式高质量发展的思路更加清晰。

(一) 明确思路与目标

1. 指导思想

以习近平新时代中国特色社会主义思想为指导,全面贯彻党的十九大和十九届二中、三中、四中、五中全会精神,以及习近平总书记关于区域协调发展的系列重要讲话精神,坚持"生态优先、内生发展,深化改革、开放发展,山海协同、借力发展,创新驱动、转型发展,共同富裕、共享发展"的原则,围绕实施做大产业扩大税源行动和提升居民收入富民行动,更加注重拓宽"两山"转化通道、更加注重融入新发展格局、更加注重系统性增强内生动力、更加注重强化数字变革引领,通过分类施策、精准发力,加快推动山区26县实现跨越式高质量发展,同步推动山区人民走向共同富裕。

2. 发展目标

到2025年,浙江山区26县生态环境质量持续优化,全面提升生态系统碳汇能力;山区26县经济发展水平明显提升,人均GDP超过全省平均水平的70%,达到全国平均水平,年均增速达6.8%;一般公共预算收入年均增速超过8.5%,人均一般公共预算年均增速超过8%;群众生活水平明显提升,常住人口城镇化率总体达到65%;城镇、农村居民人均可支配收入超过全省平均水平的83%、85%,年均增速分别达到7%、7.3%;旅游总产出、游客总人次年均分别增长5%以上,旅游业增加值年均增长9%以上;基本公共服务水平明显提升,教育现代化指数各县超70,每千人口拥有执业(助理)医师数接近全省平均水平,基本实现乡镇三级公路全覆盖。

3. 分类推进实施

综合考虑资源禀赋、产业基础、生态功能等因素,将纳入国家重点生态功能区的11个县和其他15个县,分为跨越发展类和生态发展类两大类,分类明确目标导向。其中,跨越发展类包括永嘉县、平阳县、苍南县、武义县、柯城区、衢江区、龙游县、江山市、三门县、天台县、仙居县、莲都区、青田县、缙云县、松阳县 15 个县（市、区）；生态发展类包括淳安县、文成县、泰顺县、磐安县、常山县、开化县、龙泉市、庆元县、遂昌县、云和县、景宁畲族自治县 11 个县（市）。

4. "一县一策"精准支持

针对每个县的发展基础、特色优势和主导产业，"一县一策"为 26 县量身定制精准支持政策，推动以县域为主体加快编制五年行动计划，开辟 26 县发展新格局。

按照围绕重点、突出特色和可复制推广的要求，第一批选取淳安、泰顺、磐安、龙游、景宁五地研究编制了"一县一策"发展举措，并于 2021 年 5 月 22 日印发实施。例如，淳安是特别生态功能区，因此针对当地的"一县一策"以"加快推进生态保护前提下的点状开发利用"为主题，突出生态环境保护。为此，淳安印发《关于做好〈支持淳安县跨越式高质量发展的若干举措〉推进落实工作的通知》，将政策细化分解形成 32 项具体举措，实行清单式管理。

（二）实施增强发展动力的"两大行动"

实施做大产业扩大税源行动和提升居民收入富民行动，坚持把做强特色产业作为 26 县跨越式高质量发展的重中之重，提升自我造血功能，促进富民增收。

1. 做大产业扩大税源行动

（1）推动山区生态产业高质量发展。改造升级山区传统制造业。围绕做强"一县一业"，重点支持淳安水饮料、永嘉泵阀、武义五金制品、龙游特种纸、江山木艺、天台汽车零部件、仙居医药、龙泉汽车空调、云和文体用品、缙云机械装备、遂昌金属制品、松阳不锈钢管等打造百亿级特色优势产业规模。加快推进传统制造业数字化、智能化、绿色化改造，一体打造"名品＋名企＋名产业＋名产地"，形成一批时尚产业、支柱产业。积极构建大中小企业融通发展培育体系，加快推进山区企业走"专精特新"发展之路。积极发挥产业创新服务综合体作用,加快推进特色优势产业创新发展。加快先进制造业和现代服务业的深度融合发展,激活传统制造业产业发展新动能。

挖掘提升历史经典产业。结合山区 26 县历史文化挖掘和历史经典类特色小镇建设,大幅提升历史经典产业品牌价值、经济价值、文化价值。支持龙泉青瓷宝剑、龙游宣纸、磐安五味、松阳香茶、景宁惠明茶、开化根雕、青田石雕、遂昌黑陶、江山西砚等历史经典产业的精工化制作、品牌化宣介、数字化营销,通过平台和项目双推进、科技和人才双突破、市场和品牌双拓展,推动有条件的历史经典产业规模化发展。促进历史经典产业与文化、旅游、艺术等全方位深度融合,加大保护传承创新力度,加强现代产业工匠队伍培养,打造一批历史文化标志产品。

培育壮大山区新兴产业。依托现有基础,发挥领军企业示范带动作用,支持山区发展高端装备、电子信息、生物医药、医疗器械、新能源、新材料、功能食品、节能环保、运动休闲等新兴产业,培育一批高质量高新技术企业。支持企业加大科技投入,实施一批关键核心技术攻关项目,为新兴产业健康发展提供有力支撑。支持衢州、丽水实施数字经济五年倍增计划,提升数字经济核心制造业发展水平,打造"四省边际数字经济发展高地"。支持丽水、衢州培育百亿级健康产业集群,推动山区 26 县发展养生养老产业、医疗康养产业和银发经济。

(2)提高山区产业平台能级。提质升级山区工业平台。推动衢州、丽水打造"千亿级规模、百亿级税收"高能级战略平台,支持丽水市申报国家高新技术产业开发区。依托山区 26 县开发区(园区)整合提升的空间范围,择优布局区位条件较好、周边配套齐全、发展空间充足、城镇功能完善、生态承载能力强的区块,建设不小于 3 平方千米的特色生态产业平台。支持华友锂电材料国际产业合作园、中德智造·曼斯特小镇、仙居医械小镇等特色工业平台建设,做优一批特色小微企业园。加强科研成果转化对接,发挥国家自创区、杭州城西等科创走廊、高新区等高能级创新平台对山区 26 县产业平台辐射带动作用。到 2025 年，山区 26 县开发区（园区）实现规上工业总产值 3000 亿元，亩均税收超过 20 万元。

打造义甬舟大通道及西延战略支点平台载体。推动海港、陆港、空港、信息港联动发展，支持山区 26 县向海借势共建新发展格局重要节点。积极参与"一带一路"建设，为山区特色产品走向国际市场开辟新窗口。深化衢州市、丽水市与宁波舟山港的协作联动，高水平布局建设一批陆港，开通海铁联运专列，提高通关效率，降低山区交通物流综合成本。依托衢州港、丽水青田港，健全沿海港口内河体系，打通山区物流出海口。加强山区与杭州、宁波、温州空港联动，建设航空物流多式联运基地。发挥义乌国际陆港开放港口功能，促进温州、台州、衢州、丽水与义乌国际陆港的公铁联动，支持山区优质农林产品和工业制造品通过义乌进入欧洲市场。

打造浙闽赣皖省际交流合作平台。创新四省边际区域协作体制机制，协同推进四省九方经济区高质量发展。积极争取国家层面的支持，打造浙皖闽赣国家生态旅游协作区，重点建设衢黄南饶"联盟花园"，推动建设杭黄世界级自然生态和文化旅游廊道。加快浙赣边际合作（衢饶）示范区建设，推动产业链协同联动发展。支持丽水打造成为浙南闽北赣东地区"双循环"重要节点，支持谋划推进浙南闽东合作发展区建设。

2. 实施提升居民收入富民行动

（1）提升生态农业富民。

1）突出特色发展山区生态农业。稳定山区稻米等粮食种植规模和产量，加大山区粮食功能区和高标准农田建设支持力度。培育壮大"菌、茶、果、蔬、药、畜牧、油茶、笋竹和渔业"等特色产业，支持丽水、衢州打造中国产茶、产菌强市，支持磐安、淳安、松阳、仙居等地创建国家级中药材示范基地。科学发展生态畜牧业，通过种养有机结合和品牌建设，打造具有山区特色的生态循环农业产业集群。发挥龙头企业引领带动作用，突出地理区位和小气候特色，重点发展名贵花卉、经济作物种植，做大做优香氛、中药等产业，拉长产业链条，提高经济效益。组织实施山区 26 县绿色技术研发应用专项，加强涉农关键技术攻关，提升产业核心竞争力。鼓励农业院校及科研机构在山区建立种质资源库、种苗培育实验室。支持丽水打造华东地区生物多样性基因库，谋划建设国家"种源硅谷"。到 2025 年，山区 26 县农业标准化生产率力争达到 65% 以上。

2) 支持山区精品农业园区建设。按照数字化、专业化、规范化、景区化的要求，整合提升现代农业园区、农业科技园区、农业特色强镇、特色农产品优势区等各类园区。支持山区因地制宜推广稻耳轮作、稻鱼共生、粮药轮种、水旱轮种等特色生产模式，提升园区亩均效益。支持山区因地制宜建设一批农业大数据中心、智慧农业示范基地，创建"国家数字化赋能农村一二三产业融合示范园"。

（2）强化生态旅游富民。

1) 做强山区特色旅游产业。聚焦乡村旅游、生态旅游、康养旅游、研学旅游、工业旅游、古村落旅游等新业态，将 18 个山海协作文化和旅游产业园与"诗路文化带"建设有机结合，串珠成链，高水平建设开化、文成、柯城、天台、龙泉、缙云、仙居等省文化和旅游产业融合试验区。建设一批森林康养、气候康养基地，探索将符合条件的康养机构纳入医保定点。做好历史文化村落、有条件"空心村"等资源的科学开发文章，大力发展民宿、休闲乡村和农家乐集聚村，探索乡村文化专业化运营，带动山区群众增收致富。加快推进文旅项目建设，累计完成文旅投资 4000 亿元以上，单体投资超 10 亿元项目达 100 个以上。

2) 打响山区全域旅游品牌。鼓励工商资本深度参与山区旅游开发，培育 10 家左右千万级核心大景区、3 家左右世界级旅游景区与度假区，重点打造永嘉江南宋村、丽水古堰画乡、衢州有礼诗画风光带、缙云人间仙都等 20 张文旅"金名片"。支持永嘉楠溪江、武义牛头山、仙居神

第二篇 路径研究

第九章 山区县高质量发展与区域协调

仙居、衢州南孔古城、丽水古堰画乡、云和梯田、泰顺廊桥—氡泉等创建国家5A级旅游景区或国家级旅游度假区,支持松阳打造国家传统村落公园,支持淳安千岛湖、文成刘伯温故里等推进未来景区改革试点,支持景宁、开化等创建5A级景区城。

3)持续提升山区旅游品质。在山区率先启动实施旅游业"微改造、精提升"行动计划,促进山区旅游品质提升。持续推进"诗画浙江·百县千碗"工程,打造提升开化齐溪、松阳老街、景宁英川等一批美食小镇,每年开展50场美食活动。依托18个山海协作生态旅游文化产业园,推出诗路怀古等一批山海协作最美生态旅游线路。支持举办景宁畲乡"三月三"、云和梯田开犁节、缙云烧饼文化节等文化旅游节庆活动。打造"浙宿好礼"和旅游演艺精品,构建完善山区26县"一站式、智能化、个性化"智慧旅游服务系统。同时,深度挖掘革命老区红色旅游资源。聚力推进浙西南革命精神弘扬引领平台建设,推动遂昌王村口、龙泉住龙、松阳安民—枫坪、庆元斋郎等开展各类示范创建工作,形成一批具有影响力的红色旅游景区。

(3)支持山区就业创业。

1)拓宽就业创业渠道。充分发挥特色生态产业平台、山海协作产业园、特色小镇、小微企业园等平台作用,吸纳山区群众就近就业。推进大学生创业园、返乡创业基地等创业孵化基地建设,促进创业带动就业。深入实施千万农民素质提升工程,加大山区实用型专业技能人才培养,重点打造一批面向山区26县的旅游人才和产业技术人才培训基地。加强与发达地区的人力资源合作,针对山区富余劳动力搭建就业服务平台,实现人岗精准匹配。多措并举帮扶山区就业困难人员多渠道灵活就业,升级发展来料加工,适时调整公益性岗位规模和安置对象范围,确保零就业家庭动态清零。

2)加大对山区消费的帮扶力度。大力发展订单农业,引导龙头企业、农批市场、电子商务企业、大型超市等采取"农户(基地)+合作社+企业+市场"模式,在山区26县建立生产、加工、物流基地。推广

"共享稻田""共享湖泊"等发展模式，创新运用众包、众筹、共享等新经济理念，建立山区生态产品收益共享机制。支持经济强县为山区26县打造一批消费帮扶综合体和特色街区，拓宽山区农产品销售渠道。实施"新云采消费助农计划"，按需求订单确定供给规模，打通山区26县特产直供、当季新鲜食物等高品质农产品进城渠道。支持山区26县构建以直播带货、网上农博会、浙里汇等新零售为主，线上线下联动的新型农产品网络营销体系。积极引导各级工会组织赴山区26县开展职工疗休养活动。

三、数字赋能山区特色农业高质量发展

山区26县是浙江高质量发展建设共同富裕示范区的突破口和关键点，在数字化改革浪潮下，数字赋能为山区高质量发展插上了"数字翅膀"。笔者在对山区26县调研的基础上，梳理了数字赋能山区特色农业的三种典型模式，并就农业数字化转型过程中的相关问题提出改进对策。[①]

（一）数字赋能山区特色农业的主要模式

1. 产销精准化溯源模式

产销信息不对称是制约农产品标准化生产、降低市场交易效率、增加交易成本的主要原因，会引发市场"逆向选择"行为，造成"劣币驱逐良币"现象。而精准化溯源则是打破供给侧和需求侧信息差，保障农产品质量安全，提高市场交易透明度，重塑市场交易秩序和诚信体系的有效方法。数字赋能产销精准化溯源模式是通过信息化手段构建溯源系统，对农产品生产记录全程进行"电子化"管理，为农产品建立透明"身份档案"，从而实现"知根溯源"的农业现代化管理模式。山区26县中，松阳最早引进大数据和数字化管理模式，在全国率先推出了"茶

[①] 本部分根据笔者主持的浙江省社科规划课题"数字赋能山区特色农业发展的模式与改进对策"（课题编号：22FNSQ16YB）改写而成。感谢课题合作者徐依婷博士。

第二篇　路径研究
第九章　山区县高质量发展与区域协调

叶溯源卡",并持续对茶叶溯源数字化系统进行改进和优化。

茶产业是松阳的农业支柱产业,全县40%的人口从事茶产业,50%的农民收入来自茶产业,60%的农业产值来自茶产业,茶园面积15.3万亩,拥有全国最大的绿茶交易市场"浙南茶叶市场",茶叶全产业链总产值突破130亿元。松阳数字赋能产销精准化溯源的主要做法包括:①首创以"茶叶溯源卡"和"茶青溯源卡"为核心的"双卡溯源"数字化系统。该系统通过识别茶农、茶商真实身份及查询交易记录,构建茶农—茶叶加工户—茶商三级茶叶溯源架构,实现茶叶质量安全全流程、全链条立体监管。②构建农资溯源数字化系统,推进"肥药两制"改革。运用数字化手段搭建管理系统,通过农业投入品进入的备案审查、动态实时监管、购销和使用实名登记、产品质量的追溯等制度和手段,推行农药实名制和化肥施用定额制,实现农业投入品全周期闭环管理,维护茶园生态环境的天然健康,促进茶叶高质量发展。

2. 全产业链覆盖模式

农业产业链包括前端的种植、中端的生产加工和后端经营销售等产业部门,涵盖了从"田间到餐桌"的全过程。农业全产业链数字化覆盖模式是指以数据为关键要素,以现代信息技术为创新动力,对农业生产、加工、流通、销售、消费等全产业链进行全方位、多层次的数字赋能,发挥优化资源配置、预测预警等功能,进而释放数据经济价值、提高农业生产率、促进农业高质量发展的现代农业生产经营模式。仙居县数字赋能推动杨梅产业全链式转型的做法是这一模式的典范。

仙居被誉为"中国杨梅之乡",多年来坚持发展"酸甜经济",一举走出杨梅富民新路子。2021年,全县杨梅种植面积14.08万亩,全产业链产值22.4亿元,直接带动梅农户均增收3.2万元。仙居县数字赋能推动杨梅产业全链式转型主要包括以下4个方面:①"产业大脑""一条龙"。打造"亲农在线"应用,创建全国首个杨梅产业地图,推进政策性保险、杨梅贷、有机肥补贴、掌上开票等杨梅产业服务"一件事"集成改革,为农民提供"生产、加工、流通、贷款、保险、销售"全链条服务,实现全周期"最多跑一次"。②数字种植"一盘棋"。推广建设杨梅智能化种植示范基地,开展杨梅数字化灌溉系统示范项目和智能化栽培示范项目,形成一套科学种植、智能研判、产销联动的综合管理体系。③数字加工"一股绳"。通过消费市场大数据分析,有针对性地开发、创新杨梅衍生产品,扶持酒类、饮品、食品3个系列智慧化精深加工示范项目,提高杨梅原料使用、制作工艺的数字化和标准化水平,提升杨梅深加工产品的品质与效益,让农民更多分享产业增值带来的收益。④数字销售"一张网"。打造"梅农+电商+社交平台"运营模式,引领梅农从果园走进直播间,建立杨梅线上分销平台及数据分析反馈系统,实现"销售自主、产品互通、数据共享",不断探索数字化销售新模式。

3. 林权制度数字化改革模式

浙江山区26县平均森林覆盖率达到70%以上,有效利用林地资源直接关系到林农生计和农村社会发展。而林地产权问题已成为掣肘山区县林业高质量发展的关键瓶颈,存在"落界难、变现难、林权不清、资金错发"等现实问题。数字赋能林权制度改革的新模式为解决这一系列问题提供了新思路。该模式的主要特点在于:依托数字技术开展林地产权界定、高效流转、生态贷款等一系列林权制度改革,精准赋能林业生态产品价值转化,助推城乡共同富裕和山区跨越式高质量发展。其中,龙泉"益林富农"案例最为典型。

2022年,龙泉森林覆盖率高达84.4%,森林蓄积量居全省首位,林地面积398万亩,占市域面积的86.7%,其中公益林173万亩,林农人口占全市总人口的67.5%,林业收入占农民人均可支配收入的51.1%。龙泉乘数字化改革东风,率先以公益林数字化改革为突破口,创新推出"益林富农"多跨场景应用,数字赋能林权制度改革的具体实施方法可归纳为以下3个方面:①权责明确,破解"落界管理难"问题。制定公益林权属落界及信息获取与表达技术规范,将以往"指山为界+文字描述"的模糊表述变为"数字智能落界+矢量表达"的精准定位,破解传统落界方法"成本高、耗时长、落界难"的问题。明确公益林的权属,精准发放补偿金,山林纠纷相比2019年下降99.3%。②活权赋能,破解"绿色金融难"问题。将收益权从物权中剥离出来,明确公益林面积、地点、补偿金等信息到户,发放"益林证"作为公益林流转和涉林贷款的权益证明。以补偿收益权作为质押物,推出"益林贷",为生态产品价值转化注入金融力量。③搭建平台,破解"经营流转难"问题。建立生态资源流转中心,通过线上集成发布、系统智能评估、供需精准对接,推动林地资源高效流转,实现从"个体碎片化经营、低效化管理"到"集约化经营、高效化管理"的转变。

(二)存在的主要问题

综上所述,数字赋能产销精准化溯源、全产业链覆盖、林权制度改革是依据山区资源禀赋优势、农业产业发展需要探索得到的,具有山区特色、适应山区发展的农业数字化转型新模式、新路径,有利于推动山区农业的高质量发展。不过,在实际的运行过程中也存在着一些问题。

(1) 数字农业基础设施建设缓慢,山区县人口密度小、地形复杂,引致网络基础设施搭建成本高、搭建难度大等问题。农业数字化平台的建设、系统开发、技术应用、设施改造缺乏持续资金支持,匹配"三农"特征的信息终端、移动互联网应用软件的开发存在缺口。

(2) 数字技术与农业深度融合不足,智慧农业技术产品适用性有待提高,多跨场景应用有待拓展和升级,农业数字技术成果应用有待优化。

(3) 农业数字化服务体系不够完善,农业科技信息服务平台仍需完善,农业信息技术专家规模仍需拓展,有待为农业生产经营者提供全方位、多领域、深层次的支持服务。

(4) 劳动力数字技能不足,有文化、懂技术、善经营、会管理、视野开阔、勇于尝试的"新农人"群体发育仍不充分，制约着数字农业的转型升级。

(三) 改进对策

1. 推进数字农业"新基建"

(1) 谋划实施一批乡村数字"新基建"项目，推进城乡同网同速，加快乡村宽带、5G基站建设进度，加强智能化农产品仓储保鲜冷链设施建设。

(2) 加强区域农机综合服务中心和数字农机应用示范基地建设，提升山区特色产业农机综合服务能力和数字化水平。支持农田宜机化改造，加快山区农机作业道路建设。

(3) 开展山区适用机具试验示范，完善农机购置补贴政策，扩大丘陵山区适用农（林）业机械补贴范围。增加水利投入，提高水旱灾害防治标准，提升自然灾害防御能力。

2. 推动数字技术与农业深度融合

(1) 推动多跨协同，打通各层级、各部门"数据壁垒"，依托省数字"三农"协同应用平台，支持市县界面开发和"三农"驾驶舱建设，实现重要资源环境、生产、运营、管理、服务等跨地区、全要素、多层次的数据收集和处理。

(2) 以拓展丰富山区特色智慧农业应用场景为着力点，构建起包括基础、特色、特殊的应用场景体系，加快山区特色智慧农业发展，因地制宜开展规模种养基地数字化改造，优先支持建设一批数字农场、数字植物工厂、数字牧场、数字渔场，有效提升农业综合生产力和竞争力。

(3) 打造"产业大脑+未来农场"的数字化新业态、新模式，以农业"双强行动"为抓手，创新结合物联网、人工智能等技术，打造"四化六高"未来农场，联动"产业大脑"推进生产经营全链条数字化蝶变。

3. 完善农业全链条数字化服务体系

（1）深化智慧气象服务，建设集实景观测、实时监测、预报预警、信息发布、设施管理于一体的气象数字化服务平台，整合降水、日照、土壤墒情等气象观测数据，发展基于物联网的"智慧气象＋农业"服务体系。

（2）提供多渠道、多环节的技术指导服务，考虑产前、产中、产后不同阶段的差异化需求，搭建技术专家数据库，依据农户需求，除定期开展技术培训外，提供实时在线"云指导"服务。

（3）推动农产品销售触网、服务在线，利用大数据等信息技术进行精准识别、精准分析、精准推送，提高产销对接有效性，强化质量安全监管和市场信息研判，合理引导市场预期。

4. 提高涉农经营主体数字化素养

实现农业高质量数字化转型，需要强化人才的智力支撑，从引进和培育两方面着手，提高涉农主体数字技能。

（1）鼓励受教育水平高、知识结构合理的高素质人才参与农业数字化转型，创新数字资本化收益分配制度，充分调动数字素养较高的"新农人"的积极性和主动性，在增量层面为农业高质量数字化转型注入新动力。

（2）加快提高现有农业生产者和经营者的数字素养，鼓励他们融入农业数字化进程中，做到不排斥、不抗拒农业数字化转型，在存量层面为农业高质量数字化转型夯实人才基础。

（3）以农业为主战场、以高校科研院所为合作平台，构建产学研紧密结合的农业人才培养体系，强化农业底色，增加科技含量，形成全过程的数字化农业人才培育机制。

第三篇　案例研究

第十章　杭州市高新区（滨江）：创新驱动高质量发展

杭州市高新区成立于1990年，是国务院批准的首批国家级高新技术产业开发区之一；滨江区成立于1996年。2002年，高新区和滨江区两区整建制合二为一，成立杭州高新区（滨江），实行"两块牌子、一套班子"。习近平总书记在浙江工作期间，五次亲临高新区（滨江）考察调研，明确指出，"杭州过去是'风景天堂''西湖天堂'，下一步是'硅谷天堂''高科技天堂'"。高新区（滨江）始终牢记总书记的殷殷嘱托，始终坚守"发展高科技、实现产业化"的初心使命，在区第六次党代会上提出"建设'天堂硅谷'、打造'硅谷天堂'"，走出一条创新驱动的高质量发展之路。[①]

一、高新区（滨江）贯彻落实"八八战略"的历史演进

习近平总书记在浙江工作期间做出的"八八战略"重大决策部署，是为浙江量身打造、指路引航的总纲领和总遵循。20年来，高新区（滨江）坚定不移沿着"八八战略"指引的道路奋勇前进，贯彻落实

---

① 本章根据中共杭州市滨江区委办公室2023年委托课题"'八八战略'在高新区（滨江）的实践"的研究成果改写而成。感谢课题合作者俞国军、马文娟、郑朝鹏博士。

第三篇 案例研究

第十章 杭州市高新区（滨江）：创新驱动高质量发展

习近平总书记亲临高新区（滨江）做出的重要指示，落实中央、省委、市委决策部署，紧紧围绕"建设'天堂硅谷'、打造'硅谷天堂'"的战略定位，深入实施创新驱动发展战略，经济社会发展取得历史性成就，开辟了高质量发展的好路径、打开了高水平开放的好局面、涵养了高效能治理的好生态，全域发生全方位、深层次、系统性精彩蝶变，实现了从经济大区向经济强区、从对内对外开放向深度融入全球、从总体小康向高水平全面小康的跃升。

（一）践行"八八战略"之扬帆起航（2003—2012年）

习近平同志主政浙江之初，对高新区（滨江）实行两块牌子、一套班子，全交叉兼职，既按开发区模式运作，又行使地方党委、政府职能给予充分肯定。遵循"八八战略"的重要指引及习近平同志多次调研考察高新区（滨江）做出的重要指示，高新区（滨江）聚焦提升营商环境软实力和平安法治硬实力，一手抓国内外链主和龙头企业的引进和发展，一手抓本土重点科技创新企业的孵化和培育，发挥领跑作用，打造"硅谷天堂"，逐步成为浙江高新技术产业密集区。

1. 聚焦做实企业服务，优化提升营商环境

习近平同志主政浙江期间视察高新区（滨江）时提出，在各地对发展高新技术产业形成共识、政策基本相同的情况下，高新区（滨江）要依靠优质的服务、完善的配套、默契的配合，形成略高一筹的吸引力，把做好服务工作体现在"细微处"，营造良好的竞争优势。落实习近平总书记的重要指示，高新区（滨江）多措并举，做实企业服务，促进营商环境优化提升。

行政审批制度不断简化。两区合一以后，高新区（滨江）按照"小政府、大服务"和"城区管理开发区化"的要求，精简行政机构，区级机关从原两区叠加的37个精简到25个。同时，以《中华人民共和国行政许可法》的贯彻实施为契机，大力推进行政审批制度改革，废止63

个政策文件，取消 41 项行政审批事项、49 项行政许可事项。[1]

助企服务效率不断提升。江北办事大厅增设国税、环保、质量技术监督和出入境管理等服务窗口，并组建江北综合服务处，设立办事服务中心、科技创业服务中心、人才开发中心、后勤服务中心等；江南办事大厅正式运行，进一步加强江南、江北办事大厅服务功能与并联审批。公共资源交易平台和区综合性政府服务平台正式成立。机关办公自动化系统投入使用，"数字滨江"和"电子政务"初见成效，逐步推行网上申报和网上审批，提高办事服务信息化水平。建立电子政务实时监察系统，加强对各个办事环节和流程的监督，政府职能实现由管理型向服务型的转变，创建学习型、创新型、服务型政府。

惠企惠民措施不断落实。为解决企业员工职住分离难题，开设贯穿全城的公交专线；为解决企业员工住宿问题，提供单身公寓；支持员工落户，以及解决子女入学和父母养老等问题。为解决企业发展资金问题，引进杭州银行科技支行，推出"期权贷""银投联贷"等金融创新产品。

2. 聚焦对内对外开放，加速汇聚创新资源

2003 年 4 月，习近平同志视察高新区（滨江）时强调，在具体工作中，要不断提高软件、通信、晶片等行业的档次，着重引进高档次的大项目。落实习近平总书记的重要指示，高新区（滨江）牢牢抓住长三角区域一体化发展带来的高端要素集聚机遇，充分把握杭州沿江跨江发展战略的区位优势带来的加速发展机遇，形成全方位开放格局。

全面开展国内外交流合作。高新区（滨江）与上海张江高科技园区结为友好园区，与浙江大学、中国科学院等高等学校、科研院所建立全面合作关系。设立驻沪、驻深招商机构，定期开展赴欧洲、日本、澳大利亚、新加坡等境外的定向招商活动，与日本亚洲友好协会签订委托招商协议，与日本京都商工会议所签订友好交流协议。与微软、思科等著

---

[1] 数据来源：高新区（滨江）2006 年政府工作报告。

第三篇 案例研究

第十章 杭州市高新区（滨江）：创新驱动高质量发展

名跨国公司，以及中国软件计算机技术与服务总公司等建立合作关系，为区内软件企业提供高级技术培训。

大项目带动与中小项目招商引资并重。实施大项目带动战略，以招商引资为"生命线"，合力营造良好的投资环境，积极推行"四包一考核"绩效挂钩激励机制，引进西门子、诺基亚、三星、NEC、TCS、Infosys、美国运通、思科、保时捷等著名国际企业和华为、中兴等著名国内企业。截至2012年，引进世界500强企业投资项目累计33个。[1] 同时，按照产业集聚的要求，重点抓技术含量高、成长性好的中小项目引进。

积极实施"走出去"战略。支持企业在境外设立分支机构，引导软件企业等发展外包业务。转变外贸增长方式，优化外贸出口结构，加强与外管、口岸单位协作，优化通关条件，引导产品出口结构调整，鼓励高新技术产品出口。通过完善政策、加强服务，降低出口退税政策调整及电力紧张对外贸企业的影响。

3. 聚焦高新产业发展，不断完善创新体系

习近平同志主政浙江期间，始终关心高新区（滨江）高新技术产业的发展。2003年，习近平同志视察高新区（滨江）时强调，发展高新技术产业是高新区（滨江）的重要功能，高新技术必将推动高新区（滨江）的快速发展。2005年3月，习近平同志专题调研高新区（滨江）通信和软件产业发展情况，高度肯定高新区（滨江）高新产业的发展成就。落实习近平同志的重要指示，高新区（滨江）聚焦高新产业，不断完善创新体系。

搭建创新载体。高新区（滨江）先后被确定为国家软件产业基地、国家集成电路设计产业化基地、国家动画产业基地、国家通信产业园。推进区科技创新公共服务平台建设，为软件、IC设计、动漫游戏等特色产业集群和中小企业科技创新提供技术支撑。中介服务体系不断完

---

[1] 数据来源：高新区（滨江）2013年政府工作报告。

善,先后成立杭州高新区投资担保公司、杭州高新区技术成果交易中心和产权交易中心等机构。

建设创新孵化器。相继建成浙江大学科技园中心区块孵化楼、集成电路设计企业孵化器等。其中,科创中心被评为国家先进高新技术创业服务中心和省重点孵化器。根据"江北孵化、江南发展、江东拓展"的功能格局,发挥江北区块的"大孵化器"作用,以国家级科技创业服务中心为龙头,服务一批"瞪羚企业",建成高质量的现代企业加速器。

集聚创新人才。2004年制定出台《关于大力实施人才强区战略的决定》,创新人才工作机制,加快人才资源整体性开发,持续建设"相约在高新"有形和虚拟人才市场。2007年全面启动"天堂硅谷聚才"工程,大力开发国内、国际两种人才资源,积极引进高层次创新型人才和"海归"创业人才。2009年实施海外高层次留学人员引进"5050"计划,重点引进培育一批创业领军型人才。加强留学生创业园、大学生创业园、国家海外高层次人才创新创业基地建设,加快人才专项房和人才租赁房建设。

(二)深化"八八战略"之全面提升(2013—2023年)

党的十八大以来,习近平总书记先后两次来到高新区(滨江)考察调研、参加重要活动,指出企业要牢牢抓住创新,培育创新人才队伍,促进创新链、产业链、市场需求有机衔接,鼓励高新区(滨江)"争当创新驱动发展先行军"。牢记习近平总书记的殷殷嘱托,高新区(滨江)一以贯之、坚定不移推进"八八战略"在高新区(滨江)的具体实践,在经济社会发展上取得巨大成就。

1. 高标准做强做优数字经济,把坚持创新作为发展第一动力

党的十八大以来,习近平总书记站在统筹中华民族伟大复兴战略全局和世界百年未有之大变局的高度,围绕"为什么要发展数字经济、怎样发展数字经济"这个重大课题进行了深邃思考和不懈探索,提出一系列新理念、新思想、新战略,为我国数字经济发展指明了前进方向、提

第三篇 案例研究

第十章 杭州市高新区（滨江）：创新驱动高质量发展

供了根本遵循。数字经济是高新区（滨江）实现高质量发展、高水平全面建成小康社会的主导力量。从数字经济最强区到数字经济第一区，再到"中国数谷"，高新区（滨江）发展数字经济以促进新旧动能转换和建设现代化经济体系，为经济发展和社会转型注入新的动力，在全球数字经济发展中树立了滨江标杆。

高水平建设数字经济策源地。根据浙江省委部署实施的数字经济"一号工程"，2019年发布《杭州高新区（滨江）建设数字经济最强区行动计划（2019—2021）》，提出打造"九个一批"。2022年发布《杭州高新区（滨江）建设数字经济第一区行动计划》，提出力争到2025年，数字经济实现再次攀升，"数字经济第一区"地位进一步彰显。2023年，发布《建设国家数据要素综合试验区核心区 打造"中国数谷"总体方案》，明确数字经济是高新区（滨江）的核心竞争力，新起点上，要全面落实省委数字经济创新提质"一号发展工程"，充分发挥数据要素的作用，加快建设国家数据要素综合试验区核心区，以"中国数谷"建设推进数字经济高质量发展。

高能级建设数字产业先行区。作为数字经济的优等生，高新区（滨江）与华为共建杭州人工智能（昇腾）计算中心，为基于数据要素的产品开发建设了算力强劲的"训练场"。以"数字＋自贸"为建设主线，高新区（滨江）率先推进数据要素市场化改革，在数据交易平台、数据出口服务和数据制度上先行探索，最大限度地激活数据要素潜能，走出了一条以数字经济为主导产业的创新发展之路。获批全国首批国家知识产权服务出口基地、全省唯一国家数字服务出口基地、国家跨境电子商务综合试验区、自由贸易试验区等多个国家级平台，并建成浙江省首个数据安全实验室[①]。

高质量建设数字人才集聚地。从推出浙江省首个面向海外高层次人

[①] 数据安全实验室依托国家互联网应急中心浙江分中心、滨江区政府、技术支撑单位、行业专家等优势资源，聚焦数据安全领域开展检测评估、安全审计、标准制定等专业技术和研究工作。

才的"5050"计划,到日臻完善的"才链全球"计划,高新区(滨江)成功打造出服务滨江、辐射全国、连接全球的人才工作引育平台。通过引留并举,围绕科技人才的特点和需求,在人才引育上下功夫,自主研发"科技孵化人才系统",自动为企业办理政策认定,变"企业找政策"为"政策找企业",以才聚滨江促进数字经济高质量发展。

高标准建设数字文化发展区。2021年发布《杭州高新区(滨江)文化产业发展"十四五"规划》,先后5轮修订出台文创产业专项政策,落实企业招商引资服务工作机制,推进"产学研用"合作,建设数字化平台实施精准服务。打造建设文创产业发展驾驶舱和文创企业大数据管理服务平台,完成企业备案线上申报审核、文创资金线上申报审核等八大功能模块开发建设。创新成立以数字内容、游戏电竞、创意设计为核心的区数字文创产业联盟,创新打造滨江文创"创e家",提升改造网络文学"IP路演中心",为企业提供展示推介、项目路演、合作交流平台。加快推进之江文化产业带(白马湖)发展极建设,白马湖生态创意城、中国网络作家村等重点产业平台获评国家级示范园区。

2. 以"两个先行"打造重要窗口,坚持改革作为转型关键一招

改革是转变发展方式、实现高质量发展的关键动力。习近平总书记2022年10月16日在中国共产党第二十次全国代表大会上指出,完善产权保护、市场准入、公平竞争、社会信用等市场经济基础制度,优化营商环境。高新区(滨江)牢牢将改革摆在事关全局发展的重要战略地位,奋力推进改革攻坚,为以"两个先行"打造重要窗口提供强劲动力。

紧盯重要领域关键环节改革,打造营商环境新高地。以"最多跑一次"改革为牵引,推进省级全面创新改革试验区核心区建设,率先开展工商登记制度"五证合一"试点改革,率先完成"一事、一窗、一次"改革,开展企业开办全流程一日办结省试点,全面实施"四办""五减"行动。推行政企直通车,完善政企服务平台,优化审批流程,完善

第三篇 案例研究

第十章 杭州市高新区（滨江）：创新驱动高质量发展

联审联办，推行行政审批首席代表制和"形式审查制"。修订完善"1+X"产业扶持政策体系，出台"黄金12条"，出台《关于进一步推进众创空间发展的若干举措》，推行创业项目工位注册、众创空间设立、支持名称和经营范围体现行业特点等8项举措，实施企业名称自主申报、工商登记注册程序全程电子化改革。迭代"亲清三访"，开展"百名干部助百企"服务活动，打造董秘圆桌会、"亲清直通车·政企恳谈会"等服务品牌。

聚焦政府服务提质增效目标，纵深推进数字化改革。对照全省数字化改革"1612"工作体系，形成高新区（滨江）"6+1+X"的工作任务清单、"1+1+6+N"的工作推进体系。深入推进"互联网+政务服务"，加强行政服务中心建设，全面推行"不见面"办事。印发《高新区（滨江）进一步加强行政服务中心建设任务清单》，制定16个板块细化改革措施，完善行政服务中心集成服务功能。持续推进"智慧大厅"向2.0、3.0版本迭代升级，优化线上线下服务体系，提升人性化智能化的服务体验。缤纷未来社区实施缤纷管家、缤纷执法、缤纷掌柜、缤纷数智、缤纷服务五大项目，创新实现"五减五增"一体化治理样本。政务服务"示范大厅"、滨政督、知识产权集成服务改革、平安工地通、数智治水、浙科贷等应用场景和项目获得全国、省、市试点，数字自贸、创新积分、软件（集成电路）税收优惠资格"一键核查"等项目获省"揭榜挂帅"科技项目立项。

瞄定"两个先行"目标，实践共同富裕新方式。高新区（滨江）和富阳区共同合作打造滨富特别合作区，构建"主城区总部研发+特别合作区核心制造、大规模生产基地"的跨区域产业协同发展新模式，带动富阳区加快新旧动能转换，实现产业共富。杭州高新区（滨江）萧山特别合作园通过"一区多园"模式，持续推动先进制造大项目和产业链关键制造环节跨区域落地，加快提升特别合作园区及周边地区财政收入，以及劳动力就业质量和收入水平，努力形成"橄榄型"社会结构。高新区（滨江）与泰顺县深化山海协作，做强做优科创飞地载体，促进两地之间的资本、人才、环境等要素高效配置，探索"楼宇＋孵化器＋基金"的新模式。同时，高新区（滨江）与四川省广元市朝天区开展交流合作、与吉林长春新区开展对口合作、与新疆阿拉尔市八团开展对口支援、与保定市阜平县开展战略合作，形成巩固拓展脱贫攻坚成果与乡村振兴衔接的新格局。

3. "引进来"和"走出去"两手并抓，坚持开放作为升级必由之路

高新区（滨江）坚持把高质量"引进来"与高水平"走出去"作为重要战略目标，以开放发展提升高新区（滨江）发展动能。

全域对接上海融入长三角发展。围绕"长三角国际化人才生态高地、长三角高层次人才交流合作基地、长三角数字科技创新中心"的目标定位，高新区（滨江）以"东融上海、西接合肥"为战略方向，通过对接沪皖创新资源，全面开展人才合作、创新协同和产业融通，把融入长三角发展作为对接国内外高端要素的重大机遇。与同济大学、上海交通大学、上海财经大学等高校建立引才合作关系，与上海张江高新区、合肥高新区等加强区域协同合作，积极参与长三角产业园区联盟建设、国家高新区长三角一体化高质量发展、九城市产业一体化发展的新平台建设。成功引进浙江大学科技园滨江创新园、中科高新产业园、先进技术转化产业园、北京航空航天大学杭州创新研究院和研究生院、公安部一所安全与警用电子产品质量检测中心、华为鲲鹏创新中心、浙江大学滨江研究院、杭州中科国家技术转移中心、杭州长光产业技术研究院、"超高灵敏极弱磁场和惯性测量装置"培育项目等。

聚力打造高质量"引进来"新局面。利用资本优势对接高水平海外创业团队，鼓励众创空间和孵化器设立海外分支机构，招引全球创业项目。高新区（滨江）的六和桥国际双子星孵化器，成功孵化PingPong、米趣科技、e签宝等优秀企业。吸引Forte国际化孵化器进驻，整合港澳和国际资源优势，从商业模式、技术、资金、社区等方面为创业者提供充分支持。引进六棱镜（杭州）科技有限公司等优质知识产权第三方

第三篇　案例研究
第十章　杭州市高新区（滨江）：创新驱动高质量发展

服务机构，搭建大科创数字底座，关联整合产业、企业、技术、人才、资本等多源异构数据资源，为创新主体提供数字化、智能化的服务。

加快构建高水平"走出去"新优势。2020年，浙江自贸试验区杭州片区滨江区块正式加入自贸区行列，2022年3月，高新区（滨江）被认定为知识产权服务领域特色服务出口基地。高新区（滨江）鼓励辖区内新华三、海康威视、网易等龙头企业以技术和文化进出口合作为基础，不断提升知识产权领域"数字＋服务"一体化出口能力。同时鼓励企业拓展海外专利布局渠道，参与专利融入国际标准制定等前沿规则研究，强化知识产权国际话语权。高新区（滨江）拥有阿里巴巴国际站、全球速卖通商家服务中心等多个跨境电子商务综合服务平台，先后获批国家数字服务出口基地、国家文化出口基地、国家知识产权服务出口基地、国家中医药服务出口基地，获批进口货物"长三角一体化通关"协同查验试点，率先落地全国首单跨境电子商务离岸转口贸易和首单新型离岸转手买卖业务。

二、高新区（滨江）创新驱动高质量发展经验

分析杭州市高新区（滨江）创新驱动高质量发展的经验，可以归纳为以下几个方面。

（一）聚焦数字经济发展高新技术产业，高质量发展走在前列

高新区为产业而生，滨江区因产业而兴。高新区（滨江）牢牢把握住"发展高科技、实现产业化"的使命，不因一时一地的诱惑、一得一失的议论改变初心，始终坚持"高新区"姓"高"，一张蓝图绘到底，把发展高新技术产业、做大做强实体经济作为发展的关键之举。

（1）坚持发展数字经济。在高新区成立，特别是2002年"两区合并"之初，滨江区明确提出大力推进工业化和信息化，重点布局"两强"（软件、通信设备制造）、"两优"（集成电路、数字电视）、"两新"

（动画、网络游戏）等高新技术产业领域。多年后，阿里巴巴、海康威视等一批龙头企业强势崛起，形成滨江区的数字经济产业雏形，并进一步衍生出云计算、大数据、物联网、信息安全等前沿领域。目前，滨江区已经拥有从关键控制芯片研发、通信设备制造，到软件设计和物联网系统集成，再到电子商务、网络运营、大数据云计算等各类应用服务构成的数字经济产业链，在电子商务、数字安防、网络通信设备等细分领域均居全国第一，甚至全球前列，一个世界级数字经济产业集群形态初显。

（2）坚持加大创新投入。高新区（滨江）将企业的高新技术研发作为政策支持的最关键着力点，以区立法的方式，明确每年从财政支出中安排不低于15%的比例设立产业扶持资金，用于支持高新技术产业发展和中小企业创新创业活动。近年来，滨江区政府平均按企业研发投入的20%予以资金补助，有力撬动了全社会研发投入。

（3）坚持保障产业用地。"发展空间不足"是高新区（滨江）成立之初就意识到的困境。面对节节攀升的住宅用地出让价格，区政府抵住发展房地产的诱惑，坚持向优质产业项目优先供地、向"瞪羚企业"预留预选用地，确保每家上市企业都能拥有自己的楼宇物业。在这个导向下，高新区（滨江）把城市工业项目容积率放宽到 3.0，变供地为供楼，打造了互联网经济示范区、物联网产业园、智慧新天地、白马湖生态创意城等重大产业平台，实现了"有限空间无限发展"。

（二）聚焦企业主体做好创新孵化和成果转化，创新驱动走在前列

杭州高新区（滨江）认为优质的大企业求不来、引不来。必须"自己育苗、自己种树"，尊重和落实企业的创新主体作用，围绕不同生命周期的企业精准施策，通过内外开放促创新，使滨江区培育出一批能够参与国际竞争的领军企业。

（1）把全区当作一个大孵化器。高新区（滨江）在建区伊始就成立

第三篇 案例研究

第十章 杭州市高新区（滨江）：创新驱动高质量发展

了科创中心，是浙江最早的科技孵化器。20多年来，始终鼓励上市公司、创投机构、高校院所，甚至街道企业建设孵化器，形成了杭州创业大街、海创基地等一批众创空间集聚区，培育出贝壳社、六和桥、王道"互联网+"众创空间等一批优秀的本土众创空间，吸引了3W空间、天使汇、创业邦等知名众创空间落地。截至2022年，全区拥有市级以上科技孵化器85个，众创空间45个，在孵企业3820家，孵化出淘宝、安恒信息等一批知名企业。

（2）把政策视为给企业"做鞋"。高新区（滨江）一直有个"鞋论"，认为企业像小孩的脚，政策应该不断适应企业成长的"脚"。从2011年至今，高新区（滨江）出台了五轮"1+X"产业扶持政策，采取差异化和非对称路径，帮助初创企业解决好办公场地和启动资金问题，帮助"瞪羚企业"解决好拓展市场和再融资问题，帮助领军企业解决好重大技术研发和跨界、跨区域发展。做到"初创企业帮一把，'瞪羚企业'推一把，领军企业奖一把"，为企业提供了配套合体的精准支撑。2020年8月，高新区（滨江）又在全国高新区率先开展企业创新积分工作试点，首创基于企业创新能力的科技企业增信机制，运用数据资源对科创企业进行精准画像、精准服务、精准培育，推动政府管理"驾驶端"和创新主体"企业端"同向发力、交互赋能，引导金融机构加强对科技创新的支持力度，推动创新资源向科技型企业聚集。

（3）鼓励开放带动企业高端发展。鼓励企业"走出去"连接全球创新资源，加速了产业新优势的构建。例如，海康威视通过收购英国SHL公司实现研发中心的海外布局，启明医疗、安恒信息等百余家企业在国外设立研发中心或建立研发团队，极大提高了企业创新的国际化水平。通过"走出去"到国际市场竞争，高新区（滨江）的数字安防、工业自动化、金融软件服务三大产业已经引领全球中高端市场发展。

（4）加快推进科技成果转移转化。高新区（滨江）作为杭州市企业成果转化员工作的首批试点之一，率先启动企业成果转化员队伍建设工作，探索多载体建设技术转移转化中心，做强技术转移转化载体生态圈。同时，支持区内高校院所、链主企业等组建面向中小微企业的开放实验室，建立创新资源跨区域联动共享合作机制，大力引育研究开发、检测认证、标准服务等专业机构，优化成果概念验证服务生态。

（三）聚焦人才需求做好创新服务，人才集聚走在前列

高新区（滨江）始终牢记习近平总书记的嘱托，把人才作为建设"天堂硅谷·硅谷天堂"最为宝贵的资源，将5月26日设为"滨江国际人才节"，充分彰显打造全球人才蓄水池和人才生态最优区的战略决心。

（1）千方百计引进人才。高新区（滨江）把人才作为第一资源，形成了"以人才带技术、以技术立项目、以项目育产业、以产业聚人才"的良性循环。从2009年开始，高新区（滨江）实施了四轮高层次人才创新创业"5050"计划，每年安排不少于2.0亿元的预算资金吸引和保障海内外高端人才带技术、带团队落地创业，并鼓励企业设立院士专家工作站、博士后科研工作站，通过柔性方式引进海外工程师等。2022年高新区（滨江区）又发布"1+5+20"人才新政，创新推出"才链全球"人才计划，迭代升级"5050计划"3.0版和"5151"创业陪跑计划，通过产业链才、科技链才、生态链才、服务链才、以才链才五大载体，构建辐射全国、链接全球的人才引育平台。目前全区已集聚670个创新平台、80余家孵化器和科研机构、60余家金融机构、37家全球顶尖高校、覆盖五大洲的100余家才链媒介单位，让企业引才的"朋友圈"走向全球。

（2）千方百计用好人才。高新区（滨江）优化人才结构，壮大雁阵规模，筑牢专技人才这一"基本底盘"，积蓄青年人才这一"源头活水"，瞄准领军人才这一"关键少数"，全力打造一支高素质人才队伍。高新区（滨江）招引项目并不看重短期内的产值、盈利和税收等指标，而以是否有核心技术作为评判标准，大力扶持"创新型创业"。对于领军人才、海外高端人才、国家创新创业大赛获奖者等人才创业项目重点支持，形成"人才+项目"的创新创业培育模式，使包括聚光科技、英

飞特等行业龙头在内的2000余家企业得以成长壮大。

（3）千方百计服务人才。高新区（滨江）深化制度改革，突破瓶颈制约，做精人才计划、做深人才评价、做优人才管理，更好激发人才活力；塑造一流品牌，厚植比较优势，提供高质量人才服务，丰富高规格人才活动，筑牢高水平人才阵地，真正形成让人才"难以抗拒"的吸引力。2022年，滨江区又编制《高新区（滨江）现代产业社区规划布局图》，谋划成立现代产业社区14个，深化产城人融合、激发产业创新发展和提升城市能级。

三、高新区（滨江）未来高质量发展思路

（一）总体思路与发展目标

1. 总体思路

高举习近平新时代中国特色社会主义思想伟大旗帜，全面贯彻党的二十大精神，忠实践行"八八战略"，坚决做到"两个维护"，沿着习近平总书记指引的方向坚定前行，立足新发展阶段、贯彻新发展理念、构建新发展格局，围绕"科学规律的第一发现者、技术发明的第一创造者、创新产业的第一开拓者、创新理念的第一实践者"的目标方向，以提升创新策源能力为主线，以科技和人文融合发展为特色，以突破关键核心技术和培育高端产业为主攻方向，一体打造科技创新策源地、高端产业增长极、创新生态共同体、国际都市示范区、高效能治理样板区和高品质生活示范区，高水平建成"天堂硅谷·硅谷天堂"，全方位实现"世界一流·共同富裕"，在社会主义现代化新征程上走在前、做示范。

2. 发展目标

锚定2035年远景目标，坚持目标导向和问题导向相结合，坚持守正和创新相统一，到2028年，为杭州建设具有国际影响力的创新发展策源地和先进制造业基地，国内大循环的强劲动力源和国内国际双循环的强大链接点，打造世界一流的社会主义现代化国际大都市贡献滨江力量。

（二）主要任务

1. 聚力三个"一号工程"，推动全区持续高质量发展

（1）聚焦创新能力提升，高水平实现科技自立自强。加大前沿研究、原始创新能力体系建设和集聚，是高新区（滨江）迈向更高发展的必由之路。加快谋划杭州江南科学城建设。主动抢抓杭州争创综合性国家科学中心机遇，进一步向白马湖、回龙庵山区域集聚高端创新平台，统筹配置土地空间，融合生态、文化、科创资源，实现创新、产业、生活无缝衔接，打通"原始创新最初一公里"和"产业成果转化的最后一公里"。加强科技基础能力建设，积极做好土地、人才等要素保障工作，全力保障包括极弱磁大科学装置、白马湖实验室、浙江大学国家心脑血管植入器械产教融合创新平台等在内的"1+2+6+N"高能级创新平台体系建设，大力支持智能感知省技术创新中心等公共技术平台深化企业合作；强化孵化器链条体系建设，推动孵化链与资金链相结合。

（2）聚焦产业竞争力，高标准推进产业体系建设。坚持高新导向，不断厚植产业新优势、挖掘产业新动能，构建"2+2"产业体系，提升全区现代产业体系在全国乃至全球范围的韧性和竞争力。巩固数字经济先发优势。深入实施数字经济创新提质"一号发展工程"，全面落实杭州市数字经济"1248行动"，高质量建设"三地五区"，推动数字经济向数智经济加快演进，实现数字经济二次爆发；持续强化生产性服务业集聚发展，推动数字经济向智能物联、智能汽车零部件等"415X"新制造业延伸，实现产业链软硬结构均衡发展；深化数字新基建建设，结合市场需求扩建提升智算中心，丰富检测平台、公共创新服务平台体系，统筹全区资源加强数字场景应用供给，加大应用场景对招商引资、产业发展的支撑作用。打造"一园三谷五镇"[①]产业新地标。精准布局未来产业。紧盯产业新趋势，加强对产业新赛道、新领域、新模式的研

---

① 一园：建设世界领先科技园区的战略目标。三谷：中国视谷、中国数谷、国际零磁科学谷。五镇：智造供给、数字健康、白马湖创意小镇、物联网小镇和互联网小镇。

第三篇　案例研究

第十章　杭州市高新区（滨江）：创新驱动高质量发展

究和谋划，聚焦数字、生命、宇宙三大产业空间，精准对接创新平台资源和主导产业优势，加快布局未来产业。围绕极弱磁大设施布局量子信息产业和零磁医学产业，对接白马湖实验室布局绿色能源产业，依托智算中心布局新一代人工智能产业，借助医工交叉创新平台布局生命健康产业，支持游戏企业布局元宇宙产业，助推直播企业孵化培育国潮品牌。

（3）聚焦高能级人才队伍，高水平建设"全球人才蓄水池"。围绕"引、育、用、留"全链条，构建全周期人才服务体系。迭代升级"5050计划"，完善企业首席科学家发现机制，遴选海外及本土战略科技人才。重点引进一批能够引领国际科技趋势的顶尖战略科学家，集聚一批从事科学前沿探索和交叉研究的世界杰出科学家，带动高新区科技人才队伍实力跃升。鼓励企业为战略科技人才量身打造事业发展平台和研究团队。加快培养具有全球思维、战略眼光、市场开拓精神和社会责任感的优秀企业家队伍，发挥企业家在把握创新方向、凝聚人才、筹措资金等方面的重要作用。集聚培养一批覆盖科技、管理、金融、法律等领域的国际化复合型科技成果转移转化人才，壮大技术经理人、科技咨询师等专业化人才队伍。引进培养一批高端科技项目管理人才。深化"人才一件事"改革，加快人才工作一体化平台集成，推动嵌入式幼儿园扩面提质，全面推进人才房三年倍增计划，深化"住创一体"的人才综合体建设，探索特定人群就医养老绿色通道，为创新创业人才营造最优生活环境。

（4）聚焦服务供给，高效能推进营商环境国际化。进一步加强数字赋能应用场景开发和迭代升级，加大"上马石"等优秀数字化改革成果应用覆盖，持续提升政务服务水平。加快从具体事的解决到治理创新的全面升级，积极推进法规制度"立改废释"，切实保护企业合法权益，全力构建新型监管机制，增强法治保障力。加快从要素开放到制度开放的全面升级，提升市场竞争"规范度"、制度规则"开放度"、社会"信用度"，增强市场配置力。加快从能创业到开新局的全面升级，着力优化产业生态、要素保障、基础设施功能,增强发展支撑力。深化实施"百名干部联千企"活动,建立问题反馈数字化闭环管理系统,构建"亲清关系"新范式,增强文化引领力。

(5)聚焦"双自联动",高水平推进对外开放。坚持国家自主创新示范区和浙江自由贸易试验区"双自联动",深入推进数字自贸区建设,开展数字自贸区评价体系试点、数据跨境安全合规探索试点;积极引导企业开拓国际市场,努力扩大高附加值产品出口规模,鼓励企业抢抓机遇"走出去",在加强自主品牌培育的同时,支持企业开展海外品牌、技术、渠道收购并购;推进国家知识产权服务出口基地建设,完善涉外知识产权纠纷应对指导机制。

2. 抢抓亚运会历史机遇,推动现代化都市加快建设

坚持"办好一个会,提升一座城",扛起亚运主场担当,加快亚运城市建设,放大亚运综合效应,在2023年以及未来一个时期,向世界展示一个更加国际、更具魅力、更有品质的滨江。

(1)精益求精优化城市国际形象。围绕城市国际化、发展现代化,精心谋划"一心一带一园一谷"功能组团,加快实现全域均衡发展,提升城市空间承载力。加强对城市总体设计和重要节点设计的审核、把关、引导,一体推进城市功能、空间形态、综合交通和环境景观设计,加强立面、天际线和色彩管理,增强建筑的协调性和标识度,不断提升城市空间美学和人文品位。

(2)高标定位提升城市基础设施。坚持人本化、生态化、数字化理念,科学划分功能单元,渐进式开展片区"微更新",实现核心区域全覆盖,稳步提升城区功能品质。推动城市"西进""南扩",加快推动浦沿片区、铁路以南区域集中连片开发。推进快速路成网、主干道扩容、断头路联通和瓶颈路拓宽,持续增加地铁线网覆盖密度,全面打通涉铁立交通道。丰富城市商贸功能和文体设施,升级打造全区文化体育地图。

第三篇 案例研究

第十章 杭州市高新区（滨江）：创新驱动高质量发展

3. 坚持人民至上原则，推动共同富裕高水平示范

坚持政府有形之手、市场无形之手、群众勤劳之手同向发力，以"此心安处是吾乡"的民生情怀，共建共治共享快乐创业幸福生活的乐土，加速呈现"富裕、幸福、均衡、文明"的美好图景。

（1）推进普惠型公共服务先行示范。全面做好教育、医疗、住房等民生服务供给，提升群众获得感和幸福感。持续打造优质均衡基础教育。加强区域优质教育资源供给，加大合作办学力度，深化新名校集团化办学，努力实现优质教育资源100%覆盖；推进"无围墙学校"建设，推动高新企业与中小学校结对合作；引进优质学前教育品牌，探索12年课程一体化的贯通培养模式，真正实现每一所学校都优质。全力供给普惠高效医疗服务。加强医疗卫生队伍建设，落实关心关爱医务人员政策；增强优质医疗资源供给，深化医联体建设，加大医联体专家下沉力度，畅通医联体内双向转诊通道；加强群众健康教育，深化中医药传承创新发展。提升人民群众居住获得感。加强房地产市场监管，强化住宅用地供应统筹力度，促进房地产市场平稳健康发展。

（2）推进共富基本单元先行示范。做好做细社区这一共同富裕基本单元，将共同富裕果实传递到每一名群众手中。加快全域未来社区建设。科学布局社区美好生活共同体，大力推进现代社区建设和未来社区创建，鼓励老旧小区打破物理界限、连片打造未来社区，优化完善未来社区运营模式，建设更加具有归属感、舒适感和未来感的共同富裕现代化基本单元，推动滨和、滨康、钱潮、江三、彩虹5个未来社区达到省级创建标准。优化"一老一小"服务场景。推进托幼一体化建设，延伸学前教育服务，继续推广产业园区嵌入式幼儿园、"通学路"等创新模式应用；启动"新生代父母赋能计划"和"阳光少年"健康行动，实施好"孩子中餐这件事"，持续提升滨江教育的温度和厚度；打造高新颐养共同体，创新居家养老集落生态，实施"乐居安养"行动，推广社区嵌入式养老服务模式，创新打造"颐养型"友好社区，力争率先建成普惠型基本养老服务体系。

（3）推进现代基层治理先行示范。以推进现代社区建设为抓手，构建舒心安心放心的社会环境，助力高质量共同富裕有效推进。构建共建共享的基层治理格局。实施"条抓块统"工作机制，坚持把党建引领贯穿基层治理全过程，开展网格提能增效行动，全面加强社工和网格员队伍业务能力；深化省级社会组织发展体系改革试点，制定购买服务供需"两目录"，广泛开展社区嵌入式服务；发挥群防群治功能，做好网格"一长三员"与微网格"一长二员"体系融合，激励居民主动参与基层治理。深化社区功能规范提升行动和"五社联动"提质增效攻坚行动；合理优化调整社区布局，配强社区人员力量，推进大单元、大融合社区治理机制创新实践；深化探索建设现代产业社区，进一步提升社区现代化治理水平。

（4）探索区域协调、共富发展道路。发挥高新技术产业引领辐射带动作用，深化与萧山、富阳等周边区县的战略合作，加快体制机制创新、强化资源优势互补，高水平建设产业合作区，持续推动产业链关键制造环节跨区域落地，以产业链带动生态圈、以生态圈打造共同体、以共同体延展共富图。加快取得突破性进展、创造普遍性经验，努力成为全省乃至全国区域协调、共富发展的示范样本。扎实做好东西部协作、对口支援、山海协作和城乡统筹工作，探索先富帮后富的实践路径，形成巩固拓展脱贫攻坚成果与乡村振兴有效衔接的新格局。

第十一章 慈溪：制造业高质量发展

慈溪市是长三角地区大上海经济圈南翼重要的工商名城，也是国务院批准的沿海经济开放区。2008年杭州湾跨海大桥的通车更是拉近了慈溪与上海的距离，慈溪一跃成为长三角南翼黄金节点城市。慈溪也被称为"家电之都"，与青岛、顺德并称中国三大家电生产基地。以家电、关键基础件和汽车零部件等为主的慈溪制造业走出了高质量发展之路。[①]

一、慈溪制造业发展特色

慈溪制造业发展有一定历史，改革开放后进入快速发展期。进入21世纪后，慈溪制造业转型升级，取得了初步成效。

（一）制造业发展以民营企业为主

慈溪工业企业的兴起，两个时间点被认为具有标志性意义。一是1958年人民公社的兴办，在"大炼钢铁"运动的带动下，各公社集中兴建小工业企业，与当时已有手工业生产组织一同构成地方社队企业雏形。然而，由于当地并非浙江省产铁炼钢基地，运动过后，县内公社兴办工业企业的积极性并不高。二是1966年下半年，毛泽东同志的"五七指示"颁布后，地方（农村）办工业成为中央政策鼓励的发展方向，在之后的3年时间里，慈溪县（现慈溪市）各公社集中兴办企业470

[①] 本章取材自浙江省社会科学界联合会社会主义制度优越性重要窗口（慈溪）研究基地课题。笔者团队多次到慈溪实地调研，感谢慈溪市社会科学界联合会秘书长马利亚，以及环杭州湾创新中心副书记范常林、办公室主任费益挺的帮助。

家，出现了一波地方（小）工业发展浪潮。①

1979年，国务院《关于发展社队企业若干问题的规定（试行草案）》及中共中央《关于加快农业发展若干问题的决议》先后下发，社队企业发展得到进一步肯定。进入20世纪80年代后，慈溪的乡（镇）、村办工业企业发展迅速。慈溪市政府在这一时期为这类企业"戴帽"，目的是保护而非占有个体、私营企业资产。邓小平南方谈话后，非公有制经济再次得到肯定，慈溪市政府对于由企业提出的"摘帽"要求予以积极回应，重新承认其个体、私营身份。目前，慈溪制造业以民营经济为主，私营企业数占比高达92.6%。

（二）制造业企业以小微型企业为主

慈溪企业规模普遍偏小，以小微型企业为主。从行业构成看，行业集中度较高，家电、轴承、汽配、轻纺化纤等为传统优势产业。从工业化进程来看，慈溪正处于工业化后期向后工业化时期迈进的关键阶段。慈溪市在家用电器、汽车零部件、智能装备、医疗器械、新材料、机械基础件等特色优势产业具有较强的竞争优势，产业基础扎实，部分关键领域技术水平位居全国前列。

慈溪市聚焦提升区域核心竞争力，实施单项冠军企业梯队培育行动。慈溪建立制造业单项冠军（"小巨人"）专精特新企业培育库，出台实施了培育制造业单项冠军三年行动计划，设立分级定额财政补助，引导企业主攻行业细分领域。在涉及智能家电、机械基础件、汽车及零部件三大传统优势产业和智能装备、新材料、生命健康三大战略性新兴产业的150多家入库培育企业中，诞生了一批专精特新"小巨人"企业。目前，慈溪市共有30家企业入围国家级专精特新"小巨人"企业名单。

---

① 严宇鸣．乡镇企业改制的社会历史学分析——以浙江省慈溪市为例［J］．中共党史研究，2019（5）：86-103．

第十一章 慈溪：制造业高质量发展

（三）产业转型升级初现成效

1992 年，邓小平同志南方谈话和党的十四大以后，慈溪开始狠抓结构调整和技术改造，一批技术企业和名牌企业开始崛起，截至 2020 年年底，慈溪共有宁波三 A 集团、宁波方太厨具、公牛集团等 16 个驰名商标企业，16 家工业企业被认定为"浙江制造"品牌认证企业。主导行业随着社会的不断进步而发生变化。2008 年以前，慈溪规上工业按产值排序的主导行业是电气机械和器材制造业、通用设备制造业、纺织业、汽车制造业、化学纤维制造业。2008 年开始，纺织业逐渐被淘汰，退出前五大行业，有色金属冶炼和压延制造业进入前五大行业，前五大行业变成电气机械和器材制造业、化纤制造业、通用设备制造业、汽车制造业、有色金属冶炼和压延制造业。

随着居民收入的提高，家庭对汽车的需求逐渐提升，汽车行业进入快速增长阶段，2015 年，汽车制造业产值超过电气机械和器材制造业产值成为慈溪最大的工业行业，2015 年开始，慈溪的前五大行业依次为汽车制造业、电气机械和器材制造业、通用设备制造业、有色金属冶炼和压延制造业、化纤制造业。2003 年、2008 年、2013 年，慈溪工业总产值分别跨过 1000 亿元、2000 亿元、3000 亿元关口，并逐步形成家电、基础件（元器件）、汽车及零部件"三大支柱产业"和生命健康、新材料、智能装备"三大战略性新兴产业"。

目前，慈溪市在家用电器方面，拥有公牛、卓力、先锋等优势企业，是中国四大家电产业基地之一；在汽车零部件方面，拥有四维尔、福尔达、长华等骨干企业；在智能装备方面，有慈星股份、中大力德等国内行业领先的一批高新技术企业；在新材料方面，拥有以墨西科技、兆晶股份等为代表的龙头企业；在机械基础件方面，拥有慈兴轴承、天生密封件、横河模具等在核心基础零部件、先进基础工艺、产业技术基础方面具有竞争优势的企业。

二、慈溪制造业产业转型经验

慈溪市始终坚持"工业立市、实业兴市"战略不动摇,深入推进制造业转型发展,取得积极成效,在全国工业百强县(市)排名中位居前列。这里以家电产业为例,分析其产业转型经验。

(一)在产业层面大力推动产业创新

1. 注重推动产业集中化发展

慈溪市明确将家电产业作为全市主导产业进行发展,2009年11月发布实施《慈溪市家电产业集群转型升级实施方案(2009—2012)》,2016年发布《关于进一步推动慈溪市家电产业转型升级发展的指导意见》。这些文件明确了家电产业的总体布局、功能定位和发展远景。在厨卫家电、水家电、传统白色家电、小家电4个领域,确立20家产业龙头企业,促进各类要素和政策向优势家电企业集中,形成一批产业龙头骨干企业和总部型大企业,其中年销售收入10亿元以上企业8家,1亿元以上企业88家。

2. 注重推动产业集聚化发展

积极引导家电企业逐步向专业园区集聚,形成和强化以家电科技城为中心,周巷、附海、观海卫、新浦、杭州湾新区为支撑的"一个中心、五个核心区块"空间布局,使之成为慈溪家电产业的集聚地,打造慈溪家电产业转型升级的"主阵地"。

3. 注重推动产业集约化发展

慈溪家电产业十分注重集约化发展,严格环保、节能、安全监管措施,制定扶优汰劣产品目录,逐步淘汰落后产能。迎合家电产业发展趋势,引导家电产品向"节能、智能、环保"型发展,增强可持续发展能力,为产业发展赢得竞争优势。

4. 注重推动产业集成化发展

针对家电产业"小、散、低、全"的传统块状经济形态,引导产业龙头企业充分利用家电块状经济的基础优势，促进大中小企业、上中下游企业直接专业协作配套，积极开展集成化、系统化的整机产品生产和系统化的服务，着力发展家电整机生产。慈溪目前拥有电整机企业近2000家，配套企业近万家。

（二）在企业层面大力推动产品创新

1. 以系列化产品创新为基础

慈溪家电依托发达的模具制造产业及注塑产业基础优势，重点发展大型高档模具、电机、电控等产业链补缺产品，完善家电产业链条，丰富产品类型。实现了从仿制到自主研制、从单一品种到多品种、从以小家电为特色的产品结构向大家电和健康护理家电等领域拓展的系列化产品格局。目前，慈溪家电产品系列涵盖电冰箱、洗衣机、取暖器、电熨斗等各类大小家电20余个系列，成为饮水机、电熨斗、欧式插座等21个产品的全球生产基地。

2. 以智能化产品创新为核心

慈溪紧紧把握智能化家电发展趋势，从市场需要开发转型为主动开发新产品引领市场。依托中国科学院慈溪应用技术研究与产业化中心等创新载体，加快推进家电制造业与信息化的结合，积极实施家电之"芯"工程，引导家电企业利用嵌入式技术、集成电路芯片开发和应用等技术变革来提升家电产品智能化创新水平。

3. 以品牌化产品创新为重点

慈溪家电注重实施名牌战略，设立"品牌运作资金"，对于收购外国知名品牌、自主品牌推广、联合创牌等品牌经营活动给予专项资助。采取家电个体品牌与整体品牌协同推广策略，打造"慈溪家电"区域整体品牌知名度。截至2002年，慈溪已拥有中国驰名商标17件，"浙江制造"品字标认证58件，"浙江制造"认证企业36家，"浙江制造"标准40项。

4. 以绿色化产品创新为突破

积极支持和推动慈溪家电产品入围全国高效节能家电推广目录，拓展节能家电市场。建设国家级能效检测实验室，将绿色环保技术作为慈溪家电产业重要的关键共性技术之一进行联合重点攻关。

（三）在政府和社会层面大力推动管理服务创新

1. 强化常态化管理服务机制

强化财政扶持政策的常态化，确保家电产业转型升级的财政扶持资金每年都有一定幅度的增长。慈溪市每年出台的工业经济政策，都对家电产业技术创新、自主品牌创建及品牌经营给予专项奖励。制定出台《关于工业企业效益提升工程的实施意见（慈党办〔2009〕52号）》，鼓励企业增加有效投入，每年排定一批家电产业技术改造项目，作为全市工业技改工程的重点。家电产业技改投入连续3年都在20亿元以上，每年用于家电投资项目的政策奖励扶持超1500万元。

2. 强化公共服务平台建设

打造国内颇具特色的家电行业公共技术创新服务平台。2014年出台《慈溪家电公共服务平台建设扶持政策》，每年拿出1200万元作为家电公共服务平台建设发展专项资金。2023年又出台政策，支持智能家电技术创新中心线下设计平台建设。引进建设了慈溪家电科技城、慈溪家电协同创新研究院、慈溪电器安全检测中心、网上技术中心等一批集展销、研发、检测、孵化、成果转化等产业发展公共服务平台。

3. 强化全面的政策服务体系

在关键共性技术突破、国内外销售渠道建设、联合兼并重组、信息技术应用、财政扶持、高端人才培育等方面出台专项扶持政策。着力培育金融服务、现代物流、创意设计、会展商务等生产性服务业，完善家电产业配套。完善知识产权保护体系，重点打击盗版、制假、仿冒等知识产权侵权行为，帮助品牌企业做好知识产权纠纷的预警、起诉和应诉工作，保护企业自主创新的积极性，为慈溪家电发展营造了良好发展环境。

4. 强化企业联盟协会作用发挥

鼓励企业强强联合，构建家电产业联盟，企业联合兼并重组时在资产变更、税费优惠等方面在法定范围内给予最大额度的优惠，并在要素保障方面予以倾斜。建立完善家电行业协会组织，加强行业自律和行业管理，制定行业标准，完善行业内上下游和配套支持企业的专业化分工，促进家电行业抱团发展。目前，慈溪市组建成立综合型的慈溪市家电企业联合会，以及慈溪市冰箱洗衣机联合会和饮水机联合会2个专业性协会，在观城、附海等地成立镇级家用电器协会，有效推动行业资源整合。

三、推进慈溪制造业高质量发展的路径

慈溪市正面临"高铁时代""前湾时代""长三角一体化时代"叠加的历史机遇，慈溪制造业高质量发展要把握机遇，加快创新转型升级步伐。慈溪市将以数字化、差异化、品牌化、市场化为方向，以提质增效为中心、以产业升级为主线，坚持创新驱动、坚持制造业与服务业融合发展，深化供给侧结构性改革，优化空间布局和产业结构，大力发展新技术、新产业、新业态、新模式，培育发展新动能，着力推进产业基础高级化和产业链现代化，加快形成以特色优势产业为支柱、以战略性新兴产业为引领、以智能制造为支撑的新型制造业体系，努力建设成为全省制造业高质量发展示范（县）市。

（一）构建"3+3+X"产业体系

深入推进强链、补链、固链，做深做精三大特色优势产业，做大做强三大战略性新兴产业，前瞻布局前沿产业，构建"3+3+X"产业体系，优化空间布局，推动制造业集群集聚发展，加快形成经济发展新动能。

1. 做深做精三大特色优势产业

（1）智能家电产业。重点发展智能小家电、白色家电、水家电、电源连接器及开关、智能家居等产业。加快推进慈溪小家电智造小镇和省级以下特色小镇建设，鼓励支持优势骨干智能家电企业增资扩产，加快推广应用智能制造技术。顺应国内消费升级和国际需求市场变化，大力发展功能设计，研发智能家居产品，推动家电产品向数字化、智能化、个性化跃升。建设智能家电创新平台，突破一批智能家电的关键技术、关键材料，推进智能家电产业链延伸拓展，推动智能家电产业链补链、强链、固链。积极推进"互联网＋智能家电"，建设工业互联网，深化慈溪家电馆和魔蛋智能家电共享平台建设，充分运用5G、VR、AR等新技术，开展智能家电产品线上体验，加强与消费者的互动，开展基于网络大数据的定制服务，满足消费者个性化需求。实施OEM和自主品牌"双战略"，推进智能家电自主品牌建设，建设一批智能家电自主品牌，培育一批品牌智能家居企业。

（2）关键基础件产业。重点发展模具、高端轴承、密封件、接插件、气动元器件等产业。积极推进增材技术与模具制造深度融合，大力发展具有感知、分析、决策和控制功能的智能化模具。建设轴承、密封件等关键基础件创新平台，推进产学研协同，突破关键基础件的关键技术和关键材料，推进科技成果产业化，鼓励支持企业推广应用新技术、新工艺、新材料、新设备，提高生产工艺水平和技术装备水平，培育一批专精特新的"小巨人"企业。大力推进智能制造在关键基础件生产制造的广泛应用，鼓励支持企业实施智能化改造，积极发展智能关键基础件产品。

（3）汽车及零部件产业。重点发展汽车电子、汽车关键零部件、汽车内饰及车身附件、物联网汽车专用部件等产业。积极推进汽车生产制造数字化、智能化转型，推进汽车产业智能制造，提升企业产品技术水平和智能制造水平，逐步实现由二、三级供应商向一级供应商迈进。加

第三篇 案例研究
第十一章 慈溪：制造业高质量发展

强与杭州湾新区整车制造厂联动发展，推进产业链区域协同，推动慈溪汽车零部件制造成为长三角区域汽车产业的重要基地。发挥汽车制造创新服务综合体作用，推进汽车产业链、创新链协同，突破汽车产业关键技术和关键材料，推进产业链招商，拓展汽车产业链，推动汽车产业链补链、强链。

2. 做大做强三大战略性新兴产业

（1）新材料产业，重点发展有机高分子材料、高性能稀土磁性材料、高强合金材料、功能性纤维材料、生物医用材料，以及石墨烯等产业。

（2）生命健康产业，重点发展医疗器械、运动健身器械、生物医药等产业。

（3）高端装备产业，重点发展数控机床、机器人及其自动化核心零部件、现代农机装备、纺织制造装备，以及航空、航天、航海军工及其核心零部件等。

3. 前瞻布局若干个前沿产业

（1）新能源产业。以氢能产业为重点，大力发展氢燃料电池及其核心零部件、氢能源汽车、加储运氢装备，以及换电技术相应产品等产业。

（2）数字经济核心前沿产业。重点发展人工智能、大数据、物联网等产品及其零部件。

（二）创新驱动，完善制造业协同创新体系

围绕提高制造业创新能力，加快培育创新主体，突破行业共性关键技术，完善以企业为主体、以市场为导向、产学研相结合的制造业区域协同创新体系。

1. 着力强化关键核心技术攻关

紧紧围绕产业发展制高点的需求，以家用电器、机械基础件、新材料、智能装备等行业为重点，加快推进共性关键技术研发。定期研究和发布技术创新路线图，创新合作研发模式，集聚创新资源要素，以"揭榜攻关"等方式，突破产业发展的共性关键技术瓶颈。推动科研院所和企业对接，创新产学研合作机制，增强慈溪技术创新能力。鼓励行业骨干企业建立研发中心，针对本行业关键技术进行技术创新。

2. 着力建设制造业创新平台

加快推进慈溪产业应用技术研究院、慈溪生物医学工程研究所、温州医科大学慈溪生物医药研究院等创新平台建设，推动创建省级、市级新型研发机构。实施人才、产业、平台、安居 4 个模块组合式政策，"因项目制宜"引进高能级产业技术研究院。整合市内科创平台资源，统筹各类产业研究院、双创孵化器、高新技术产业板块，"串珠成链"，建设上林科创走廊。加快推进智能家电和关键基础件等产业创新服务综合体建设，突出研发能力、创新设计、标准化、成果转化、孵化五大能力建设，全力打造慈溪特色的产业创新服务综合体。

3. 着力完善制造业创新生态体系

加快发展高新技术企业，鼓励支持规上企业建立研发机构，支持龙头企业设立独立的研发机构，完善支持政策，培育发展省级以上企业研发机构，大力发展生产性服务，着力培育发展高新技术企业。积极推进众创空间、孵化器建设，健全运行管理机制，提升科技孵化能力。推进科技成果转移转化，深入实施科技大市场 3.0 版，鼓励支持企业与高校院所、研究机构开展科技对接。主动融入长三角一体化，对接上海和杭州等科技资源，完善"科创飞地"运行管理机制，加强与杭州湾新区融合发展，有序、有效、有力导入科创资源，共享科创成果。大力发展科技金融，鼓励"互联网＋金融"创新在科技企业融资的应用，建设项目资金对接平台，发展制造业普惠金融。加快科技信贷风险池运行，鼓励保险公司开展科技保险业务。积极推动科技型企业和高新技术企业科创板上市。

（三）数字赋能，推进制造业数字化转型

注重重大项目带动制造高质量发展，加快推动制造业数字化转型发展。

1. 推进企业数字化改造

围绕企业数字化转型升级，以家用电器、机械基础件、汽车零部件等为重点，加快推进企业装备数字化应用，引导企业加快传统制造装备联网、关键工序数控化等数字化改造。深入实施"机器换人"、智能制造工程，打造一批数字车间和数字工厂。鼓励支持企业全面深化研发、生产、经营、管理服务等产业重要环节的数字化应用，实现全生命周期、全流程数字化转型。

2. 加快推进产品数字化发展

围绕智能家电、高端装备等重点产业，以新一代信息技术赋能产品创新，推动产品数字化、智能化发展。加快建立健全芯片、集成电路、嵌入式软件、模组等产品配套服务体系，培育发展一批信息技术服务企业。加快发展工业创新设计，提升产品数字化竞争力。

3. 推进工业互联网平台建设

加快5G网络等信息基础设施建设，开展"5G＋工业互联网"应用试点。打造具有慈溪特色的"互联网＋"平台新模式，积极探索与国内先进工业互联网平台企业合作，进一步深化"众车联"在汽配领域协同生产服务的能力，推进"众模联"在模具设计服务领域的推广，加快推进家电可信工业互联网服务平台应用。培育一批高水平行业级、企业级工业互联网平台，为企业网络化协调、智能化生产、个性化定制、服务化延伸等多种系统解决方案。

第十二章　泰顺县：生态大搬迁助力共同富裕

2003年，时任浙江省委书记习近平同志在浙江泰顺考察时做出"下得来、稳得住、富得起"九字重要指示，为下山搬迁工作提供了根本遵循。20年来，泰顺县遵循"小县大城关、小乡大集镇"发展思路，久久为功做好做优搬迁集聚、民生优享、共富增收系列文章，为浙江省山区县生态搬迁打造共同富裕提供了经验，可供借鉴。

一、泰顺县共同富裕基本情况

泰顺位于浙南边陲，与浙闽两省三市七县交界，明景泰三年（公元1452年）置县，寓意"国泰民安、风调雨顺"。

（一）泰顺县情

2003年习近平同志在泰顺考察时曾评价泰顺有四个"最"：一是"最高"，县城海拔约500米，全省最高；二是"最南"，县域与福建交界，全省最南端；三是"最远"，十几年前汽车到泰顺据说要绕过999个弯，现在虽然交通条件极大改善，但仍是全省到杭州、温州最远的县；四是"最贫"，脱贫之前县城找不到一块足球场大的平地，一只青蛙一跃跳过三丘田，当时城镇和农村居民收入为全省人均的2/3左右。

泰顺县域面积达1768平方千米，是温州面积第二大的县，下辖19个乡镇（12镇7乡），总人口36.97万人。近年来，深入实施"生态立县、旅游兴县、产业强县"发展战略，地区生产总值突破百亿大关。泰

第三篇　案例研究
第十二章　泰顺县：生态大搬迁助力共同富裕

顺现状可以用四句话来概括。

1. 自然资源非常丰富

泰顺拥有"山、茶、花""矿、泉、水"等丰富自然资源。"山"：泰顺拥有栖息着"鸟中大熊猫"黄腹角雉的乌岩岭国家级自然保护区，乌岩岭是世界唯一黄腹角雉保种基地和科研基地，有"中国黄腹角雉之乡"之称。泰顺县域森林覆盖率达 76.9%，$PM_{2.5}$ 均值、空气环境质量优良率等指标常年位居浙江前列，是国家生态县、国家生态文明建设示范县、"中国天然氧吧"。"茶"：泰顺是"中国茶叶之乡""中国茶业百强县"，还是世界名曲《采茶舞曲》的诞生地。"三杯香"茶区域公用品牌价值达19.14 亿元，入选首批《中欧地理标志协定》保护名录。"花"：泰顺广泛种植栀子花。2016 年引进康鸿生物科技集团有限公司，主要生产以黄栀子为原材料的冷凝皂，实现种植、深加工、旅游观光等三产融合发展，栀子花已成"致富花"。"矿"：泰顺拥有媲美寿山石、昌化石、青田石、巴林石"四大国石"的泰顺石，被誉为"世界蜡都"。泰顺石极具文化艺术创造价值和收藏价值，理论储量在 1 亿吨以上，储量亚洲第一、世界第二。"泉"：泰顺拥有浙江唯一的氡微量元素适宜的自涌型天然温泉，是国家级浴用医疗温泉水，具有医疗、美肤、健身等功效，被誉为"神水宝地""天下第一氡"。"水"：泰顺素有"温州人民的大水缸"之称，是珊溪水库上游——飞云湖的坐落地，年供水量 13.4 亿立方米，饮用水品质极好。

2. 泰顺文化精彩厚重

泰顺拥有"红、桥、村""泰、顺、人"等深厚人文积淀。"红"：泰顺是中国工农红军挺进师主要战斗地、中共闽浙边临时省委和中共浙南特委诞生地、浙南革命根据地，境内保存着 43 处革命胜迹，1988 年被命名为"革命老根据地县"，2021 年列入国家"浙西南革命老区"规划。"桥"：泰顺被誉为"中国廊桥之乡"，泰顺木拱桥营造技艺被列入联合国世界文化遗产名录，闽浙木拱廊桥入选中国世界遗产预备名单。

有 15 座古廊桥与"仕水碇步桥"皆为全国重点文物保护单位。"村"：泰顺拥有很多富有唐风宋韵文化的古村落。其中库村、徐岙底在 2016 年入选第四批中国传统村落。"泰"：泰顺于明景泰三年（公元 1452 年）置县。"顺"：泰顺正大力挖掘"顺文化"，创新打造顺蜂、顺水、顺茶、顺酒等"顺礼"产品，全力构建特色文化标识。"人"：泰顺有 14 万多的泰商在外创业创新，创造了"千市万亿"的"泰商传奇"，凝结了"泰而不骄、顺而不止，商行天下、仁泽故里"的泰商精神。

3. 泰顺发展势头正劲

随着文泰高速的建成通车，2020 年泰顺正式迈入了高速时代（全省最晚通高速的县）。目前，泰顺正积极推进苍泰高速、温武吉铁路、通用航空机场等重大交通项目，预计落地后泰顺将正式进入全省"1 小时"交通圈，迎来通高、通铁、通航新时代。2022 年，泰顺实现地区生产总值 143.98 亿元，同比增长 5.6%；40 项主要经济指标中有 14 项增速居全市前三，有 31 项高于全市平均水平。泰顺还创成了廊桥—氡泉国家级旅游度假区，被评为全省旅游业"微改造、精提升"最佳案例；实现抽水蓄能电站、苍泰高速等一批重大项目开工建设，北京航空航天大学仪器科学与光电工程学院、温州理工学院的泰顺研究院正式启用；共同富裕示范区工作考核荣获全省优秀，一批具有泰顺特色的共富案例获评全省最佳实践案例；乡村振兴等 2 项工作获省政府督查激励。

（二）泰顺县共同富裕工作推进情况

自浙江省启动共同富裕示范区建设以来，泰顺县全面贯彻落实省市共富工作要求，以起步就提速、开局就争先的奋斗姿态，对标"两个先行"，聚力高质量发展，坚持"小切口"入手，持续加大改革创新力度，全力厚植特色、放大优势，推进发展动能更足、共富基础更实、百姓生活更好，为全省共同富裕示范区建设提供泰顺经验、泰顺样板。泰顺县共同富裕考核连续两年全省优秀、居山区 26 县第二位，并获 2022 年度省政府督查激励，先后四次在省市共同富裕工作会议上交流发言。

第三篇 案例研究

第十二章 泰顺县：生态大搬迁助力共同富裕

1. 聚焦顶层设计，做好谋篇布局文章

县委书记亲自谋划和掌舵，高规格组建工作领导小组和工作专班，率全市之先成立中共泰顺县委社会建设委员会，集全县各部门职能，高效抓好共同富裕示范区建设、社会建设等各项工作。对准省市跑道，精准发力，出台《泰顺打造高质量发展建设共同富裕示范区 26 县样板行动方案（2021—2025 年）》、领导小组工作规则，以及群团助力共富十大行动方案、抱团增收等系列文件，全面承接重点任务、全面贯通创新模式。同时，工作推进过程中注重问题导向、目标导向、结果导向，创新"一把手"领衔共同富裕工作"三个一"事项机制，高规格举办"推进山区县共同富裕的泰顺实践"理论研讨会，与浙江工商大学、浙江外国语学院、浙江省经济信息中心等县内外智库开展战略合作，深入研究总结泰顺纵深推进共同富裕的创新实践和经验做法，取得一批优质理论成果。

2. 聚焦产业赋能，做好蓄能发力文章

（1）发展壮大生态工业。系统构建以"装备制造产业、新能源产业、大健康产业"为主导、"竹木产业、酒水产业、泰顺石产业"为特色的"3+3"生态工业体系，规上工业增加值、高新技术产业增加值、战略性新兴产业增加值等指标增速排名全市靠前。泰顺省级经济开发区加快建设，成功入驻工业企业 108 家，其中，规上工业企业 45 家，新增省科技型中小企业 30 家、高新技术企业 16 家，加快推进万洋众创城、顺水山泉等项目。

（2）做精做优特色农业。全力打造"六个一"生态农业产业体系，浙闽边预制菜产业基地、农归巴"三位一体"数智产业园相继列入预制菜产业链培育重点，泰顺中蜂"三产融合+精准帮扶"国家农业标准化示范区顺利通过验收。开工建设全省首家省级奶牛遗传改良重点实验室，自主培育浙产首例遗传改良"胚胎牛"。

（3）深化全域旅游。坚持用大项目引爆大旅游，深入实施泰顺文化中心、交垟土楼十大馆等历史文化项目及华东大峡谷氡泉旅游度假区等重大旅游招商项目建设，创成浙南闽东地区唯一的廊氡国家级旅游度假区，入选省大花园耀眼明珠。深化提升"泰有艺市""非遗外卖"等文旅业态，精心推出网易音乐创作营、原创电影《桥》等演艺精品，持续打响"走走泰顺一切都顺"等文旅 IP。

3. 聚焦共富有感，做好全民优享文章

（1）抓好"扩中""提低"。打好产业发展、招大引强、扩大就业、乡贤帮扶等组合拳，大力实施低收入农户增收"十百千计划"和搬迁农户增收致富"百千万工程"，持续完善低收入农户"一户一策"干部帮扶机制，先后出台《泰顺县"扩中""提低"行动方案（2021—2025年）》《泰顺县加快来料加工产业发展助推共同富裕实施意见》《泰顺县增加农村居民财产性收入试点实施方案》《支持蓝莓产业发展财政扶持办法》《泰顺县闲置宅基地和闲置农房激活利用工作实施方案》《泰顺县快递进村实施方案》等专项政策。

（2）抓好民生优享。大力推进"共享社·幸福里"共同富裕基本单元建设，微改精提打造特色平台 30 余个，打造来料加工式、定向招工式、电商直播式、农旅融合式、品牌带动式、产业赋能式六种类型的共富工坊 87 家。大力推进共富工坊、国家县域医疗卫生人员服务能力提升工程——5G 远程掌上超声泰顺试点建设，深化城乡教育共同体、县域医共体建设，率全省之先推出"劳养结合"养老新模式，努力构建全民友好型社会，全国义务教育优质均衡发展县完成省级评估，建成"15 分钟品质文化生活圈"121 个、乡镇养老服务中心 20 家，村社居家养老服务照料中心 224 家，公共文化服务现代化发展指数评估位列全省第二、山区 26 县第一。

二、泰顺县生态大搬迁主要做法

20 年来，泰顺县委、县政府始终牢记习近平总书记的殷殷嘱托，

第三篇 案例研究

第十二章 泰顺县：生态大搬迁助力共同富裕

一任接着一任干，久久为功，走出了一条特色共富搬迁之路。截至2023年年底，已经建设安置小区59个，累计搬迁超10万人，384个自然村完成整村搬迁。尤其是近两年，围绕搬迁群众"下得来"之后如何"富得起"后半篇文章，聚焦有地农民、闲置人力、外出人员、困难群体等重点人群，分类施策探索模式创新，着力构建共享共建、互帮互助的共富场景。泰顺共富大搬迁的做法也得到了中央有关部委和省委、省政府的肯定，特别是2021年司前畲族镇（生态大搬迁萌发地）作为浙江省唯一的乡镇荣获"全国脱贫攻坚先进集体"荣誉称号，"生态大搬迁助力共同富裕"入选全省第一批共富试点。

（一）"下得来"：创新搬迁方式"挪穷窝"

泰顺先后迭代升级"一镇带三乡""无区域生态移民""生态大搬迁""共富大搬迁"系列搬迁模式，建成安置小区59个，累计搬迁超10万人，384个自然村完成整村搬迁，让超过全县总人口1/4的群众实现下山安居梦。

（1）清单全面搬。遵循"不漏一村、不漏一户、不漏一人"原则，搭建"生态无区域、抗震安居小区、避灾安置小区"3个"1.5万"生态搬迁平台，引导包括69个省级重点扶贫帮扶村整村搬迁户、台风倒房户、地质灾害隐患区搬迁户等8张清单对象全覆盖搬迁。

（2）租购并举搬。充分考虑财政可承受力，实施差异化补助政策降低群众的搬迁成本，根据搬迁对象意愿和经济条件，创新推行自行购房、集中安置、就近安置等多种搬迁方式。针对低收入和残疾人群体，专门预留小面积房源作为廉租房和共有产权房房源。

（3）数字一键搬。针对搬迁群众需求多样、搬迁原始数据分散、搬迁农户致富需求掌握不全、统筹帮扶资源集成度不高等问题，打造共富大搬迁——"搬富通"数字化系统。整合各类政策、审批事项，实现下山搬迁"一件事"；打通数据壁垒，实现数据共享，购房补助、户口迁移补助、拆房补助、复垦补助主动兑现，一卡直达。

(二)"稳得住":创新治理模式"安新居"

(1) 党建促稳。泰顺秉持"来了就是一家人"的理念,积极推进"共享社·幸福里"建设,创新组建党建联建中心,提供"一站式"便民服务。同时,创新实施安置小区自我管理机制,聘任小区"网格员"并配备专职社工,实现小区网格全覆盖、基层自治规范化。

(2) 就业促稳。通过畅通用工需求和就业需求快速匹配通道,在搬迁安置小区周边就近布局共富工坊、小微创业园等,让搬迁群众实现"家门口"就业。通过常态化开展来料加工、家政服务、电商快递、餐饮厨师等劳动技能培训,提升搬迁群众技能。面向搬迁群众中的退伍军人、残疾人、低收入农户等就业困难人员开设公益性岗位。

(3) 惠民促稳。在安置小区同步配建"公共教育、医疗卫生、社会保障、社区服务"四大公共服务配套工程,全方位解决好就学、就医、养老等问题,为搬迁群众提供更高品质的公共服务。

(4) 融合促稳。以文明创建为抓手,发动搬迁群众参与垃圾分类、"两最"评选等工作,组织包粽子、百家宴等活动,提升搬迁群众的社区认同感、归属感、幸福感,实现从"村民"向"市民"转变。

(三)"富得起":创新要素重组"奔共富"

泰顺以推进搬迁群众"高质量就业"为纽带,强化政策帮促、优化就业服务、改善就业环境,探索解决搬迁群众"想致富、有事做",以及山上原有资产闲置、困难群体增收能力弱等问题,努力构建技能促就业、产业扩就业、帮扶保就业、创业带就业、服务优就业的良好格局。

(1) 产业助富。每年统筹安排 5000 万元以上专项资金扶持特色农业发展,培育"六个一"特色农业体系,打造了"共富茶""栀子花"等知名品牌。依托泰顺省级经济开发区建设,搭建了罗阳小微万创园等一批工业平台,入驻企业预留一定比例的岗位优先使用本地劳动力,让搬迁群众在"家门口"就能创业就业。积极鼓励引导搬迁群众利用闲置农房发展乡村旅游、民宿、农家乐等,招引并投用"华东大峡谷""云岚牧场"等一批重大旅游项目,落实公益性岗位 4000 余个,不断拓展搬迁群众就业和增收空间。

(2) 政策助富。整合资金方面,泰顺先后出台了强村富民政策 25 条、惠农强农政策 100 条等。设立创业就业激励基金,每年创业就业资金达 2 亿~3 亿元。盘活用地方面,深入推进三权分置、三资管理、三位一体改革,建立"权随人走""人地权挂钩"的农民权益保障机制,构建"农民下山、产业上山""搬家不搬田"的可持续发展模式,实现沉睡资产再利用。

(3) 帮扶助富。在全省率先推行"一户一策一干部"帮扶机制,将搬迁家庭中的低保、低边、特困、残障人士等困难群体列为帮扶对象,以户为单位落实一名帮扶联系干部,精准匹配帮扶资源与救助需求。

三、几点启示

时任浙江省委书记的习近平同志在"八八战略"中明确提出,要进一步发挥浙江的城乡协调发展优势,加快推进城乡一体化。城镇化作为现代化的基本标志和必由之路,是破解城乡二元结构、促进社会公平和共同富裕的重要途径。易地搬迁引导搬迁群众向城镇转移,向劳动生产率更高的非农产业部门转移,有助于提高经济发展质量和效益,让更多人共享城镇化成果。通过分类引导搬迁群众融入新型城镇化,加快实现转移人口市民化、就业多元化、社会治理现代化,泰顺坚定不移以"八八战略"为指引,努力打造群众安居乐业、和谐相融的城乡融合实践高地。

(一)"外引内培"激发产业就业互促共进

把发展和培育产业作为根本出路。2020 年 5 月 22 日,习近平总书记在参加十三届全国人大三次会议内蒙古代表团审议时指出:"要巩固和拓展产业就业扶贫成果,做好易地扶贫搬迁后续扶持,推动脱贫攻坚和乡村振兴有机衔接。"后搬迁时代,发展产业是确保持续增收、走向富裕的必由之路。探索创新产业发展模式，一是以"农民下山"为契机，聚焦推进以人为核心、以县城为重要载体的新型城镇化，抓住人口迁徙红利带来的产业机遇。二是以"产业上山"为纽带，盘活山上闲置资产，变"荒地"为"宝地"。通过租赁、流转等方式充分发挥土地、林地资源整合的规模效应，大力发展农业特色产业、生态旅游和民宿经济，带动农户和村集体双增收。三是以"产业集群"为抓手，推动产业就业共生发展，充分利用地区特色资源禀赋优势，出台相关惠企政策吸引社会资本投资大型产业项目，在帮助搬迁群众充分就业增收的同时，为县域产业发展注入新动力。

（二）"共建共治"促进社区融合安定

在组织融合方面，优化安置社区治理主体结构。一是发挥基层党建的"主心骨"作用。完善以基层党组织为核心的安置社区组织体系，构建"社区党组织—小区（网格）党支部—居民小组（楼栋）党小组—搬迁群众"的组织链条，形成"横向到边，纵向到底"的网格化管理格局。延长党建服务触角，完善组织、建强队伍、优化服务，精准解决群众急难愁盼问题。二是提高搬迁群众的自治参与归位能力。推进基层协商民主实践，畅通搬迁群众利益诉求表达渠道，成立调解工作室，推进矛盾纠纷调解阵地前移，实现"矛盾不上交"，让搬迁群众以"主人翁"的身份全过程参与社区治理，激发搬迁群众参与安置社区治理的内生动力。

在文化融合方面，加强安置社区文化建设。一是组织开展多样化文体活动，丰富搬迁群众的精神文化生活，推进移风易俗，倡导健康文明的生活方式。二是广泛开展文明共创志愿服务，发动搬迁群众参与垃圾分类、邻里互助、关爱留守等活动，将社区"共建共治"理念外化于行。此外，积极开展心理咨询，增强搬迁群众的融入感和归属感。

（三）"以人为本"加快补齐公共服务短板

在"软环境"方面，依托各级党建阵地，拓展公共服务"半径"，切实打通服务群众"最后一公里"。提供家电维修、健康义诊等公益服

第十二章 泰顺县：生态大搬迁助力共同富裕

务活动，开设高频便民事项办理窗口，让居民办事不出小区、优质服务"门口"可享。在"硬环境"方面，不断完善搬迁社区及附近基础设施建设，聚焦搬迁群众子女教育、医疗保障等生产生活需求，建立健全社区公共服务设施，建设社区服务卫生服务中心、文化娱乐中心等，配套建设与人口规模相适应的普惠性幼儿园、义务教育学校，实现上学、就医"零距离"，提升居民群众获得感、幸福感、安全感。

参 考 文 献

[1] 萨克斯. 贫穷的终结 [M]. 邹光, 译. 上海: 上海人民出版社, 2007.

[2] 赫尔曼·西蒙. 隐形冠军: 未来全球化的先锋 [M] 第2版. 北京: 机械工业出版社, 2019.

[3] 习近平. 干在实处走在前列——推进浙江新发展的思考与实践 [M]. 北京: 中共中央党校出版社, 2006.

[4] 王立军, 周伟强. 浙江省高新技术风险投资体系及其运行机制的初步构想 [J]. 科学学与科学技术管理, 1999 (9): 35-38.

[5] 王立军, 吴美春. 我国私营企业开拓国际市场的现实困难分析 [J]. 国际贸易问题, 2001 (5): 9-15.

[6] 高鸿业, 刘凤良. 20世纪西方经济学的发展 [M]. 北京: 商务印书馆, 2004.

[7] 盖红波. 从韩国产学研结合的成功实践, 谈我国企业的创新体系构建 [C] //成思危. 第五届中国软科学学术年会论文集. 北京: 中央文献出版社, 2006.

[8] 杨瑞龙. 直面现实的中国经济学演进与发展 [J]. 改革, 2010 (5): 157-159.

[9] 李稻葵, 伏霖. 德国社会市场经济模式演进轨迹及其中国镜鉴 [J]. 改革, 2014 (3): 105-115.

[10] 宁波市政府发展研究中心. 慈溪家电产业转型升级的嬗变 [J]. 宁波经济 (财经视点), 2014 (10): 3-6.

[11] 张建华, 杨少瑞. 发展经济学起源、脉络与现实因应 [J]. 改革, 2016 (12): 134-143.

[12] 张汉东. 实施杭州湾大湾区发展战略的建议 [J]. 浙江经济, 2017 (18): 11-12.

[13] 郭占恒. 加快推动环杭州湾建成世界级大湾区 [J]. 浙江经济, 2018 (5): 32-34.

[14] 金碚. 关于"高质量发展"的经济学研究 [J]. 中国工业经济, 2018 (4): 1-8.

[15] 何立峰. 深入贯彻新发展理念推动中国经济迈向高质量发展 [J]. 宏观经济管理, 2018 (4): 4-5.

[16] 刘志彪. 理解高质量发展：基本特征、支撑要素与当前重点问题 [J]. 学术月刊, 2018 (7): 39-45.

[17] 李善奎. 国内外高质量发展经验借鉴 [J]. 山东经济战略研究, 2018 (9): 50-53.

[18] 浙江省统计局. 新发展理念引领转型升级步入快车道——改革开放40年系列报告之二 [EB/OL]. 浙江省统计局网, 2018-11-06.

[19] 张军扩, 侯永志, 刘培林, 等. 高质量发展的目标要求和战略路径 [J]. 管理世界, 2019 (7): 1-7.

[20] 许思雨, 薛鹏. 德国工业4.0对江苏省制造业高质量发展的启示 [J]. 中国经贸导刊, 2019 (7): 31-32.

[21] 曾宪奎. 我国高质量发展的内在属性与发展战略 [J]. 马克思主义研究, 2019 (8): 121-128.

[22] 徐梦周, 吕铁. 数字经济的浙江实践：发展历程、模式特征与经验启示 [J]. 中国发展观察, 2019 (24): 67-71.

[23] 中共浙江省委党史和文献研究室. 中国改革开放全景

录·浙江卷［M］．杭州：浙江人民出版社，2019．

［24］张涛．高质量发展的理论阐释及测度方法研究［J］．数量经济技术经济研究，2020（5）：23-43．

［25］王一鸣．百年大变局、高质量发展与构建新发展格局［J］．管理世界，2020（12）：1-13．

［26］浙江省人民政府．关于印发浙江省实施制造业产业基础再造和产业链提升工程行动方案（2020—2025年）的通知（浙政发〔2020〕22号）［EB/OL］．浙江省政府网，2020-08-24．

［27］苗勃然，周文．经济高质量发展：理论内涵与实践路径［J］．改革与战略，2021（1）：53-60．

［28］张存刚，王传智．经济高质量发展的内涵、基本要求与着力点——一个马克思主义政治经济学的分析视角［J］．兰州文理学院学报（社会科学版），2021（1）：91-95．

［29］郭熙保．发展经济学的本质特征与中国特色发展经济学的构建［J］．经济理论与经济管理，2021（3）：4-9．

［30］浙江省习近平新时代中国特色社会主义思想研究中心．习近平新时代中国特色社会主义思想在浙江的萌发与实践［M］．杭州：浙江人民出版社，2021．

［31］柴金．优化升级产业链供应链［J］．浙江人大，2021（10）：64-65．

［32］张占斌，王海燕．新时代中国经济高质量发展若干问题研究［J］．北京工商大学学报（社会科学版），2022（3）：1-9．

［33］丁霞，徐经纬，吴啸．新时代中国高质量发展经济学理论演绎［J］．宏观质量研究，2022（6）：61-69．

［34］肖莹．杭州数字安防产业发展态势和展望［J］．数字经济2022（8）：90-95．

[35] 丁晨辉, 田泽, 宋晓明, 等. 新发展理念下中国区域经济高质量发展研究: 水平测度、时空分异与动态演变 [J]. 技术经济与管理研究, 2022 (12): 3-9.

[36] 任保平, 李培伟. 中国式现代化进程中着力推进高质量发展的系统逻辑 [J]. 经济理论与经济管理, 2022 (12): 4-19.

[37] 袁卫, 陈益琳. 推动民营企业稳健"走出去" [J]. 今日浙江, 2022 (24): 36-37.

[38] 陈芳芳. 践行地瓜经济提能升级"一号开放工程" [J]. 浙江经济, 2023 (2) 36-37.

[39] 邹升平, 高笑妍. 经济高质量发展的研究进路与深化拓展 [J]. 宁夏社会科学, 2023 (3): 82-92.

[40] 刘伟, 范欣. 以高质量发展实现中国式现代化推进中华民族伟大复兴不可逆转的历史进程 [J]. 管理世界, 2023 (4): 1-15.

[41] 平新乔. "地瓜经济"的进化和实践启示 [N]. 浙江日报, 2023-05-08 (7).

[42] 郑毅, 王云长, 陈培浩. 持续发力, 久久为功, 不断谱写美丽中国建设的新篇章——浙江省20年来深入实施"千万工程"的实践探索 [N]. 光明日报, 2023-06-29 (6).

[43] 周煊. 经济高质量发展的政治经济学探析 [J]. 中国物价, 2023 (6): 3-6.

[44] 郗胡平. 以科技创新引领制造业高质量发展的韩国经验借鉴 [J]. 科技中国, 2023 (6): 22-25.

[45] 程振波, 丁懿腾, 王辰. 把握县城城镇化建设的六大核心关系 [J]. 浙江经济, 2023 (8): 52-53.

[46] 杜平, 陈静静, 吴瑶. "五链协同"应对全球新一轮产

业结构和布局调整［J］．浙江经济，2023（9）：14-17．

［47］杨蕊竹，孙善学．德国双元制高等教育制度变迁特征与启示［J］．中国高教研究，2023（10）：94-101．

［48］盛世豪，王立军．科技特派员制度的实践特色和本质优势［N］．浙江日报，2023-07-10（6）．

［49］林先扬，谈华丽．新征程广东全面推动高质量发展的战略思考［J］．广东经济，2023（7）：24-26．

［50］浙江省人民政府办公厅．关于培育发展未来产业的指导意见（浙政办发〔2023〕9号）［EB/OL］．浙江省政府网，2023-02-10．

［51］浙江省人民政府．进一步推动经济高质量发展若干政策的通知（浙政发〔2024〕4号）［EB/OL］．浙江省政府网，2024-01-20．

［52］章程．慈溪市政府工作报告（摘要）［N］．慈溪日报，2024-01-12（A3）．

后 记

高质量发展是新时代的硬道理。在高质量发展中实现中国特色社会主义共同富裕先行和省域现代化先行，是浙江省第十五次党代会确定的奋斗目标。本书围绕高质量发展推进浙江"两个先行"这一主题开展研究。在浙江省社会科学界联合会开展的"社科赋能山区（海岛）县高质量发展行动"中，中共浙江省委党校浙江发展战略研究院是参与团队之一。笔者多次带队赴松阳、常山、泰顺、瑞安、衢江、龙游、武义、富阳、德清、慈溪与杭州高新区（滨江）等地开展调研，了解浙江各地高质量发展的实践探索。

感谢浙江省社会科学界联合会况落华副处长和卿周子老师，浙江省科技信息院胡芒果副院长和张娟研究员，泰顺县林蔓常务副县长、杭州高新区（滨江）统计局方利峰局长、滨江区党委办公室俞梦怡副主任、富阳区发展改革局赵晓英副局长、慈溪市环杭州湾创新中心范常林副书记；感谢课题合作者中共浙江省委党校俞国军、马文娟、郭江江、徐依婷、郑朝鹏博士参加课题调研，并帮助收集整理研究资料；感谢松阳、常山、泰顺县委党校，瑞安市委党校，以及富阳区委党校的支持。

本书是浙江省高质量发展的一个实证研究。在研究过程中，参考和引用了浙江省人民政府及相关部门的有关文件，已经在注释和参考文献中列出，挂一漏万，如果还有疏漏，敬请谅解。

由于作者学识有限，本书难免存在不当之处，望读者不吝批评指正。

王立军

2024年3月